JN301892

韓国経済発展への経路

解放・戦争・復興

【編著】原　朗
宣在源

日本経済評論社

序　文

　本書は、韓国の中堅・新鋭研究者の最新の研究の成果を、日本の読者に日本語で提供しようとして企画したものである。韓国における最近の経済史・経営史研究の発展にはめざましいものがある。しかしながら、当然のこととはいえ、それらの多くは『経済史学』など韓国語の学術誌に発表され、日本では専門研究者以外にはよく知られてこなかった。本書の企画はこの状況を少しでも改善するために、宣在源教授を所長とする韓国側の社団法人経営史研究所と、私が代表をつとめる日本側の現代日本経済史研究会とが協力して刊行する計画を、3年ほど前から準備して今回その実現を見たものである。

　われわれの共同研究のテーマは、大きくまとめれば日本と韓国の戦時経済・復興期・高度成長期の経済史、ということになるが、本書が取り上げるのはそのうち「戦後初期の韓国経済」である。1945年の日本帝国崩壊による植民地からの解放の後、占領下で分断され植民地経済からの脱却の課題をなお十分に果たさないうちに50年には朝鮮戦争が勃発し、北から南へ南から北へ、そしてさらに北から南へ、戦線がローラーをかけるように何度も往復して、繰り返し人命と経済とを破壊しつくし、朝鮮戦争からの「復興」も続いて課題となったわけであり、この過程を分析対象としている。

　戦後の韓国経済についてのこれまでの日本での研究は、大きく見れば二つのテーマに集中していたといえよう。その第一は戦前と戦後との断絶と連続に関するもので、韓国からみれば植民地期の「遺産」をどう評価するか、という論点であり、第二は「漢江の奇跡」とよばれた朴政権下の高度成長に注目する研究である。

　第一の論点を早くに提出したのは日本国内では満州との関連で松本俊郎教授[1]であり、ついで中村哲・安秉直両教授を中心に精力的に展開されてきた一連の共同研究[2]が際立った成果である。この流れの只中から、堀和生教授の画期的な業績[3]が生まれ、共同研究はさらに展開して[4]、最近の堀教授は戦後の台湾・韓国の高度成長も念頭に置いて「東アジア資本主義史論」を提起してい

る[5]。

　第二の韓国の高度成長に注目する流れは、渡辺利夫『現代韓国経済分析——開発経済学と現代アジア』などを代表的な論著として[6]、数えきれないほど多い。また、1979年のOECD事務局特別報告の"The Impact of the Newly Industrialising Countries on Production and Trade in Manufactures."以来、NICs論・NIEs論[7]・アジア四小龍論[8]をめぐって数多い論著が発行され、いわゆる開発独裁論[9]をめぐっても多くの著書がある。

　しかし、植民地期と朴政権下の高度成長とについては多数の研究があるにもかかわらず、その間にある1940年代後半から50年代、さらには60年代前半についての研究は非常に少なかった。植民地からの解放の後、さしたる顕著な復興を見ぬままに朝鮮戦争の渦中におかれ、再び朝鮮戦争からの復興を模索する困難なプロセスは、事態が錯綜しているだけに研究も難しく、45年までの植民地期と、米日両国との関係が再編成された65年以降との間の20年間が、研究上の空白期として残されていたのである。もちろん韓国においてはさまざまな研究の試みがなされてはいたものの、それが日本の学界や多くの読者に伝わってくることはあまりなかった。本書はまさにこの空白期を埋めるために、韓国の学界の第一線の研究者がそれぞれ多年の研究を背景にこの時期に関する共同研究を行った成果であって、ここにようやく植民地期から現代までを貫く経済史的研究の基礎構築がなされたと考えられる。なお、第1部第1章には、他の章よりも対象時期をやや長くとった朴燮教授の円熟した論調のご寄稿をいただいた。

　冒頭に述べたように、本書は韓国の経営史研究所と日本の現代日本経済史研究会との共同研究に基いて成立した。その事情をここで簡単に説明しておこう。われわれは、2004年5月にソウル大学校で第1回の東アジア経済史シンポジウムを開催して以来、「東アジアにおける経済発展パターンの比較」をテーマとしてこれまでに10回のシンポジウムを開催して研究交流を深め、主として日本帝国の形成と崩壊および崩壊後の東アジア像について共同研究を進めてきた。第1回のシンポジウムは李栄勲ソウル大学教授が代表をつとめる落星岱経済研究所との共催で開催し、以後毎年ほぼ1～2回のペースで交流を続け、昨

年9月に第10回目のシンポジウムを開催するに至った。会場も釜山大学校・江陵大学校・梨花女子大学校・培材大学校・平澤大学校・蔚山大学校・再び梨花女子大学校・東京大学・慶一大学校がそれぞれ熱意をもって支援してくださった。09年には、9月の平澤大学校でのシンポジウムに続き、「戦時朝鮮の工業化」について10月に京都大学で共同研究会を開き、岡山大学での政治経済学・経済史学会でパネル報告を行った。こうした研究交流の成果として、戦後日本経済に関する部分は『高度成長始動期の日本経済』（日本経済評論社、2010年）、『高度成長展開期の日本経済』（日本経済評論社、2012年）としてまとめ、韓国経済に関する報告のうち、解放・戦争・復興期に関する部分を本書の形で公刊することになった。10回のシンポジウムの記録については、現代日本経済史研究会のウェブページ（http://gendaishi.main.jp/）を参照されたい。

　これらのシンポジウムを開催するたびに、経営史研究所と現代日本経済史研究会の双方に参加している平澤大学校の宣在源・江陵大学校の呂寅満・ソウル大学校の林采成の三教授が毎回とりわけ大きな役割を果たし、本書の成立にあたっても献身的な努力を惜しまれなかった。編者の一人として深く感謝したい。

　また、厳しい出版情勢のもとで、やや異例の企画に属すであろう本書の刊行を決断し推進して下さった日本経済評論社の栗原哲也社長と谷口京延氏に、そしていつもながら手際よく編集を進めて下さった新井由紀子さんに厚くお礼を申し上げる。

現代日本経済史研究会代表
原　　朗

注
1）『侵略と開発：日本資本主義と中国植民地化』岡山大学経済学叢書5、1988年、新装版：御茶の水書房、1992年。
2）初期のものとして、中村哲・堀和生・安秉直・金泳鎬編『朝鮮近代の歴史像』日本評論社、1988年、中村・梶村秀樹・安・李大根編『朝鮮近代の経済構造』日本評論社、1990年、中村『近代世界史像の再構成：東アジアの視点から』青木書店、1991年、中村・安編『近代朝鮮工業化の研究』日本評論社、1993年などがある。

3）『朝鮮工業化の史的分析：日本資本主義と植民地経済』有斐閣、1995 年。
4）中村『近代アジア史像の再構成』桜井書店、2000 年、東アジア地域研究会・中村編『講座東アジア近現代史 1 現代からみた東アジア近現代史』青木書店、2001 年、中村編著『東アジア近代経済の形成と発展 東アジア資本主義形成史Ⅰ』、同『1930 年代の東アジア経済 東アジア資本主義形成史Ⅱ』、同『近代東アジア経済構造の史的構造 東アジア資本主義形成史Ⅲ』日本評論社、2005～07 年、堀和生・中村哲編著『日本資本主義と朝鮮・台湾：帝国主義下の経済変動』京都大学学術出版会、2004 年。
5）堀編著『東アジア資本主義史論Ⅱ：構造と特質』ミネルヴァ書房、2008 年、堀『東アジア資本主義史論Ⅰ：形成・構造・展開』同、2009 年。
6）勁草書房、1982 年。ほかに渡辺を中心とする著書・編著で主に韓国を取上げたものとして、朴宇熙・渡辺編『韓国の経済発展』文眞堂、1983 年、渡辺『韓国：ベンチャー・キャピタリズム』講談社現代新書、1986 年、ちくま学芸文庫版改題『韓国経済入門』1996 年、渡辺編『概説韓国経済』有斐閣、1990 年、渡辺・金昌男『韓国経済発展論』勁草書房、1996 年や趙利済・エッカート・渡辺編『朴正熙の時代：韓国の近代化と経済発展』東京大学出版会、2009 年。
7）初期の NICs 論・NIEs 論としては、青木健『太平洋成長のトライアングル：日本・米国・アジア NICs 間の構造調整』日本評論社、1987 年、涂照彦『NICS（ニックス）：工業化アジアを読む』講談社現代新書、1988 年などを参照。
8）アジア「四小龍」の語を一般に広めたのはエズラ・F. ヴォーゲル著・渡辺利夫訳『アジア四小龍：いかにして今日を築いたか』中公新書、1993 年であった。
9）石田浩『台湾経済の構造と展開：台湾は「開発独裁」のモデルか』大月書店、1999 年、吉田勝次『アジアの開発独裁と民主主義』日本評論社、2000 年、岩崎育夫『アジア政治を見る眼：開発独裁から市民社会へ』中公新書、2001 年などが初期の著作である。

目　次

序　文 …………………………………………………… 原　朗　iii

序　章　離陸直前の加速 …………………………………… 宣在源　1

　1．目的　1
　2．分析方法と対象　3
　3．分析結果と含意　5

第Ⅰ部　市場と政府

第1章　体制変化 …………………………………… 朴　燮　13

　1．はじめに　13
　2．政府に対する企業の協力　15
　3．輸出工業の計画的育成　28
　4．反共主義　33
　5．外資調達　37
　6．おわりに　40

第2章　産業育成政策 ……………………………… 李相哲　47

　1．はじめに　47
　2．帰属企業体の払下げと援助　50
　3．輸入代替を指向した貿易政策　55
　4．輸入代替工業化政策とその限界　58
　5．おわりに　65

第3章　対外貿易……………………………………………崔相伍　71

　　1．はじめに　71
　　2．貿易構造　72
　　3．援助依存輸入代替工業化　76
　　4．自立の模索　81
　　5．おわりに　87

第Ⅱ部　資本と技術

第4章　金融制度と金融市場………………………………李明輝　95
　　　　──フォーマルとインフォーマルの二重金融構造の視点から

　　1．はじめに　95
　　2．通貨発行体制の樹立　97
　　3．金融制度の整備と金融機関の設立　102
　　4．資金の調達と配分　108
　　5．おわりに　119

第5章　人的資源と技術革新………………………………宣在源　125

　　1．はじめに　125
　　2．人的資源の形成　126
　　3．技術革新　136
　　4．雇用と技術　143
　　5．おわりに　150

第Ⅲ部　市場と企業

第6章　綿紡織業……………………………………………徐文錫　157

1．はじめに　157
　2．解放直後における綿紡織工場の運営状況　158
　3．朝鮮戦争期における綿紡織工場の運営　171
　4．おわりに　177

第7章　計画造船と大韓造船公社 ……………………………… 裵錫満　181

　1．はじめに　181
　2．造船業育成政策の背景　182
　3．計画造船の内容と実施過程　185
　4．大韓造船公社の設立と帰属造船所の払下げ　190
　5．育成政策の帰結　196
　6．おわりに　204

第8章　石炭市場と大韓石炭公社 ……………………………… 林采成　215
　　　　――競争構造の形成と経営安定化

　1．はじめに　215
　2．石炭市場の需給構造と民営炭鉱の登場　217
　3．大韓石炭公社と民営炭鉱の炭鉱経営比較、そして石炭公社の経営合理化方針の樹立　225
　4．大韓石炭公社の生産・販売の強化と経営安定化　233
　5．おわりに　240

1945〜70年の韓国・日本・米国年表………………………………………247
あとがき……………………………………………………………………257
索引…………………………………………………………………………261

序章　離陸直前の加速

宣在源

1．目的

　本書は、植民地を経験した韓国経済が解放後にいかなる過程を通じて1960年代半ば以後の経済発展の基盤を築いたのかについて、経済制度設計の観点から実証的に明らかにすることを目的としている。

　韓国の経済発展が、市場の失敗を補完する政府の調整（coordination）を通じて達成できた点においては日本と類似する。解放後の韓国政府は、市場のみによっては安定しなかった財貨やサービスの価格、利子率、賃金の決定過程に介入し、市場の失敗を補完した。このような経済発展形態の存在は、市場機能の発達を前提に経済発展を実現する英米式とは異なる形の経済発展が可能であることを歴史的に証明した[1]。一方、日本と韓国の経済発展の形態は、政府の調整において類似しているが、資源の調達および運営、とりわけ資金調達において異なっていた。日本は、明治期の産業革命期と戦後の高度成長期において大半の資本を国内で調達した。これに対し、韓国は、1930年代に植民地本国である日本からの投資によって、60年代には経済再建のための援助および海外からの投資によって調達した。本書は、このような韓国と日本の経済発展の相違に注目している。この点で、開発途上国（developing country）のモデルとしては、主に技術のみを導入した日本よりも、資本や技術の双方を導入する経済発展の形態を歩んできた韓国の方が、大半の後発途上国（least developed country）にとっては、適合的だろう。このような観点は、最初に韓国の事例を基に新しい経済発展形態の理論を追求してきたAmsden[2]と深川由起子[3]の問題意識と類似する。

最近、韓国経済史研究は、1960年代以降高度成長の歴史的前提を念頭に置いて植民地期に注目してきた。金洛年編[4]は、一定地域のマクロ経済活動を把握できる国民所得を推計し、国際比較を可能とする指標を提示した。同書では、直接には言及していないが、朝鮮半島において持続的な経済成長を始めた時期が植民地期であったと評価することにより植民地期工業化を韓国経済発展の歴史的前提としている。この研究を触発した堀和生[5]は、植民地期工業化とは連関性のない「飛び地」的工業化であったと評価した従来の研究を批判し、朝鮮半島における植民地期と解放後の連関を明らかにした。一方、Eckert[6]は、植民地期の最大の朝鮮人経営企業であった京城紡織株式会社を事例にして、韓国経済発展形態の特徴である政府と企業との緊密な関係が植民地期に生まれていたと評価した。この研究は、解放直後から50年代までに形成された資本家を「官僚資本」的性格を有していると評価した孔堤郁[7]の問題意識と類似する。一方、朱益鍾[8]は、京城紡織の企業金融を検証し、主な成長要因は朝鮮総督府との密接な関係ではなく、近代的な企業家精神の発揮にあり、その意味で京城紡織は「帝国の申し子」ではなく、いわば「大軍の斥候」であって韓国経済発展の前提になったと主張している。

これらの見解に対しては、植民地支配により伝統的な経済秩序が破壊されたにもかかわらず固有の韓国経済発展、いわゆる在来産業発展の道が命脈を維持していたことを強調した梶村秀樹[9]や、植民地期の「開発」は認めつつもその所得分配は日本企業や日本人に集中され、解放後の韓国経済発展の基盤にはならなかったとする許粹烈[10]の見解が対立している。

いずれにしても従来の研究は、本書の分析時期である解放後から1960年代前半における大きな変化を分析していないため、植民地期の正負の遺産がいかなる形で連続しあるいは断絶されたのかについて明らかにしていない。しかし、この時期を対象にした研究もすでに多数存在する。李大根[11]は、植民地期工業化を非正常的な形ではあったが韓国最初の工業化であったことを前提に、解放から50年代において資本形成と技術蓄積が行われ、60年代以降の経済発展を準備したとする。崔相伍[12]は、外貨獲得のメカニズムを分析し、解放後の再建において最大の障害要因であったの資金供給構造を明らかにした。朴泰均[13]は、

経済政策の構想と実態を分析し、アメリカモデルの「原型」が適用の段階で「変容」していたとする。以上のマクロ分析とは別に、経営組織と運用に注目した研究として、帰属財産の分析を通じて植民地遺産の連続と断絶を企業レベルにおいて明らかにした徐文錫[14]、日中戦争および太平洋戦争と朝鮮戦争という総力戦における鉄道業を分析した林采成[15]、韓国経済発展を牽引した造船産業の歴史的前提を明らかにした裵錫満[16]などの諸研究は注目に値する。林采成と裵錫満は、最初に植民地期と解放後を連続して分析した研究であり、とりわけ林采成は、朝鮮戦争期における変化が鉄道業の新しい道を導き出したとする。なお徐文錫と林采成は、解放後から1960年代前半の韓国経済が植民地の正負の遺産を受け継いではいるが、朝鮮戦争期による断絶面も強調している。

2. 分析方法と対象

　韓国を事例にした新しい経済発展形態を提示し、解放以前の韓国経済の評価指標を提示するためには、マクロ経済史的分析方法と区別したミクロ経済史、すなわち産業史あるいは経営史の分析が必要となると考える。ここで産業史あるいは経営史的な分析方法とは、経済主体間の相互作用とその過程において形成される制度に関する分析を意味する。
　われわれの主な分析対象とした産業が、解放後から1960年代前半までにどのような変化を見せていたのかを概観しておこう。この時期の変化を信頼を有するデータで考察するのは資料の面で甚だ難しい。しかも植民地期と比較しようとするとさらに難しくなる。各産業別生産額の変化を考察するのが理想的であるが、ここではそれに代わる指標として各産業別事業体数の変化を確認する。事業体を対象とした調査は少なくないが、各産業別事業体数について、植民地と解放後における変化がわかる資料は『事業体調査統計』調査系列が唯一である[17]。その調査系列の中でも10人以上の事業体を調査した22年と31年の調査を除き、5人以上の全事業体を調査対象とし、現在の調査基準によっても分類可能である調査を62年まで集計した結果が表序-1である。なお、43年の数値は、解放後の韓国に該当する地域の集計である。

表序-1　全産業事業体数と雇用者数基準事業体平均規模の変化

年	事業体数					事業体平均雇用者数 (総雇用者数/事業体数)				
	1943[1]	43[2]	48	55	62	1943[1]	43[2]	48	55	62
農/畜/林/漁業	10			558	1,010	45			25	28
鉱業	665	650	75	134	375	103	104	307	167	103
製造業	9,144	9,109	4,194	4,098	11,371	22	22	34	33	25
建設業	997	997	132	98	447	53	53	88	84	40
電気/ガス/水道	70	70	59	81	257	43	43	61	119	35
商/金融/不動産	273	505	462	456	1,689	27	35	37	30	17
運輸/保管/通信	747	740	482	732	1,319	46	46	54	48	39
サービス	165			327	6,249	45			16	16
計	12,071	12,071	5,404	6,484	22,717	31	31	41	38	24

出所:朝鮮総督府『朝鮮労働技術統計調査結果報告』1943年版、南朝鮮過度政府労働部統計室『南朝鮮労働統計調査結果報告』1948年版、保健社会部『保健社会統計年報』1955〜57年合併号、同『事業場労働実態調査報告書』1962年版。
注:1)は小分類再構成、2)は中分類を再構成。

　全産業の事業体数は、解放直後に半減したが、1950年代後半において激増し、60年代初頭には解放直前の2倍近くに増えた。このような増加は、サービス業、商業・金融・不動産業、運輸・保管・通信業などの第3次産業の寄与が大きかったが、製造業の量的増加にも注目すべきものがある。製造業の事業体数は、規模の増加こそ伴わなかったが62年に解放直前の事業体数を上回る水準に至ったのである。
　最大事業体数の製造業も解放直後に半減したが、1950年代後半に激増し60年代初頭には解放直前の水準を上回った(表序-2)。その中でも繊維・衣服・皮製品、化学・石炭・ゴム製品、金属製品・機械・装備部門における増加が目立っている。
　以上のように本書の分析対象である解放直後から1960年代前半までの時期は、大きく二つの時期に分けられる。解放直後から50年代前半までは、植民地支配の終焉による従来の経済体制の解体と朝鮮戦争による物的資産の破壊によって、生産能力が落ち込んだ。一方、50年代後半から60年代前半には、景気が回復されつつ新しい経済体制を築いた。本書では、以上の混乱と破壊の時

表序-2　製造業事業体数と雇用者数基準事業体平均規模の変化

年	事業体数					事業体平均雇用者数 (総雇用者数/事業体数)				
	1943[1]	43[2]	48	55	62	1943[1]	43[2]	48	55	62
飲食料/煙草	1,704	1,704	781	1,081	2,032	12	12	25	26	16
繊維/衣服/皮製品	1,810	1,683	541	889	2,816	36	36	68	58	37
製材/木製品/家具	1,359	1,359	493	305	693	11	11	22	14	15
紙/紙製品/印刷出版	757	420	228	235	841	16	18	27	30	23
化学/石炭/ゴム製品	410	681	532	672	1,658	45	34	48	30	25
非金属鉱物製品	1,283	1,283	416	229	752	16	16	21	32	22
第1次金属	416	416	414	112	409	30	30	26	20	28
金属製品/機械/装備	944	944	637	488	1,858	29	29	30	27	21
その他製品	426	619	152	87	312	19	20	30	29	19
計	9,109	9,109	4,194	4,098	11,371	22	22	34	33	25

出所および注：表序-1に同じ。

期と「復興期」という二つの時期を対象にしている。ただし本書で明らかにしているように、本格的な成長が始まらなかった時期でも、試行錯誤を繰り返しながら新しい経済秩序を作り上げつつあった。

　この点に留意しながら本書は、ミクロ経済史的観点から、市場と政府との関係、資本と技術の調達の政治経済事情、産業および企業の運営における経済主体の相互関係を分析した。

3．分析結果と含意

　本書は、解放後から1960年代前半の韓国経済における市場の機能と政府の役割（第Ⅰ部）、資本と技術の調達（第Ⅱ部）、企業の市場への対応（第Ⅲ部）で構成されている。各章の要旨を紹介すると次のようになる。

　第1章「体制変化」（朴燮〈パクソプ〉）は、解放後、20年間の試行錯誤の末に1960年代半ば以降に高度成長の条件が整えられる過程を概観している。60年代前半に至って韓国政府は、「不正蓄財」の摘発問題を梃子にして主要企業・企業家の政府への協力を引き出し、日・米からの資本・技術調達と、経済開発計画や輸出計画を結合させた。さらに、投資率と投資効率を同時に高め、反共主義と労

使協議会を結合させて、工場の統制に成功したとする。しかし、こうした高度成長の条件が未整備だった、50年代後半においても企業家の活動は拡大し、アメリカの対韓政策および与党自由党の経済政策は経済自立に向けて変化しつつあった。この点において、開発経済体制に向けた50年代後半の変化も見逃せないと指摘している。

　第2章「産業育成政策」（李相哲（イ サンチョル））は、産業育成を輸入代替政策と輸出指向政策に区分した上で、1950年代の民間企業の形成と成長を左右した帰属企業体（終戦時に韓国に残された日本企業の工場等）の払い下げおよび援助、貿易政策を輸入代替産業の育成政策と規定して分析した。韓国政府は、援助を通じて確保された財政資金を相対的に低い利子率で企業に貸し出し、導入された援助物資および資金の配分を通じて輸入代替産業を育成しようとした。一方、優遇された各企業は、製造業だけではなく卸小売、貿易、第一次産業、金融業への非関連多角化を試みていたとする。しかし、50年代後半にそうした輸入代替政策は、援助の削減と企業に対するインセンティブの低下によって限界に直面したと主張している。

　第3章「対外貿易」（崔相伍（チェ サンオ））は、輸入の大半を占めていた援助が、消費財産業の原料、中間財、機械類に集中していたが、韓国政府は、1950年代後半から輸出産業を育成しようとし、援助削減と国際収支赤字に対応していた点を強調している。この点で、60年代以降における経済開発戦略の原型を提供したと主張している。したがって50年代というのは、崩壊した植民地期の再生産構造を再編して、朝鮮戦争期に破壊された産業施設を再建し、60年代高度成長の基盤を形成した時期であったとする。

　第4章「金融制度と金融市場」（李明輝（イ ミョンギ））は、一般銀行、韓国産業銀行、農業銀行が預金残高を伸ばせなかった主な理由が、インフレの下でマイナス30％以下という低い利子率にあったことを指摘している。諸種の金融機関は、預金による資金調達ができず、援助資金を一定企業に集中的に再配分するに留まったため、大多数の私企業は短期資金を中心に私金融市場から資金を調達したとする。このような二元化された金融システムは、それ以後の韓国金融システムの大きな特徴として維持され、伝統的信用ネットワークともいえる私金融

市場による資金供給も、経済成長に貢献した主張している。

　第5章「人的資源と技術革新」（宣在源）は、解放直後の人的資源政策は、米軍政庁の計画の下で植民地期において技術と行政能力を備えた韓国人の主導により体系的に行ったとする。人的資源の養成政策では、高級技術者の養成のために海外派遣を進める一方、植民地期に満州、日本、朝鮮内において多様な経路を通じて習得した技術を、検定試験によって統一的な基準から評価・判定し、人材登用に活用した。こうした人的資源の養成は国立研究所と各大学および工場が連携する形で行われた。技術革新は、援助による設備投資によって促進されて、1950年代後半になると各企業の設備機械において韓国製品の割合が日本製を逆転するようになり、技術育成に成功したと指摘している。

　第6章「綿紡績業」（徐文錫）は、解放直後の綿紡績業の工場別実情を考察した上、京城紡織および南満紡績出身の韓国人技能者および技術者が、解放後の綿紡績業における日本人技術者の帰国によって生じた空白を埋め、戦時期に疎開されていた機械を設置したことを明らかにしている。彼らは大半の設備を朝鮮戦争によって失ったが、使用可能な設備の部品を解体し、組立てて、生産を再開した。また、ネットワークを通じて研究成果を共有して、技能工や技術者のためのテキストを刊行し、理工系教育機関の設立にも努めたと指摘している。このような解放後から1950年代における彼らの経験が、60年代以降の綿紡績業の発展の基盤になったと評価している。

　第7章「計画造船と大韓造船公社」（裵錫満）は、植民地期の「戦時計画造船システム」を参考にした1950年代の「計画造船」の失敗と、その政策対象であった大韓造船公社の経営破綻を分析した。破綻理由は、政府が市場の把握に失敗したことと、アメリカの反対によって援助資金の使用が不可能になったためであった。この政策は、植民地期の軍需工業拡充システムを援用し、日本人の経営した造船所を主な政策対象とした点において植民地期と連続しており、失敗したとはいえ、60年代における造船工業の育成政策にも継承されたと主張している。

　第8章「石炭市場と大韓石炭公社」（林采成）は、朝鮮戦争の被害からの復旧過程であった1950年代後半において石炭開発5ヵ年計画が樹立されたこと、

「産業線」の開通と火力発電施設の増強が石炭公社の増産を促し、民営炭鉱の勃興をもたらしたことを実証している。そして韓国政府は、このような石炭市場の競争の中で経営不振に陥っていた石炭公社の総裁に民営炭鉱の社長を任命し、経営の合理化と安定化を実現したことを明らかにしている。さらにこうした経営合理化が、50年代後半の経済開発に必要な安定的なエネルギー供給の歴史的条件を創出したと評価している。

　解放から1960年代前半までの20年間は、60年代半ば以降の高度成長を準備したものであり、本格的な離陸の直前の加速を行った「復興期」であった。韓国政府は連合国の下で過渡政府期（1945～48年）から、能動的に経済再建に参画した。しかし、日本とは異なり資金および生産手段を援助に依存せざるをえなかった。このような資源投入の形は、アメリカ政府と韓国政府との対立と妥協の中で変化していった。50年代後半における援助の内訳は消費財中心から中間財へ、そして原料中心へと変わった。当時、韓国政府の財政は、援助資金に大きく依存していたにもかかわらず、半分以上の財政支出をインフラ構築と企業の再建に投入した。経済制度の設計を政府が主導した点で、韓国は日本とやや類似するが、主な資金調達のルートを援助に依存し、政府がそれを調整した点で、高度成長期の日本の金融機関より自律性は低かった。

　1960年代初頭まで進められた輸入代替産業の育成政策は、援助の縮小によって限界に直面した。韓国政府は、60年代以降資金調達方式を借款へと転換し、輸入代替工業化政策では不十分であった資本誘引体系の構築に努めた。以上のような援助と人的資源調達および技術導入を通じて、韓国政府と民間企業は積極的経済開発に向けた制度設計を模策したのである。

　こういう状況の下で企業の経営戦略に成功と失敗が共存するのは不思議なことではなかった。当時の主導（leading）産業であり民営企業の産室であった綿紡織企業は、援助を通じて原棉の調達問題が解決され、韓国人技術者の復帰によって技術的空白も緩和された。朝鮮戦争勃発の年である1950年を除くと、設備・生産・生産性・収益率の各面において順調に回復した。反対に70年代の韓国経済を牽引した造船業においては、戦時日本の計画造船をモデルにした育成政策が、船舶需要予測や資金調達で失敗した。このような試行錯誤は、60

年代から70年代の産業政策の教訓になった。一方、石炭産業の国営企業は、石炭需要という良好な市場条件もあったが、民営企業から経営者を受け入れ経営合理化を行った結果、民営企業との競争においても劣らないまでに成長したのである。

　これらの点を結論的に要約すれば、われわれは解放から1960年代前半までの時期を、韓国政府と企業が植民地遺産を受けながらも新しい環境に適応し、新しい経済制度を作る過渡期であった。60年代半ば以降を「離陸期」とすれば、復興と離陸直前の加速期であったと経済発展の経路を理解することができるだろう。

注
1) Aoki, Masahiko, Hyung-Ki Kim and Masahiro Okuno-Fujiwara, eds., *The Role of Government in East Asian Economic Development: Comparative Institutional Analysis*, New York: Oxford University Press, 1997（青木昌彦・金瀅基・奥野［藤原］正寛編『東アジアの経済発展と政府の役割』日本経済新聞社、1997年）。
2) Amsden, Alice H., *Asia's Next Giant: South Korea and Late Industrialization*, Oxford University Press, 1989; Amsden, Alice H. *The Rise of "the Rest": Challenges to the West from Late-industrializing Economies*, Oxford University Press, 2001.
3) 深川由起子『韓国・先進国経済論：成熟過程のミクロ分析』日本経済新聞社、1997年。
4) 金洛年編［文浩一、金承美訳］『植民地期朝鮮の国民経済計算：1910〜1945』東京大学出版会、2008年。
5) 堀和生『朝鮮工業化の史的分析』有斐閣、1995年。
6) Eckert, Carter, *Offspring of Empire: The Koch'ang Kims and the Colonial Origins of Korean Capitalism, 1876-1945*, WA: University of Washington Press, 1991（小谷まさ代訳『日本帝国の申し子：高敞の金一族と韓国資本主義の植民地起源、1876-1945』草思社、2004年）。
7) 孔提郁『1950年代韓国の資本家研究』白山書堂、1993年。
8) 朱益鍾［堀和生監訳・金承美訳］『大軍の斥候：韓国経済発展の起源』日本経済評論社、2011年。
9) 梶村秀樹『朝鮮における資本主義の形成と展開』龍渓書舎、1977年。
10) 許粹烈［保坂祐二訳］『植民地朝鮮の開発と民衆：植民地近代化論、収奪論の超克』明石書店、2008年、許粹烈『日帝初期朝鮮の農業：植民地近代化論の農業開発論を批判する』ハンギルシャ、2011年。

11) 李大根『解放後〜1950年代の経済：工業化の史的背景研究』三星経済研究所、2002年。
12) 崔相伍「1950年代外国為替制度と外国為替政策に関する研究」(成均館大学校博士論文、2000年)。
13) 朴泰均『原型と変容：韓国経済開発計画の起源』ソウル大学校出版部、2007年。
14) 徐文錫「帰属綿紡織企業の変遷に関する研究：事例研究を中心に」檀国大学校大学院経済学科博士論文、1997年。
15) 林采成『戦時経済と鉄道経営：「植民地」朝鮮から「分断」韓国への歴史的経路を探る』東京大学出版会、2005年。
16) 裵錫満「1930〜50年代造船工業政策と造船会社の経営」釜山大学校大学院史学科博士論文、2005年。
17) 宣在源「植民地工業化と有業率減少：1930・1940年国勢調査の検証と解放後との比較」『経済史学』第49号、2010年。

第Ⅰ部

市場と政府

第1章　体制変化

朴燮

1. はじめに

　19世紀末の韓国は資本主義経済への適応に躓いた[1]。1905年に日本の保護国となり、日本政府と朝鮮総督府（1910年10月1日に韓国統監府を改組）は韓国を日本の一地域に吸収し、農業基地として開発する戦略を立て、経済制度と社会統合の理念をその戦略に沿って設定した。本章では、経済戦略とそれを支える経済制度と社会統合の理念を合わせて経済体制と呼ぶ。韓国は19世紀末から20世紀初頭に経済体制の転換を経験した。中国の朝貢体制の中で貿易を規制する社会から日本帝国の中での自由貿易社会へ、自給自足の農業社会から国際分業を念頭に置いて産業を開発する社会へ、産業の計画的開発に民間を動員する社会へと転換した。そして45年の解放後、それ以前の体制は有効に機能しなくなった。韓国経済の再建には、新しい経済戦略とそれを支える経済制度や社会統合理念が必要であった。
　韓国人の目標は「独立」から「豊かさの追求」へと変わり、大統領と国会議員の選挙では経済政策が重視された。政治家は、国民の願いを無視しては選挙に勝てず、政権維持のための費用は多くなった。そして、韓国の民間と政府はともに、持続的に経済開発のための方法を探った。解放後の20年間の試行錯誤の帰結が「経済開発体制」であった。
　その20年は、1956年を分岐として二分することができる。前半の約10年間にはブルジョア国家が作られ、後半の約10年間には計画的経済開発の体制が作られた。その分岐となった国内要因は56年の大統領選挙で、国民の豊かさへの希求を軽視した与党が支持を減らしたことであり、国外要因はアメリカ

政府が57年に韓国向け援助の削減を決定したことである。

　経済開発体制は4つの要素で構成される。それらを時系列で見ると、第一に1950年代末に民間企業が韓国経済の主導権を取ったが、不正蓄財者の摘発を契機にその主導権を失い、政府に対する協力者に変わったこと（62年）、第二に政府が反共主義を駆使し、労働組合法と労働争議調停法を改定して、労働統制の体制を作ったこと（63年）、第三に経済開発計画と輸出工業の育成が結合して、投資率と投資効率がともに高まったこと（64年）、第四に政府がベトナム戦争への参戦を決定し、また日韓基本条約に対する反対デモを鎮圧して、アメリカおよび日本との関係を緊密にしたこと（64年）である。この体制を45年以前の体制と比べると、国際分業を念頭において産業を開発することと、政府が産業の計画的開発に民間を動員するという点ではほぼ連続的であった。ただ、その再生産圏の範囲は日本帝国から資本主義世界へと広がり、それが経済制度、社会統合の理念、産業構造などに変化をもたらした。

　新しい体制の核心は、輸出工業の育成を経済開発計画の中に入れたことである。計画が投資率を高め、輸出工業の育成が投資効率を高めたため、その意義は大きかった。1950年前後から、アジアの多くの開発途上国が経済開発計画を施行し、そのなかで韓国と台湾の計画の成果が最も高かった。経済開発計画と輸出を結合したことがその主因の1つであった。韓国政府が輸出工業を計画的に育成するという果敢な政策を構想し、また施行できたのは、企業が政策に協力したためである。また、民間企業の経営力量が低かったにもかかわらず、企業が経営に失敗しなかったことには2つの条件があった。1つには、反共主義や労働関連諸法が賃金上昇率を労働生産性の上昇率以下に抑制したことである。次いで、アメリカおよび日本と緊密な関係を結び、資本と技術を安定的に導入できたことである[2]。以上が4つの要素の相互関係である。

2．政府に対する企業の協力

(1) 農地改革

　1937年に日中戦争が勃発し、食糧需要が増加する中で、39年に大干害が発生すると、朝鮮総督府（以下では総督府と略記）は「小作料統制令」を制定した。この命令は小作料に関するすべての条件を小作農に不利に変更することを不可能にした。その目的は米の増産であり、地主は自己負担で農地を改良する場合に限って、小作料を増額でき、総督府は増産に協力しない地主を抑圧しはじめた。総督府は、43年には供出量が割当量の90％を超えると、90％以上の量に対して1石当たり23円の奨励金を与え、100％を超えると、その超過量に対して1石当たり80円の報奨金を与えた。一方、増産に無関心だった地主の供出米には奨励金も報奨金も与えなかった。農民には奨励金と報奨金を与えたので、増産に無関心の地主は他の地主だけでなく農民に対しても差別された。44年には農事改良と小作人指導の熱意と能力がない地主農地の管理を、熱意と能力のある第三者に依託できるようにする「臨時農地等管理令」が制定された。総督府が農業生産力の極大化を図る中で、地主の権力は漸次弱まった[3]。

　1945年8月9日にソ連が参戦すると、総督府は、アメリカ軍が韓半島に進駐する前に、ソ連が韓半島の全部を占領することを憂慮し、日本人居留民の安全を保障する方法を探った。総督府は、最初に朝鮮日報の社長であり、独立運動の要人であった宋鎮宇に対し、韓半島の治安を自主的に維持するとともに、日本人の生命と財産を彼らが退去するまで保護することを要請したが、宋鎮宇はその要請を拒絶した。次いで、総督府は呂運亨に同様の要請をした。これに対し呂運亨は、政治・経済事犯の即時釈放、3ヵ月分の食料の確保、治安維持と建国事業に対する不干渉、学生訓練と青年組織に対する不干渉、労働者と農民を建国事業に動員することに反対しないとの5つの条件を提示した。総督府はやむなくその条件を受諾し、呂運亨は朝鮮共産党の朴憲永の協調を得て、建国準備委員会を結成した。9月6日にはそれを母体に朝鮮人民共和国が樹立さ

れ、その後建国準備委員会の地方支部は、人民委員会に変わった。人民共和国は農民が農地の所有権を持つことを主張し、多くの農民は人民共和国を支持した。地主の権力はさらに弱くなった。

都市では労働者の勢力が成長した。敗戦後、日本人居留民は帰国を準備し、生産設備を積極的に売り払った。一部の韓国人はそれを購入しようとしたが、彼らの目的は財貨とサービスの生産より、生産設備の価格の上昇を待って高く転売することであった。日本人企業で働いていた従業員は失業することを恐れ、韓国人労働者・中間管理人・技術者・役員がその企業を接受し、自主管理しようとした。多くの工場で労働者が工場管理委員会を組織し、日本人所有者から工場を接受または引き受け、生産設備を保全した。委員会が組織されたのは朝鮮軽合金工業、朝鮮皮革、和順炭鉱、高麗被服、朝鮮煙炭、鐘淵紡績などであった[4]。工場管理運動は日本人企業だけでなく、和信商会や朝鮮飛行機など、韓国人親日派の所有企業でも発生した[5]。一方、朝鮮人民共和国も1945年9月8日に臨時接受委員会を設置して日本人所有の機関や財産を接受しはじめ、工場管理委員会は朝鮮人民共和国を支持し、両者は連携した[6]。アメリカ軍が進駐する前に、朝鮮人民共和国は労働者と農民の協力を得て、漸次韓国経済を掌握していたと言える。

しかし、ホッジ（John Reed Hodge）中将と彼が導く第24軍団が1945年9月8日に韓国に着き、アメリカ軍政が始まった。アメリカ軍政は二つの方針を持っており、一つは、韓国に対する日本の影響力をなくして日本から完全に分離することであり、もう一つは、韓国で社会主義革命が発生しないようにすることであった。そこで、アメリカ軍政は45年9月25日に「敗戦国政府等による財産権行使等の禁止」を発令し、45年8月9日付で日本政府と日本人による財産の取引を無効化した。ただし、関連書類を準備して政府に提出すれば、取引の許可を得ることはでき、10月にはそれに必要な手続きも発表された[7]。ところがアメリカ軍政は、45年12月6日に「朝鮮内所在の日本人財産の取得権に関する件」を施行し、45年8月9日から12月6日の間に成立した日本人財産の取引をすべて無効とし、総督府と日本人が所有したすべての財産を9月25日付でアメリカ軍政庁に帰属させた。

「朝鮮内所在の日本人財産の取得権に関する件」は非常に強硬な政策であった。アメリカ軍政はその命令に基づいて日本人の私有財産をも没収したが、国際法では戦勝国が敗戦国の私有財産を没収することは違法であった。本来であれば、アメリカ軍政は没収した私有財産に対して補償すべきであったが、アメリカ軍政にはその意思がなかった。そのような強硬な政策を採択したのは、日本人が財産を所有しつづけると、韓半島に対する日本の特権的地位が維持され、アメリカが韓国を掌握し難くなると判断したためである。アメリカの日本占領によって、日本政府も反対できなかったが、妥当な政策ではなかった。アメリカ軍政がそうしたのは、ソ連の参戦からアメリカ軍の進駐の間に、社会主義勢力が帰属財産を獲得したことを憂慮したためであった。アメリカ軍政は工場管理委員会と朝鮮人民共和国を非常に警戒していた[8]。

工場管理委員会参加者の構成や活動の反資本主義的性格はそれほど強くなかった。また、アメリカ軍政は、労働者の工場接受と工場管理によって韓国の生産力が維持されていることを理解し、ホッジ中将は、労働局所属の将校たちにすべての工場管理委員会が共産党員によって指導されていると速断しないように指導することもあった[9]。それにもかかわらず、アメリカ軍政は工場管理委員会を承認しなかった。それは、工場管理委員会が朝鮮人民共和国と協調していたためであった。

アメリカ政府がホッジ中将に韓半島以南を占領するように命令したのは1945年8月11日であり、ホッジはその命令とともにJANIS75という調査報告を受け取った[10]。JANIS75は、太平洋戦争が勃発したのち、アメリカ陸軍が、韓国経験のあるアメリカ人、アメリカに居住していた韓国人、韓国人戦争捕虜などを調査して、45年4月に作成した韓国に対する総合的な報告書であった[11]。その報告書は詳細で優秀なものであったが、45年4月以後の変化は含んでいなかった。ホッジは、情報を補完するため、進駐する前に総督府から情報を収集した。総督府は、朝鮮には平和と秩序を撹乱する共産主義者と独立扇動家が存在し、朝鮮人民共和国は社会主義国家であると報告した。また、9月10日には趙炳玉、尹潽善、ユン（J. Y. Yun）がホッジと会い、朝鮮人民共和国は日本と協力した韓国人集団によって組織されたと説明し、同日にホッジ

の個人通訳であった李卯默はアメリカ軍政の官吏に行った演説で呂運亨を親共産主義者と描いた[12]。その結果、ホッジは朝鮮人民共和国を交渉相手としなかった。

　朝鮮人民共和国は、アメリカ軍政から無視されると、勢力をもっと伸ばす必要を感じた。1945年11月20～25日に開かれた人民共和国の全国人民代表者大会は工場管理運動と人民委員会を統合しようとしたが、それは勢力を高める一つの方法であった。当時のある調査によると、11月4日に728の工場管理委員会があり、8万人余の労働者が委員会に参加していた[13]。人民共和国と工場管理委員会が統合を推進すると、アメリカ軍政は人民共和国だけでなく工場管理委員会も制圧すべきであると判断した。そして、アメリカ軍政は46年2月に帰属事業体の管理人を公募し、3月にはそれらの事業体に派遣した。アメリカ軍政は、馬山繰綿工場、旭絹織、三和ゴムなど、管理人を受け入れる工場に限って管理委員会を承認した。軍政と労働者の闘争が始まったのである。

　一方、アメリカ軍政は、小作農の生産意欲を高めるために1945年10月5日に「最高小作料の決定の件」を制定し、小作料の上限を収穫量の3分の1に制限した。しかし、農民は小作料の引下げに満足せず、小作料の不納など争議を起こした。46年3月に北朝鮮政府が土地改革を施行し、北朝鮮の農民には45年以前に自耕していた農地の所有権を認めた。これが韓国の農民をさらに刺激した。アメリカ軍政は、農民に農地の所有権を与えると、農民運動を事前に防止するとともに農産物の生産量を増やすことができると判断して、46年3月に帰属農地（1945年9月25日以前に日本人が所有していた農地）を韓国農民に売却する計画を発表した。しかし、アメリカ政府が行政指針を与えず、アメリカ軍政の行政能力はまだ不十分で、実行はできなかった[14]。その後、アメリカ軍政は韓国のすべての農地の所有権を改革する計画を立て、47年初めから「南朝鮮過渡立法会議」の一部の議員と協議し、46年12月に農民から年平均生産量の300％を現物で徴収し、地主に年平均生産量の300％に当たる現金を支払い、徴収と支払いの期間を15年と定めた農地改革法の草案を作り、過渡立法会議の本会議に提出した[15]。これに対して大多数の立法議員は、農地改革は非常に重要案件であり、韓国政府が正式に樹立されてから処理すべきだと主張し

た。彼らは地主であり、韓国政府が樹立されれば農地改革を阻止するか、または農地改革の条件を地主に有利にすることができると信じたためである。アメリカ軍政は過渡立法会議の反対を抑えられず、農地改革を実行できなかった。

　1946年3月からアメリカ軍政は管理人を任命し、工場を接受しはじめたが、順調にはいかなかった。破産直前の工場を引き受け、自ら再建した労働者にとって、工場管理こそが自分の主要な業務であった。工場管理委員会は管理人の赴任を阻止するか、アメリカ軍政が派遣した管理人に対して従業員と管理人が工場を共同で管理するように要請した。管理の範囲は生産方法、人事、産出物の販売など幅広かった。しかし、アメリカ軍政は経営権を企業家の排他的な権利として、労働者と管理人の経営権の共有を認めなかった[16]。アメリカ軍政は工場管理委員会を弾圧し、警察力も動員した。また、46年7月からは一部の帰属事業体を賃貸し始めた[17]。工場管理運動は漸次衰退し、47年6月頃にはほとんど消滅した。工場での労働者の権力は消滅し、労働者の代わりに政府が工業を掌握するようになった。

　アメリカ軍政は、韓国の工業生産力を高めるため、1946年末に帰属事業体の払下げ計画を立てた。ところが、アメリカ政府は、払下げに消極的であった。1つは、帰属事業体が日本人の私的所有物であったためであり、2つ目は、帰属財産を連合国に対する賠償金として使用したかったためである[18]。帰属事業体の払下げに対しては、韓国内でも反対意見が多かった。アメリカ軍政による47年上半期の調査によれば、調査対象であった約50団体の中で韓民党だけが払下げに賛成した[19]。そのため、アメリカ軍政は47年3月に「小規模事業体の処分に関する件」、また47年7月に「払下げ細則」を出したものの、その実施には積極的でなかった。払下げの対象は、帳簿価格が10万ウォン（圓）以下の事業体、帳簿価格が10～100万ウォンで払下げによって経営が確実に改善されるもの、帳簿価格100万ウォン以上でアメリカ軍政長官が特に指定するものに止まった[20]。小規模事業体だけを払下げることにしたのは、アメリカ政府の配慮と韓国人の反対に起因したのであろう。ともあれ、47年には29事業体、48年には158事業体が払い下げられ[21]、民間企業家が増加しはじめた。

　アメリカ軍政は、帰属事業体を払い下げはじめた直後の1948年3月に中央

土地行政処を設置し、帰属農地を農民に売却した。帰属農地はアメリカ軍政が没収し、国営企業である新韓公社が管理していたため、その売却は過渡立法会議の合意を得る必要がなかった。また、韓国には耕作者が農地を持つべきであるとの思想（耕者有田）があり、帰属農地の売却に反対する民間勢力はなかった。48年8月までに帰属農地の85％が、52年2月までに91％が売却された。買収する農家の所有農地総面積が3町歩を超えないこと、および買収農地の年平均生産量の20％を15年間現物で納付することが買収の条件であった[22]。解放後の農地の市場価格はその農地の年平均生産量の2～3倍であったので、実質利子率を3％と仮定し、15年間の分割納付を考慮すると、農民は市場価格の最低限の水準で購入したと言えよう[23]。

　日本人の所有農地が農民に売却されると、韓国人地主も公には農地改革に反対できなくなった。また、1948年5月の制憲議会の議員選挙でほとんどすべての候補者が、農民の票を得る目的で農地改革を公約とした。そして、48年7月に制定された大韓民国憲法第一号の第86条に「農地は農民に分配し、その分配の方法、所有の限度、所有権の内容と限度は法律で決める」と規定された。

　農林部は1948年11月に農地所有面積の上限を2町歩とし、農民に対する売却金額を年平均生産量の120％、地主に対する補償金額を年平均生産量の150％とする法案を作り、49年1月に国務会議に提出した。李承晩は政府の負担が大きいという理由でその法案に反対した。企画処は農林部の法案を修正して、農地所有の上限を3町歩とし、売却金額と補償金額をともに年平均生産量の200％とする法案を策定し、それを政府案としようとした。農林部長官であった曺奉岩はその法案に反対したが、李承晩との確執の末、49年2月に辞職し、企画処の法案が政府案として国会の本会議に提出された。企画処案は農林部案より地主に有利であったが、アメリカ軍政の帰属農地売却価格が年平均生産量の300％であったことを考慮すると、地主に好意的であったとは言えない。一方、国会の産業委員会は売却金額と補償金額をともに年平均生産量の300％とする法案を提出したが、それは地主出身の議員の利益を反映していた。

　国会が企画処の法案を審議する中で、法案の内容は農林部の法案に次第に近

接していった。それは国会議員中の左派と中間派の努力によっていた。そして、農民から年平均生産量の150％に当たる現物を徴収し、地主に年平均生産量の150％に当たる現金を支給し、徴収と支給の期間を5年とする農地改革法が50年1月に制定され、50年3月に公布された[24]。同時に、48年3月に売り払われた帰属農地の売却条件も年平均生産量の150％を5年間に分けて徴収することに変わった。

　農地改革が始まった1948年3月から農地改革の事務が終わった66年末までに、58.5万町歩が農民に売却され、その内訳は、日本人地主が所有した農地が26.8万町歩、韓国人地主と自作農が所有した農地の中で3町歩を越える農地が31.7万町歩であった。政府によって売却された農地の面積が解放当時の小作地面積より少ないのは、地主が、農地改革が不可避と判断し、改革が施行される前に小作地の一部を販売したためである。解放当時と51年の小作地面積、アメリカ軍政と韓国政府が売却した小作地の面積から計算すると、解放直後から農地改革が始まる直前までに71.3万町歩が販売された。ともあれ、1951年には、韓国の農地面積195.8万町歩に対して小作地は8.5万町歩に過ぎなくなった[25]。この8.5万町歩のみでは地主が政治的・経済的に権力を維持することはできなかった。

　農地が買収された地主には地価証券が与えられたが、地価証券には所有地の年平均生産量の1.5倍に当たる量とその5分の1に値する現金を5年間受ける権利が記されていた。政府は地主に対する毎年の補償量に米穀の政府買収価格を乗じた金額を支給したが、1950年6月に朝鮮戦争が勃発すると、通貨発行量の増大を回避するという理由で米穀の政府買収価格を抑制し、50～51年には市場価格に対する政府買収価格は51％に過ぎなくなった。この結果、地価証券の額面価格は極端に低くなった。一方、農地改革以前の小地主や釜山へと避難してから収入源がなくなった地主は地価証券を安くても売らなければならなかった。そのため地価証券は、50年の冬まで額面価格の23～25％で売買され、51年末には価格が相当上がったにもかかわらず、50％を超えなかった[26]。こうして、地主階級は消滅し、元地主の資産も急減した。

(2) 企業家の主導性

　地主が没落するのとは対極的に、商工業の企業家は成長した。1948年9月に韓国政府はアメリカ政府と「韓米政府間の財政および財産に関する第一次協定」を結んだ。韓国政府はその協定でアメリカ軍政が行った帰属財産の払下げを適法と認め、また残余の帰属財産を継承した。続いて韓国政府は49年12月に「帰属財産処理法」を制定した。「帰属財産処理法施行令」（50年3月）によると、帰属事業体は政府査定価格を最低入札価格として売却され、購入代金は最長15年の分割納付になった。帰属事業体の買収権利者の優先順位は、第1位が当該事業体の賃借人または管理人、第2位が45年8月9日に当該事業体の株主・社員・組合員または2年以上勤続した従業員、第3位が農地改革法により農地を買収されたものであった。優先権者には、自分が最高価格を提示せずとも、その入札での最高価格で落札できる権利が与えられた。労働組合も優先権の付与を要請したが、政府は拒否した。

　孔堤郁の研究によると、1950年の払い下げ件数は37件に過ぎなかったが、それは帰属財産の払下げに反対する世論がまだ強かったためであった。払い下げはその翌年から活発になり、51年には412件が払い下げられた。それは朝鮮戦争の費用を調達しなければならなかったためである[27]。51年9月のサンフランシスコ講和条約で日本は、日本人が敗戦まで韓国で所有していたすべての財産に対する権利を放棄し、52年4月にその条約が発効すると、アメリカ政府は韓国政府に帰属事業体のより早い払下げを促した。国内外に帰属事業体の払い下げを促進する条件が作られ、52年に325件、53年に360件、54年に281件が払い下げられるなど、この処理は60年まで続けられた。

　買収者の内訳をみると、優先権者が2,061件中の1,503件を買収し、その中で第3位の優先権者の買収が69件であった。第1位と第2位は全体の7割を占めたことになる。釜山での事例研究によると、状況が正確にわかる55件の中で28件、51％を管理人が買収した[28]。これをそのまま用いると、第1位の優先権者が51％、第2位の優先権者が19％、第3位の優先権者が3％、優先権者以外の買収者が27％であったと推定できる。

発行された地価証券の名目価額は17.8億ウォンであり、その中の9.6億ウォンが帰属財産の買収に使われたが、帰属事業体の売却代金の総額が22.5億ウォンであったので、地価証券がその総額のかなりの部分を占めたと推測できる。しかし、前述したように、地主は帰属事業体の3％しか買収できなかった。農地を失い生活に困った地主たちが地価証券を安くても売り、それを購買した者が地価証券で帰属事業体を買収したのである。

1951～54年に1,378の帰属事業体が払い下げられたが、帰属事業体の中で運輸、通信、金融、保険、電気、水利、水道、ガス、鉱山、製鉄所、機械工場など、公共性をもったものは払い下げられず、政府が所有しつづけた。それらの事業体が払い下げられなかったのは、憲法のいくつかの条項のためであった。兪鎭午が大韓民国憲法第1号の草案を作成したが、彼は国民の共同体構成員としての経済的権利を強調して、経済的自由を制限する条項を多数入れた。韓民党と大韓独立促成国民会などの右派はその諸条項に反対したが、4割を占めた中道派が右派を牽制し、兪鎭午の意図を生かした。48年の憲法第1号は資本家または企業家の自由を規制する条項を多数含んでいた。表1-1の中の48年憲法の第85、87、88条がその点を包括的に示している。また、51年に制定された国務院告示第12、13号は、憲法第87、88条に基づいて、50の企業を国有に指定した。そして、商工業の分野では民間企業家も成長してはいたが、政府が経済の中枢を握り、企業家は韓国経済の主導性をまだ掌握できていなかった。

朝鮮戦争が勃発すると、韓国政府は北朝鮮に対する韓国民の敵対感情を維持するとともに、北朝鮮に対する韓国の優越性を主張する必要があった。当時、韓国は資本主義経済を、北朝鮮は社会主義経済を標榜したが、韓国でも政府が重要産業の大企業を所有していたため、実際には経済体制に大きな差はなかった。そのため、韓国政府は自国と北朝鮮を区別する一つの方法として、北朝鮮には個人の自由がないことを批判した[29]。一方、民間企業家は、ビジネス・チャンスを増やすために、政府に経済的自由を拡大することを要求した。政府と民間企業家の意思は合致したが、1954年春までは与党の議席数が少なく政府は憲法を改定できなかった。

表 1-1　1948 年憲法と 54 年憲法の経済関係条項の比較

条項	1948 年	1954 年
第 85 条	鉱物とその他の重要な地下資源、水産資源、水力と経済上利用できる自然力は国有とする。公共の必要によって、一定期間その開発または利用を特許すること、またはその特許の取り消すことは、法律の定めによって行う。	鉱物とその他の重要な地下資源、水産資源、水力と経済上利用できる自然力は、法律の定めによって一定期間その開発または利用を特許できる。
第 87 条	重要な運輸、通信、金融、保険、電気、水利、水道、ガスおよび公共性を持つ企業は国営または公営とする。公共の必要によって私営を特許すること、またはその特許の取り消すことは、法律の定めによって行う。対外貿易は国家の統制下に置く。	対外貿易は法律の定めによって国家の統制下に置く。
第 88 条	国防上または国民生活上の緊急な必要によって私営企業を国有または公有へと移管すること、またはその経営を統制、管理することは法律の定めによって行う。	国防上または国民生活上の緊急な必要のために、法律でもって特別に規定する場合を除いては、私営企業を国有または公有へと移管し、その経営を統制または管理することはできない。

　与党は、1954 年 5 月の第 3 期国会議員選挙で議員定数の 56％を占め、国会をリードできるようになり、11 月に憲法を改定した。改定憲法は国民の経済的自由を強化し、民間企業のビジネス・チャンスを増やした。政府は憲法改定の理由を次のように説明した。「我が国の憲法は社会主義的な均等原理を実現するために国家の統制と干渉を規定しておりますが、(中略) 企業運営の積極的合理化意欲を減退させ、(中略) 生産力の増加を弱化させております」。国会での勢力変化とともに、政府は 54 年 5 月には国務院告示第 15 号を施行し、日本人が所有していた鉱山の鉱業権と施設を国有化した国務院告示第 12 号と第 13 号を廃止し[30]、10 月には「銀行帰属株払下げ要綱」を制定した[31]。また、56 年 3 月には「国有鉱業権処分令」を改定し、56～58 年には日本無煙炭、三陟セメント、三国石炭工業を払下げ[32]、57 年中には韓国興業銀行、韓国貯蓄銀行、韓国商業銀行を払い下げた。

　経済的自由とビジネス・チャンスが増えると、民間企業の経営も改善され始めた。綿紡績業は新技術を導入し、20 番手綿糸生産では 1954～60 年に労働生産性が 2 倍以上になった。また、高級品を開発して製品を多様化した[33]。石炭

鉱業では民営炭鉱の労働生産性が上がり、在庫が減ると、それが石炭公社の経営合理化を誘導し、石炭鉱業全体の成長をもたらした[34]。企業グループの三星は57年1月に社員を公募して、より有能な志願者を採用し、厳格な教育訓練によって社員の水準を高めた。公募採用は韓国政府よりも早く、効果は高かった。また、50年代の末には企業グループの会長の秘書室を作り、系列社に権限を委譲しながらも、会長が系列社の経営を把握できるようにした[35]。

　以上のような変化とともに、1950年代の後半には業界団体の役割も徐々に拡大した。大韓紡織協会は54年から業界雑誌を出して、新機械、棉花と綿製品の需給状況、綿紡績業界の生産能力と操業率、綿製品の価格などに対する仔細な情報を会員企業に提供した。54年4月には「綿製品の輸入防止および機械設備導入に関する建議書」を政府に提出し、政府と交渉した。その結果、政府は54年12月から40番手以上の外国産の綿糸の輸入を禁止し、56年6月にはほとんどすべての外国産の綿糸と綿織物の輸入を禁止した。大韓紡織協会は56年に輸出対策委員会を設置し、香港に3.4万ドルの綿布を輸出した。また、58年からは原料と完成品を自ら検査した[36]。大韓造船工業協会は、韓国政府が52年に第一次造船計画を立案したとき、政府の漁船建造計画量を会員企業に割り当て、必要な機械と材料を政府から調達して造船所に供給した。同協会は、会員企業に造船に必要な資金を提供するため、銀行と業界への集団融資についても交渉した。政府は56年に「造船5ヵ年計画」と「老朽船代替5ヵ年計画」を立てたが、貨物用鋼船の建造は大韓造船公社に発注し、貨物用木船の建造は造船工業協会に発注した。同協会は造船業者を代表して政府と契約を結び、会員企業に割り当てた[37]。

　1950年代末には民間企業が発達し、一部の企業家は金融機関も経営し彼らの企業をより安定させた。また、業界団体は企業の集団的利益を保護した。こうして、50年代の末には企業家が韓国経済を主導するようになった。

(3) 政府に対する企業の協力

　1961年5月に朴正熙グループ[38]が軍事クーデタを起こし、権力を掌握した。朴正熙グループは「豊かさ」への国民の欲望をその以前の2つの執権党より明

確に理解していた。経済開発に成功してその欲望を満たせば、選挙に勝ち、政権を維持することができると信じた。また、効率的な政府により国営企業を建設すれば、それに成功しうると判断した。そして、61年6月に「不正蓄財処理法」を施行し、不正蓄財者のすべての財産を国有化することとした。これに対して、企業家は、不正蓄財の調査を受ける中で、不法な方法を取らざるを得なかった理由を弁明し、また経済建設における彼らの力量を朴正熙グループに力説した。朴正熙グループは企業家の主張を容認したが、当時の韓国経済における企業家の地位を考慮すると、朴正熙グループのこの措置は自然にも見える。政府は不正蓄財者が所有する銀行株式だけを8月に国庫へ没収し、不正蓄財者の全財産を国有化する代わりに彼らが経済開発計画を支持することを要求した。政府の要求に従って、李秉喆を含む13人の企業家は経済再建促進会を組織し、政府の経済開発計画に協力することを宣言した。また政府は、不正蓄財者に対して、セメント、製鉄、肥料、製粉、人絹糸、合成樹脂、電気機器、ケーブル、ナイロンの製造業など、政府が指定した業種で64年12月末までに工場を建設し、その企業の株式を罰金と同額だけ政府に納めるように指示した[39]。続いて政府は、62年1月には苛性ソーダおよび籾藁パルプ、ビスコース人絹糸、アセテート人絹糸、セメント、電気機器、紡織および加工機、観光産業などの7つの業種に関して、19の企業に外資導入を許可し、民間企業による工場建設を支援した[40]。

　しかし、朴正熙グループは韓国の産業を国有化を通じて開発しようとする構想も放棄しなかった。政府は1962年6月に「緊急通貨措置法」を施行し、10ファン（圜）[41]を1ウォンとする新貨幣を発行し、旧貨幣はすべて預金することとした。また、一定限度以上の旧貨幣は、定期預金一年もの以上の金利を支給することを代償として、預金の引き出しを禁止した。政府は12月までにその預金で産業開発公社を設立し、預金者にはその金額に相当する株式を支給することを予定した。産業開発公社は、精油、肥料、総合製鉄、セメント、工作機械、造船および工業に投資することになっていた[42]。しかし、通貨改革に対して、企業家は流動資本が不足になるという理由で強く反対した[43]。またアメリカ政府は、韓国政府の産業開発公社が民間企業の成長を抑えるとの理由でそ

の設立計画に反対し、通貨改革を撤回しなければ援助を中断すると圧力をかけた[44]。政府は通貨改革の1ヵ月後の62年7月に「緊急金融措置法による封鎖預金に対する特別措置法」を施行し、封鎖預金の3分の1を自由預金に変え、残りの3分の2は期限1年の特別定期預金に転換した。また、特別定期預金も利子だけを放棄すれば、中途で解約できたため、公社構想は挫折した。

　朴正煕グループは、通貨改革では期待した成果を得ることができないとし[45]、次いで通貨発行量を増加させる戦略を採用した。通貨の増減は1958～60年に対前年度－4％、4％、8％であったが、61、62年には23％、15％も増加した。その資金を用いて第一次経済開発計画（1962～66年）に必要な資金を供給した。また63年までに15の国営企業を強化し、6つの国営企業を新しく設立した[46]。アメリカ政府は韓国経済で政府部門の比率が高くなることに反対し、61～63年に物価がそれぞれ15％、10％、21％上昇すると、インフレーションも憂慮した[47]。62年に韓国が凶作となり、63年に韓国政府がアメリカ政府に農産物の援助の増加を要請すると、アメリカ政府は、農産物の援助を増やす条件として、第一次経済開発計画の年平均成長率を低めて、インフレーションを抑制することを要求した。韓国政府はアメリカ政府の要求を無視できず、64年3月に修正計画を発表し、第一次経済開発計画の年平均成長率を7.1％から5.0％に下げた[48]。さらに、韓国政府は64年から国営企業を民営化しはじめた[49]。朴正煕グループは、最初の構想とは異なり、民間企業を国有化することも、民間預金や国債を用いて国営企業を建設することもできなかったのである。

　朴正煕グループは当初、国営企業に基づいて経済を開発しようとしたが、結局は失敗し、経済開発計画のために、民間企業が政府に協力することを求めることになった。その際、銀行を国有化したことは政府の重要な武器となった。企業が商業借款を導入する際、政府や銀行が外国の貸付者に対しその借款の支給を保証し、企業は導入の条件を改善できた。また、企業は銀行から多額の国内資金を低利で借りられた。企業はその2つの系列の資金を入手するため、政府の経済開発計画に協力した。第一次経済開発計画は、その施行の初期には相当混乱したが、その後徐々に順調になり、計画期間中に、年平均7.8％成長を実現し、最初の目標成長率を0.7％超過達成した。

3．輸出工業の計画的育成

　日本が1931年に中国の東北地域を侵略し、東北三省を占領すると、総督府は韓国人の満州移住と、韓国商品の満州輸出の好機であると判断した。同年、総督府は鮮人移民会社設立計画案を作成し、32年には対満輸出協会を設立した。同協会は33年に奉天に事務室を開き、満州貿易に関する調査、韓国商品の宣伝、取引の斡旋等に着手した[50]。韓国の満州向け輸出は32～41年に年平均7.6％増加し、41年には韓国の輸出総額の18％を満州が占めた[51]。また、日中戦争が勃発すると、総督府は戦争遂行に必要不可欠な工業製品を増産するため、生産力拡充計画（第一次は1938～41年、第二次は42～45年）を施行した。この二つの事態を総合すれば、工業製品の輸出を促進するという構想と工業を計画的に育成するという構想が植民地期にすでに出現したと言えよう。ただ、その二つを結合し、輸出工業を育成するという構想はまだなかった。

　1948年8月に韓国が独立し、韓国政府は49年2月に物動計画を立案した。最終目標は「韓国産業の自給自足体制の確立を根幹とし、その生産目標を戦前の水準に完全に復旧」することであった。また、その目標を達成するため、各々の物資の国内需要量を確定し、国内生産により自給することを原則として可能な限り大きな供給目標量を設定し、必需品の不足量を輸入し、輸出産業を拡大して国際収支の均衡を取るとした。この物動計画は対象となる産業を21に分類したが、第1～第5分類は農林水産業、第6～第20分類は鉱工業に属し、第21分類は発電業であった。続いて、目標を実現するために資金調達、技術上の隘路の解決、品質改善、国産品の愛用などの施策を併用すべきだと指摘した[52]。物動計画には工業を計画的に育成するという構想が見えるが、50年6月に朝鮮戦争が勃発すると立ち消えになった。

　朝鮮戦争の終戦後、1954～56年にかけて経済開発計画が4回作成されたが[53]、アメリカ政府の反対のため、工業を計画的に育成するという構想を積極には出せなかった。54～60年には見返り資金が韓国政府の財政収入の30～53％を占めたが[54]、韓国政府が見返り資金を支出するにはアメリカの韓国

駐在経済調整官の同意を得なければならなかった。また、同期間に韓国の商品輸入額の75％が援助ドルで決済され、残りの25％だけが韓国政府の保有のドルで決済された。そのために韓国政府は、アメリカ政府が反対する経済政策を立案することは困難であった。アメリカ政府は韓国政府の工業開発に反対しており、第一次産業を開発し、それを輸出して入手する外貨で日本から工業製品を輸入することを希望した[55]。

　1956年の大統領選挙は一つの転機を作った。その選挙で、与党の自由党への支持率が下がり、保守派の中の民主党と社会主義系の進歩党が勢力を伸ばした。その選挙を契機として、李承晩大統領は豊かさに対する国民の欲求を深刻に受け入れた。李承晩は元来、計画は社会主義国家が好む政策だという理由で経済開発計画に反対していたが、国民の支持率が低下すると態度を変えた。彼は代表的な経済官僚であった宋仁相を復興部の長官に任命し、経済開発計画を樹立するように指示した。宋仁相はアメリカ政府の経済政策に好意的であったため、アメリカ政府もその任命を歓迎した。また、アメリカ政府も韓国の社会主義勢力の台頭を憂慮し[56]、経済開発計画に反対する態度を変えた。一方その頃には、韓国の官僚にも経済開発計画を立案する力量が形成された。韓国政府が49年からいくつかの経済開発計画を立案する中、計画を樹立するための資料が相当に蓄積され、アメリカから留学を終えて帰国した若い経済学者は経済計画の理論と実際について理解を深めていた[57]。

　アメリカ政府が経済開発計画や工業化政策に反対する姿勢を転換した背景には、日本とアメリカの事情の変化があった。一つは、1950年代半ばに日本経済が徐々に安定したことである。アメリカ政府は朝鮮戦争の終戦直後に日本の輸出が減少することを憂慮し、実際日本の輸出は51～53年に13.6億ドル、12.9億ドル、12.6億ドルと低迷した。しかし、54～55年には16.1億ドル、20.1億ドルへと回復した[58]。また日本の56年1月のガット（GATT）加入は、日本の経済情勢に対する危惧を払拭した。もう一つは、低開発国に対するアメリカ政府の援助政策が変化したことである。50年代後半、アメリカ政府は連邦政府の負債を減らすため、援助を借款で代替する方針を立てた。そしてアメリカ政府は1957年に「相互安全保障法」を改定し、開発借款基金を設置し

た[59]。その政策に沿って、アメリカ政府は57年11月に韓国に対する援助を漸次減少させると発表した[60]。韓国への援助を減らし、最終的にはなくす計画を立てると、アメリカ政府が韓国政府の工業開発を抑制できる根拠はなくなったのである。

　李承晩の態度とアメリカ政府の政策が変わると、韓米合同経済委員会が技術援助と長期の経済開発計画を論議するようになり[61]、韓国政府は1958年12月、復興部に産業開発委員会を設置した。それには韓国人16人、アメリカ人6人が参画した[62]。産業開発委員会は設立1年後の59年12月に、経済開発7ヵ年計画の前半3ヵ年計画（60〜62年）を作成した。経済自立を助成することが目的であり、具体的な目標は、年平均5.2%の経済成長、農工業の均衡、重工業と軽工業の均衡、国際収支の均衡、自立的な均衡成長であった。目標の達成のための手段は、食糧生産の極大化、中小企業の発展を通じた雇用機会の増大、輸入代替産業と輸出産業の育成、消費の抑制と民間資本の蓄積、社会基盤の拡充、産業構造の近代化であった[63]。ただし、この計画での輸出産業は主に第一次産業であり、輸出工業の育成を目指したものではなかった。

　その一方で、韓国政府は1956年に韓国綿布輸出5ヵ年計画（1957〜61年）を立てていた。これは工業製品の輸出計画では最初のものであった。韓国はアメリカから棉花の援助を受けており、韓国企業の綿製品輸出は、アメリカ政府の承認が必要であったが、57年に韓国の綿紡績企業はアメリカ政府の承認を受けないまま綿布を輸出し、その翌年からアメリカ政府と交渉し始めた。その末、58年には韓国が綿糸輸出額の80%、綿布輸出額の50%に当たる金額のアメリカ棉花を輸入すること、59年には韓国の輸出に使用された棉花の金額に相当するアメリカの棉花を輸入することが、綿製品輸出の条件になった[64]。また、韓国政府は輸出を促進するため、59年に輸出用の原材料と部品の輸入関税を減免した[65]。しかし、韓国政府のこの措置にもかかわらず、輸出は増加しなかった。輸出額は52年2,773万ドル、53年3,956万ドル、54年2,425万ドル、55年1,797万ドル、56年2,460万ドル、57年2,220万ドル、58年1,645万ドル、59年1,916万ドル、60年3,182万ドルと推移し、52〜60年の最高額は53年の3,956万ドルであった。輸出を妨げる最も重要な要素は為替レートであ

った。韓国政府は、多額の援助を受けていたため、為替レートを下げる必要を認識しておらず、その限りでは輸出工業の育成政策が効果的になる可能性は乏しかった。

　李承晩は1960年4月初めに経済開発3ヵ年計画（1960～62年）を承認したが、その直後に四月革命が起こり、計画は頓挫した。李承晩政府にかわって過渡政府ができ、7月に総選挙が行われて張勉政府が成立した。しかし、61年5月には軍事クーデタが起こり、権力を握った朴正熙グループは61年5月から10月にかけて経済開発5ヵ年計画を樹立し、62年から施行した。

　第一次経済開発計画の目標は、第一に、電力・石炭などエネルギーの供給確保、第二に、農業生産力の増大による農家所得の上昇と国民経済の構造的不均衡の是正、第三に、基幹産業の拡充と社会間接資本の充実、第四に、遊休資源の活用、とくに雇用の拡大と国土開発、第五に、輸出増大を主軸とした国際収支の改善、第六に、技術振興であった。計画には輸出増大が目標の一つとして挙げられていたが、政府が工業製品の輸出を期待したわけではなかった。第一次産品の輸出の増加を期待し、それによる外貨収入で工業を建設する計画であった。工業製品の輸出額は、第一次経済開発計画の目標年度である1966年に輸出総額の33.2%を占めると予想した[66]。

　しかし、結果は政府の予想とは異なった。当時の輸出品を標準国際貿易分類（SITC）に従って調べると、韓国は第一次産品のなかではSITCの0類と2類を、工業製品のなかではSITCの6類と8類を輸出したが、それら4つの分類の輸出額の1961年に対する倍率は62年に各々2.4、0.9、1.5、2.5であった。また、61年にはSITC 0類と2類の合計額がSITC 6類と8類の合計額の6.2倍であったが、62年には5.0倍へと下落した。すなわち、第一次産品の輸出より、工業製品の輸出の方が順調であった。

　韓国経済人協会が1963年1月に朴正熙国家再建最高会議の議長と新年懇談会を開催した際、李源万三慶物産社長は、朴正熙に幾つかの製品を見せながら、韓国企業が輸出用の工業製品を生産できると発言した[67]。朴正熙はその提案に喜び、63年3月に輸出産業促進委員会を設置した。委員会の12の指針の中の第一が輸出工業の開発のための調査研究および開発計画の樹立であった[68]。委

員会が工業製品の輸出を重視することを明示したのである。また、政府は 64 年中にガットの綿織物長期協定に加入してガット参加を準備し、64 年 5 月には為替レートを 1 ドル 130 ウォンから 255 ウォンへと大幅に引き下げた。64 年 9 月には「輸出産業工業団地開発助成法」を施行し、11 月には「輸出の日」を制定した。政府は 65 年 1 月から毎月貿易会議を開催し、大統領が座長を務め、輸出促進制度を検討した。大統領はこの会議と別に貿易振興委員会拡大会議を開き、貿易業界の代表の意見を直接聞いた[69]。政府は輸出信用状の 80% に当たる金額を低利で貸し付け、輸出手形の割引や輸出用の原材料の購入に必要な資金の借り入れ利率を下げ、また輸出用の原料・資材と部品の輸入関税を減免した。輸出金融に対する利子率は 65 年に 6.5%、67 年に 6.0% とし、74 年に 9.0% に上昇するまで 6.0% を維持した。65〜68 年に輸出品の価格上昇率が 3.8%、9.1%、4.6%、3.1% であったため、輸出金融の実質利子率はマイナス 2.6% とプラス 2.9% の間にあった。すなわち、輸出企業は実質的に利益を受けたのである。こうした様々な支援策に国税の減免、関税の減免と還付を合わせると、65〜68 年に輸出額に対する補助金の比率は 13%、17%、22%、29% へと漸次上昇した[70]。そして、輸出企業が 1 ドルを輸出して獲得する韓国貨幣収入（輸出実効為替レート）は 63〜68 年に 189.4 ウォン、281.4 ウォン、304.6 ウォン、322.9 ウォン、333.1 ウォン、354.3 ウォンへと上昇した。これに韓国の物価上昇率を勘案して実質実効為替レートを計算すると、同期間に 275.8 ウォン、305.0 ウォン、304.6 ウォン、305.1 ウォン、299.1 ウォン、298.8 ウォンであった。64 年に大きく改善されてから若干悪化されたが、63 年と比べると、68 年にも 1 ドルの輸出で稼ぐ韓国貨幣収入が 8.3% も増加した[71]。67 年に韓国がガットに加入すると、韓国の企業には輸入代替工業に投資する誘因が減少し、輸出工業に投資する誘因が益々増加した。

　経済企画院が 1966 年 7 月に立案した第二次経済開発計画の目標は次の 6 つであった。第一、食料を自給し、山林緑化と水産開発に力を入れる。第二、化学、鉄鋼および機械工業を建設して工業高度化の基盤を作り、工業生産を増加させる。第三、7 億ドルの輸出を達成し、また輸入代替を促進して、国際収支の改善の基盤を固める。第四、雇用を増大させる一方、家族計画を推進して、

人口膨張を抑制する。第五、国民所得を画期的に増大させる。とくに営農を多角化して農家所得の向上をはかる。第六、科学および営農技術を振興し、人的資源を培養して、技術水準と生産性をさらに高める。第一次経済開発計画の目標との大きな差は、輸出目標が具体的に提示されたことであり、工業製品の輸出は輸出総額の62.1%を占めるように計画された[72]。64年を前後とする時期の政策変化の結果、経済開発計画と輸出工業の育成が結合したのである。

4．反共主義

　1930年代に総督府が民族運動をそれ以前よりも厳しく弾圧すると、ブルジョア民族主義者は総督府に協力するように変わり、プロレタリア民族主義者は韓半島の外に出た[73]。40年代には韓半島の社会主義勢力は僅かとなり、総督府も資産家も反共を掲げて議論する必要はなかった。呂運亨が45年9月6日に朝鮮人民共和国を樹立すると、多くの労働者と農民は人民共和国を支持したが、資産家は人民共和国が彼らの利益を侵害することを憂慮した。この時から反共が韓国の資産家を結集させる手段になった。
　アメリカ軍政の長官ホッジは共産主義を嫌悪したが、韓半島に南北の統一政府を立て、その政府がアメリカの友邦になるようにするためには、ソ連と交渉せざるを得なかった。一方、アメリカ軍政にとっては韓国の右翼政治家もあまり信頼できるものではなかった。彼らが太平洋戦争で日本に協力し、アメリカに敵対したためであった。アメリカ軍政は、統一政府を樹立しようとする意欲を失わず、1947年の上半期までは左派と右派の合作を推進した。それゆえに反共を意識的に追求することはなかった。
　しかし、アメリカ軍政は労働運動については非常に警戒した。1945年10月30日の軍政法令第19号第2条によれば、個人または集団の勤労権利を妨害する行為は違法とされ、労働条件に関する紛争は軍政庁が設置した調停委員会で解決すべきであるとして、紛争中のストライキを禁止した。第2条の一つの背景は当時の物資不足であり、また一つの背景は経営権の混乱に対する恐れであった。アメリカ軍政は企業の所有者が経営権を持つと同時に経営成果に対して

責任を取ると考えていたが、工場管理委員会と朝鮮労働組合全国評議会（45年11月に設立。以下、全評と略記）は企業が必ずしも個人の所有物である必要はなく、経営者と労働者が経営権と経営成果に対する責任をともに取るべきだと主張した。そのためアメリカ軍政は、工場管理委員会が組織された工場では、日本人企業家と技術者が帰国した後も生産が維持されていることを知っていたにもかかわらず、工場管理委員会を弾圧した。また全評は、最大綱領に社会主義的な要素があったものの経済建設を重視したために、アメリカ軍政と全評は協調する余地が十分にあった。にもかかわらず、全評に対するアメリカ軍政の態度は強硬であった[74]。アメリカ軍政が工場管理委員会と全評を弾圧すると、反共主義は勢力を伸ばした。

右派は、解放直後には労働組合は企業経営を妨げるだけだと信じ、労働組合が自分たちの支持基盤になるとは思わなかった。1946年1月に全評傘下の単位組合が大規模に集まり、韓国に対する国際連合の信託統治に賛成するデモをすると、右派はようやく労働組合の力に気がついた。そして右派は、全評とすべての単位組合をなくすことと、右派のために動員できる労働組合を育成した。こうして右派は3月にまず大韓労働組合総連合会[75]（以下、大韓労総と略記）を結成し、続けて単位組合の設立を計画した。大韓労総は、単位組合を設立するためには企業の中から労働組合の組織者を発掘しなければならなかったが、全評の単位組合がすでに組織されている企業では発掘できず、労働組合の組織者を入社させる方法を取った。大韓労総の綱領は5項目であったが、「我々は血汗不惜として労使間の親善を期する」がその中の一つであり[76]、そのゆえ、経営側の協力を得ることができた。経営側は、大韓労総が推薦すれば、労働者として適切に見えない人も警備員、倉庫番、労務管理者などとして採用し、彼らは大韓労総の単位組合を結成した。大韓労総は労働者を基盤とする組織ではなかったので、アメリカ軍政も大韓労総に好意的ではなかったが、全評よりは大韓労総を好んだ[77]。

しかし、アメリカ国防省の意見はアメリカ軍政とは異なった。1946年春にアメリカ軍政が連合軍最高司令部に労働法の制定のために諮問すると、司令部は韓国小委員会を組織し、2人の要員を派遣して韓国の実情を調査した。小委

員会の報告書はアメリカ軍政が政策を修正すれば、全評の協力を得ることもできると判断した。司令部の方針はアメリカ軍政に影響を及ぼして、46年6月8日から始まった東洋紡織でのストライキでは全評に団体交渉権を認め、アメリカ軍政、全評、東洋紡織の役員、労働者との交渉の末、12日には紛争が解決した[78]。それから全評はアメリカ軍政の新しい政策に呼応して、単位組合にアメリカ軍政と協力することと、ストライキや怠業を避けることを指令した。アメリカ軍政は46年7月23日に出された軍政法令第97号で民主主義的労働組合の発展を奨励するとし、一旦全評の排除方針を撤回した。

1946年の夏のアメリカ軍政と全評の関係は協調的であったが、アメリカ軍政の多数が協調路線に賛成したのではなく、全評も同様であった。朴憲永が北朝鮮から帰ってきた7月の末から全評が強硬路線に変わると、アメリカ軍政との摩擦は増大し、9月に同盟ストライキを断行すると、アメリカ軍政は再び全評に敵対的となった。それ以後、大韓労総の単位組合はますます勢力を伸ばし、47年末に全評が地下に潜むと、大韓労総は目標を達成した。

大韓労総には労働組合主義グループと会社組合主義グループがあった。後者の勢力がより大きかったが[79]、全評が消滅すると、労働組合主義グループが漸次勢力を伸ばした。労働組合主義グループは、大韓労総が政治に動員されてはならず、労働者の利益を擁護すべきであると主張した。1948年10月には大韓労総を産業別または職業別組織として再編成することや、堅実な単位組合を基礎とする民主的中央執権制をとることを主張した[80]。また、49年3月の委員長選挙では、会社組合主義グループに勝ち委員長を手に入れた。

しかし、朝鮮戦争が事態を反転させた。戦争が勃発した直後に労働組合主義グループの指導者であった劉基兌と金亀が北朝鮮軍によって拉致され、行方不明になった[81]。一方、警察は朝鮮戦争中にストライキだけでなく、労働条件を改善しようとする動きもすべて共産主義者を有利にするとの理由で厳しく取り締まった。労働組合主義勢力は萎縮し、会社組合主義グループが大韓労総を再び掌握した[82]。

大韓民国第一号憲法には労働条件と労働三権を保護する条項があったが、具体的な内容は法律によることとされ、留保されていた。1950年2月に労働条

件と労働三権に関する法律が国務会議に上程されたが、朝鮮戦争のために立法化されなかった。戦争が下火になって、53年1月に労働組合法、労働委員会法と労働争議調停法、同年4月には勤労基準法が制定された[83]。しかし、50年代の大韓労総とその単位組合はストライキはおろか、団体交渉もほとんどしなかった。58年の調査によれば、全国の4,015の事業場のうち、80％以上の事業場が勤労基準法に違反しており、400の労働組合の中で団体協約を締結した組合は68に過ぎなかった。また、労働条件が悪かったにもかかわらず、53～60年の紛糾件数は242、ストライキ件数は15に過ぎなかった[84]。それは、会社組合主義が大韓労総を掌握し、さらに58年まで委員長を務めた丁大天が執権党の有力者であった李起鵬の側近であったためである[85]。

　労働組合法によれば、大韓労総以外にも労働組合を組織することができ、また大韓労総は「御用労組」、「反共労組」と批判されたものの、政府の弾圧が厳しかったために大韓労総に対抗する労働組合は伸びなかった。労働階層は増加し、また大韓労総に対する批判はますます高まり、1959年8月にはついに37の労働組合連盟のうちの24連盟が全国労働組合協議会（以下では全国労協と略記）を結成するための準備委員会を組織した。全国労協は大韓労総の指導部の腐敗および自由党と資本家に対する大韓労総の指導部の隷属と経営側に対する大韓労総単位組合の協調姿勢を非難し、労働組合が政党と連携しないこと、および単位組合が民主的に運営されることを主張した。しかし、政府の弾圧のため、全国労協は、結局参加者を十分に集めることができず挫折した。しかし、60年の四月革命によって自由党が没落してから全国労協は急成長し、60年5月には加入単位組合が170、所属組合員は16万人に達した[86]。同年11月には大韓労総と統合し、韓国労働組合総連盟（以下では韓国労総と略記）となった。

　しかし、1961年5月の軍事クーデタの直後、朴正煕グループはすべての社会団体を解体し、それとともに労働組合もすべて解散させられた。政府は同年8月に「勤労者の団体活動に関する臨時措置法」を制定し、申告主義に立脚して労働組合を設立できることとしたが、その法律の第一条によれば、「勤労者の団体活動を保障して、勤労者が国家再建事業の完遂に積極的に寄与できるように指導」することを法律の目的としていた。朴正煕グループは労働組合の政

治活動を禁止し、経済開発計画に積極的に協力することを要請した。朴正煕グループへの協力者たちは韓国労働団体再建組織委員会を結成し、8月中に11の産別労組を作り、8月末には韓国労総を再出発させた。その過程で韓国労総は労働条件の改善よりも、反共と経済開発を優先する団体へと変身した。朴正煕が63年3月の労働節の記念行事で韓国労総に政府への協力を要請すると、韓国労総はそれに応じて全16ヵ条の決意文を採択した。第一条は「我々は反共体制を強化して勝共統一に全力を尽くす」、第二条は「我々は革命事業と経済開発五ヵ年計画の完遂を強力に支持する」というものであった。労働三権、労働条件の改善、労働者国際連帯に関するものは第三条の以下で挙げられた[87]。

韓国労総は単位労組のストライキを支援しなかった。それだけ政府は労働運動を阻止しやすかったが、政府が労働組合の団体交渉を妨げる根拠はなかった。労働組合が団体交渉をする限り、何時でも団体行動が昂揚する恐れがあった。そのため、政府は1963年4月に労働組合法を改定し、第六条では「使用者と労働組合は労使協調に努力し、産業平和を維持するために労使協議会を設置すべきである」と規定した。同月に「労働争議調停法」も改定し、第五条で「労働関係の当事者は団体協約に労使協議会の設置およびその他の労働関係の適正化のために必要な事項を規定し、労働争議が発生する際には自主的に解決するように努力すべきである」と規定した。労使協議会は67年までに、設置対象の事業場の63.4%で組織され[88]、政府が労使協議会に団体交渉権を与えると、労働組合は脆弱になった。政府は賃金引上げ率のガイドラインを作り、労使双方を指導したが[89]、経済開発計画に対する協力、反共主義、労使協議会は、そのガイドラインが効果を挙げる制度的な枠組になった。

5．外資調達

第二次世界大戦が終わってから社会主義国家が増えつづけると、アメリカ政府は社会主義勢力の拡散を防ぐため、その勢力が力を伸ばしている国家に現金または現物を援助しはじめた。1950年に朝鮮戦争が勃発するまでは経済援助が主であり、経済成長によって、軍事力も向上し、社会主義の拡散を阻止でき

ると判断していた。韓国には45〜50年に5.8億ドルが援助された。しかし、朝鮮戦争が勃発すると、アメリカ政府は軍事援助も重視するように変わった。第三世界国家が援助資金を浪費したことと、経済成長が軍事力増強につながるまでに時間が掛かるということがその理由であった。韓国には51〜60年に23.5億ドルが援助され、それ以外に約13億ドルが韓国軍に直接投資された[90]。そのなかでアメリカ政府の負債が増加しはじめた。負債は第二次世界大戦中に膨張して45年には2,601億ドルに至り、その以後52年までは増えなかったが、53年から再び増加し55年には2,744億ドルに達し[91]、政府は援助政策を再検討しはじめた。アイゼンハワー（Dwight David Eisenhower）政権（1953〜61年）は援助を減らし、先進国の民間企業の事業投資によりそれを補充しようとした。韓国政府に対しても関連制度を改定して、先進国の民間投資を受け入れやすくするよう勧告した。また、被援助国が援助資金でアメリカ製品を買う政策（Buy-American Policy）と、そのアメリカ製品と援助現物をアメリカ船で輸送する政策（Ship-American Policy）を強化した[92]。

　ロストウ（Walt Whitman Rostow）はこの頃のアメリカ政府の政策変化に大きな影響を及ぼした。彼は軍事援助は社会主義を抑制できず、アメリカのイメージを悪化させているとして、第三世界の国家に経済援助をすべきであると主張した。被援助国が援助を効果的に利用できるのかという批判に対しては、優秀な官僚と総合発展計画があり、その計画が国民の利益になり、国際分業に積極的に参加して借款を償還できる国家に提供すれば、援助は効果的であると答え、台湾、韓国、トルコ、ギリシア、フィリピン、イランなどがそれらの条件を備えていると主張した[93]。経済援助には軍事援助以上の資金が必要であり、アメリカ政府の財政赤字が拡大するという批判に対しては、借款でもって援助に代替し、ヨーロッパと日本もこの計画に参加するように要請すべきであると答えた。アメリカ政府は1957年に「相互安全保障法」を改定し、開発借款基金を設置した。またその変化に沿って、57年11月に韓国に対するアメリカの援助を漸減させると発表した[94]。57年のアメリカ政府の現金援助は3.4億ドルであったが、61年には1.6億ドルまで減少した。

　援助政策の変化は、韓国政府の経済運営を妨げた。朴正熙グループは外資の

導入を可能な限り抑えようとし、国家再建最高会議は第一次経済開発計画の期間中に国内資金が投資総額の72％、外国資金が残りの28％になるように調整した[95]。しかし、それだけの外資では生産財を十分に輸入できなかった。経済が年平均7.1％ずつ成長するためには相応の生産財が必要であったが、韓国の企業の生産財生産能力は予測より貧弱であったためである。国内資金で外資を代替できないことが判明すると、多額のドルが必要になった。韓国政府は1962年7月に商業借款を導入するため「長期決済方式による資本財の導入についての特別措置法」と「借款に対する支払保証に関する法律」を施行し、民間の商業借款に対して政府の保証を与えた。にもかかわらず、62〜64年の韓国の外資導入額は1.7億ドル、1.9億ドル、1.2億ドルに止まった[96]。

　韓国は経済開発計画に必要な生産財を日本から輸入し、日本に対する貿易収支は多額の赤字になった。したがって日本から借款を導入することが合理的に見えたが、日本が韓国に借款を提供するためには国交の樹立が必要であった。韓国と日本が国交を樹立すれば、アメリカの負担が減るはずであり、アメリカ政府は両国の国交樹立に積極的であった。日本政府は韓国向の輸出の増加を希望したので、国交樹立という点で三国政府の利益はほぼ一致した。日本政府と韓国政府は1961年10月に日韓会談を再開し、62年11月には賠償金、在日韓国人の法的地位、漁業権などに関する諸協定が妥結された。しかしながら、韓国政府の代表団が賠償金の規模、李承晩ライン、在日韓国人の国籍などで、韓国の利益を十分に主張できなかったため、韓国の学生や知識人は朴正熙政府の低姿勢に激しく反対した。これに対して韓国政府は強硬に示威行動を鎮圧し、65年6月に「日本国と大韓民国との間の基本関係に関する条約（日韓基本条約）」が締結された。韓国政府はその条約で日本の韓国支配に対する論議を終結する代価として3億ドルの無償援助、2億ドルの公共借款、3億ドル以上の商業借款を受けることになった。

　一方、1964年5月にアメリカ政府は韓国政府に一つの移動外科病院をベトナムの戦場に派遣するように要請した。韓国政府はその要請に積極的に応じ、移動外科病院だけでなく10人のテコンドー（跆拳道）の教官も9月まで派遣すると返信した。続けてアメリカ政府は12月に後方支援部隊の派兵も要請し、

韓国政府は翌年3月に一つの師団を派遣した。その直後に駐米韓国大使はアメリカ政府に戦闘部隊も派遣できるという意思を表明し、4月中に韓国の外務長官と駐韓アメリカ大使は、派兵兵士の上限は5万人にすること、アメリカ政府が韓国軍の現代化を支援して派兵によって縮小する戦力を補うこと、北朝鮮の侵略に対しアメリカが即時出兵するように韓米相互防衛条約を改定すること、南ベトナムで必要な軍需品を韓国からも輸入すること等の派兵条件に合意した。

韓国とアメリカ・日本との関係がさらに緊密になると、韓国に対する国際的信頼度が高まった。また、1966年8月に韓国政府が「外資導入法」を制定し、外国人の投資に対して財産税、所得税、法人税、取得税を5年間免除し、収益の本国送金をより自由にしたことで、韓国は、外国人投資家にとって、魅力的な国になった。そして、同年12月にアメリカ、日本、フランス、カナダ、オーストラリア、西ドイツ、ベルギー、イタリア、台湾を会員国とし、世界銀行と国連開発計画（UNDP）をオブザーバーとした対韓国際経済協議体（International Economic Consultative Organization for Korea）が設立された。定例会議は毎年開かれ、韓国政府はその場で韓国の経済政策、経済展望、資本自由化などを説明し、外国人投資を誘致した[97]。借款と直接投資をあわせた韓国の外資導入額は66〜69年に1.9億ドルから5.6億ドルへと増加した。朴正熙政府が経済成長率を高めるためには投資率を高めなければならなかった。投資が増加するほど生産財の輸入も増加したため、輸入額は輸出額を常に超過したが、韓国は外資を順調に導入できたため、通貨危機を回避することができた。

6．おわりに

1990年にソ連が滅亡すると、国内的には反共主義の効果がなくなり、国際的には韓国の地政学的有利さがなくなった。韓国の民間もアメリカを筆頭とする外国政府も、韓国政府に政治・社会・経済をもっと自由化するように要求した。韓国政府が自由化政策を取ると、政府に対する民間の協力は弱まった。金泳三政府の「世界化」政策は新しい国際環境に対する韓国なりの対策であった。韓国政府は93年からグローバリゼーションを積極的に推進し、95年には経済

協力開発機構に加入を申請した。韓国政府は加入交渉をしながら、産業育成政策、金融取引・労働市場・輸入に対する規制を緩和し、96年10月に加入が実現した。その結果、政府に対する民間の協力はさらに弱くなった。輸出市場を念頭に置いて産業を開発する社会である点では過去と同じであったが、韓国経済の再生産圏は拡張し、政府が産業開発に民間を動員できなくなった。すなわち、64年頃に形成された経済開発体制は96年頃には機能しなくなったのである。

1964～96年に韓国の国内総生産（GDP）は年平均8.2％増加し、1人当たりGDPは年平均6.6％増加した。高度成長が始まる直前の63年と96年を比べると、GDPは13.7倍、1人当たりGDPは8.2倍になった。ジニ係数で所得分配の格差動向を調べると、65～82年には0.343から0.357へと若干上昇して格差が拡大し、82～96年には0.309から0.291へと縮小した[98]。82年のジニ係数が一致しないのは、前者は全国のすべての家計を対象とした推計値であり、後者は2人以上居住する都市勤労者家計を対象とした調査値であるためである。その差を無視して、変化だけに注目すると、高度成長中の前半期には所得分配が悪化したが、後半期には改善し、全期間を平均すれば、悪化はしなかったことがわかる。成長率と所得分配を総合すると、この体制の効果は相当大きかったといえる。

しかし、韓国が新しい経済体制を模索し始めた直後の1997年秋に通貨危機が発生し、12月には国際通貨基金から条件付貸付を受けることになった。韓国の政府と民間がともにグローバリゼーションへの対応を誤って通貨危機が発生した。しかし、国際通貨基金の貸付条件が経済自由化をさらに促進することであったことから、韓国はグローバリゼーションを一層重視せざるをえず、98年秋からは自由貿易協定を戦略的に推進した。

自由貿易協定を結ぶと、部門によって利害得失が大きく異なり、そのため韓国政府は公には、利害得失を調整しながら自由貿易協定を結ぶとしたが、実際部門間の格差は拡大した。また、国際市場での価格競争力を高めるために取られた労働市場の柔軟化政策は失業者と低賃金労働者を増やした。韓国は政府が民間を動員できる社会ではなくなったために、格差を減らすためには政府と民

間の諸部門との妥協と合意が必要であるが、妥協と合意の伝統は浅く、1998年1月設置の労使政委員会の例から推測できるように政府も民間も苦戦している。

　韓国は19世紀末に自国のための体制を構築することに失敗して植民地になったが、その際は日本が韓国の体制を改革した。一方、韓国が1945〜64年に多くの試行錯誤を重ねながらも新しい体制を作り、それから約30年間その体制を維持したが、それは、その内部に秩序を作り、維持する力量があったとともに、援助、公共借款、ガットの一般特恵関税、ダンピングなどの方法で外部のエネルギーを引き入れることができたためである。このような過去を振り返ると、韓国が早晩新しい体制を作るとも言えず、それが作られても長く持続するとも言えない。さらに、直前の体制が経済的に良い成果を挙げたとして新しい体制が同様の効果を発揮するとも言えない。世界経済の変化を見極めて外部のエネルギーを利用するとともに、国内を統合できる体制を作る知恵が要求されている。

注

1) 本稿での韓国は、解放以前は韓半島とその付属島嶼、解放以後は韓国政府の行政力が及ぼす領域を指す。
2) 韓米日の協力関係から資本と技術が導入されたことは重要であるが、完成品の販路についてはその関係に沿って友好的に提供されてはいない。それについては、李炳天「韓国経済発展の世界市場的条件：米穀の自由保護主義と韓米繊維類交易の政治経済（1961-66）」『経済発展研究』韓国経済発展学会、第3号、1997年。Park Sub, "Cooperation between business associations and the government in the Korean cotton industry, 1950-70" *Business History*, 51(6), Routledge, Taylor & Francis Group, Nov. 2009 を参照されたい。
3) 朴燮「植民地後期の地主制」『経済史学』第21号、経済史学会、1994年。
4) 金武勇「解放直後における労働者工場管理委員会の組織と性格」『歴史研究』第3号、歴史学研究所、1994年、趙順慶・李淑眞『冷戦体制と生産の政治』梨花女子大学出版部、1995年、214頁。
5) 前掲「解放直後における労働者工場管理委員会の組織と性格」100頁。
6) 同上、91頁。
7) 李惠淑『米軍政期の支配構造と韓国社会』先人、2008年、186頁。

第 1 章　体制変化　43

8）同上、190〜191 頁。
9）前掲『冷戦体制と生産の政治』102 頁、215 頁。
10）鄭容郁『解放前後におけるアメリカの対韓政策：過渡政府の構成と中間派政策を中心として』ソウル大学出版部、2003 年、129 頁。
11）同上、66〜68 頁。
12）Bruce Cumings, *The Origins of the Korean War, Volume I: Liberation and the Emergence of Separate Regimes, 1945-1947*（キム・ザドン訳『朝鮮戦争の起源』日月書閣、1986 年、177 頁、194 頁。前掲『解放前後におけるアメリカの対韓政策』130 頁。
13）金三洙『韓国資本主義国家の成立過程 1945-53 年：政治体制・労働運動・労働政策』東京大学出版会、1993 年、29 頁。
14）前掲『米軍政期の支配構造と韓国社会』293 頁。
15）蔣尚煥「農地改革」（姜萬吉ほか編『分断構造の定着 2：韓国史 18』ハンギルシャ、1995 年）104〜105 頁。
16）前掲『冷戦体制と生産の政治』219〜223 頁。
17）李大根「政府樹立後帰属事業体の実態とその処理過程」（中村哲・安秉直編『近代朝鮮工業化の研究』日本評論社）1993 年。
18）金基元『米軍政期の経済構造』プルンサン、1990 年、62 頁、大韓商工会議所編『商工会議所 90 年史』大韓商工会議所、1976 年、527 頁。
19）前掲『米軍政期の経済構造』168 頁、『商工会議所 90 年史』526〜527 頁。
20）李大根『解放後〜1950 年代の経済』三星経済研究所、2002 年、102 頁。
21）孔提郁『1950 年代韓国の資本家研究』白山書堂、1993 年、89 頁。
22）前掲『解放後〜1950 年代の経済』183 頁。
23）蔣尚煥「農地改革過程に関する実証的研究(上)」（『経済史学』第 8 号、1984 年）262〜272 頁。
24）前掲、蔣尚煥「農地改革」1995 年、106〜109 頁。
25）田溶徳・金永竜・鄭奇和『韓国経済の成長と制度変化』韓国経済研究院自由企業センター、1997 年、111 頁。
26）大韓証券業協会『証券協会 10 年誌』1963 年、18 頁、「地価証券の産業資金化問題問題」（韓国銀行『調査月報』1952 年 1 月）。
27）前掲『1950 年代韓国の資本家研究』89 頁。
28）金大來『釜山の帰属事業体の研究』曉民、2006 年、123 頁。
29）藤井豪「第 1 共和国の支配イデオロギー」（『歴史批評』第 83 号、歴史批評社、2008 年）139〜142 頁。
30）本書第 8 章、林采成論文。
31）呉斗煥「通貨金融制度の発展」（安秉直編『韓国経済成長史』ソウル大学出版部、2001 年）274 頁。

32) 前掲『1950年代韓国の資本家研究』202〜206頁。
33) 金洋和「1950年代製造業大資本の資本蓄積に関する一考察」(『経済と社会』第9号、批判社会学会・ハヌル出版) 1991年。
34) 本書第8章、林采成論文。
35) 李鐘宰『財閥履歴書』韓国日報社、1993年、118頁、全龍昱・韓正和『超一流企業への道』ギムヨン出版、1994年、65頁、113頁。
36) 朴燮「韓国経済における政府と生産者団体：大韓紡織協会を素材として」(中村哲編著『東アジア近代経済の形成と発展』日本評論社、2005年)。前掲 "Cooperation between business associations and the government in the Korean cotton industry, 1950-70".
37) 本書第7章、裵錫満論文。
38) 「朴正熙グループ」は朴正熙と彼の協力者につき、朴正熙が大統領に当選する前の時期に限って使う。
39) 孔提郁「朴正熙政権初期における外部依存型成長モデルの形成過程と財閥」(孔提郁・趙錫坤編『1950-1960年代における韓国型発展モデルの原型とその変容過程』ハヌル出版、2005年) 76〜87頁。
40) 『京郷新聞』1962年1月24日、1頁。
41) 韓国政府は1953年2月に100ウォンを1ファン(圜)に切り換えた。
42) 『東亜日報』1962年7月9日、1頁。
43) Cole, David C., 朴英哲『韓国の金融発展：1945〜80』韓国開発研究院、1984年、71頁、李秉喆『湖巌自伝』中央日報社、1986年、129〜130頁。
44) 金正濂『韓国経済政策30年史』中央日報・中央経済新聞、1990年、95頁。
45) 呉元哲『韓国型経済建設1：エンジニアリング・アプローチ』起亜経済研究所、1995年、60〜61頁。
46) 朴東哲「1960年代における企業集団の形成と構造」(金洛年ほか『1960年代における韓国の工業化と経済構造』白山書堂、1999年) 160〜161頁。
47) 木宮正史『朴正熙政府の選択』フマニタス、2008年、125頁。
48) 姜光夏『経済開発5ヵ年計画』ソウル大学出版部、2000年、32〜34頁。
49) 前掲「1960年代における企業集団の形成と構造」160〜161頁。
50) 釜山商工会議所『月報』1932年12月、14頁、1933年1月、22頁。
51) 堀和生『東アジア資本主義史論I』ミネルヴァ書房、2009年、51頁。
52) 朝鮮銀行調査部『経済年鑑』1949年、33〜34頁。
53) 朴泰均『原型と変容：韓国経済開発計画の起源』ソウル大学出版部、2007年、299頁。
54) 本書第3章、崔相伍論文を参照。見返り資金(counterpart fund)とは、第2次世界大戦の終戦後、アメリカ政府の援助物資または援助資金を被援助国が国内で販売して得た代金を積み立てたものである。
55) 宋仁相『復興と成長』21世紀ブックス、1994年、149〜150頁。

56）李昡珍『アメリカの大韓経済援助政策』慧眼、2009 年、221 頁。
57）同上、246～247 頁。
58）日本統計局ウェブページ、「日本の長期統計系列」http://www.stat.go.jp/data/chouki/index.htm。
59）前掲『原型と変容：韓国経済開発計画の起源』160 頁。
60）Donald Stone, McDonald, "*U.S. -Korean relations form liberation to self-reliance*" 韓米歴史研究会 1950 年代班訳『韓米関係 20 年史（1945～1965 年）：解放から自立まで』ハヌル出版、2001 年、425 頁。
61）前掲『アメリカの大韓経済援助政策』239 頁。
62）前掲『復興と成長』195 頁。
63）復興部産業開発委員会「経済開発 3 ヵ年計画案」1959 年、12～27 頁。
64）前掲 "Cooperation between business associations and the government in the Korean cotton industry, 1950-70"。
65）李憲昶『韓国経済通史』第 2 版、法文社、2003 年、420 頁。
66）Hong Won Tak, *Trade, Distortions and Employment Growth in Korea*, Korea Development Institute, 1979, p. 62.
67）金立三『草根木皮から先進国への証言：金立三自伝』韓国経済新聞、2003 年、147～148 頁。
68）『京郷新聞』1963 年 3 月 7 日、4 頁。
69）同上、1965 年 2 月 6 日、1 頁。
70）金昌男・渡邊利夫共著『現代韓国経済発展論』裕豊出版社、1997 年、135 頁。
71）金光錫・Larry E. Westphal『韓国の外為貿易政策』韓国開発研究院、1976 年、表 5-7、表 5-8、表 5-9。
72）張夏元「1960 年代における韓国の開発戦略と産業政策の形成」（金洛年ほか、前掲『1960 年代における韓国の工業化と経済構造』）109 頁。
73）朴燮『植民地の経済変動：韓国とインド』文学と知性社、2001 年、119～138 頁。
74）朴枝香「韓国の労働運動とアメリカ、1945-1950」（朴枝香・金哲・金一榮・李榮薰編『解放前後史の再認識』Chaeksesang）、2006 年。趙敦文「全評の諸労働組合と労働階級の階級形成」（『動向と展望』通巻第 26 号、韓国社会科学研究所、1995 年）。
75）1948 年 8 月には大韓労働総連盟に、1954 年 4 月には大韓労働組合総連合会に改称した。
76）金錫俊『米軍政時代の国家と行政：分断国家の形成と行政体制の整備』梨花女子大学校出版部、1996 年、183 頁。
77）趙敦文「1950 年代における大韓労総の労働組合と階級支配の再生産」（『産業労働研究』6-2、韓国産業労働学会、2000 年）152～157 頁。
78）『自由新聞』1946 年 6 月 14 日、2 頁、6 月 17 日、2 頁。

79) ここの二つの用語は、金三洙『韓国資本主義国家の成立過程　1945-53年　政治体制・労働運動・労働政策』東京大学出版会、1993年から借用した。
80) 前掲『韓国資本主義国家の成立過程　1945-53年　政治体制・労働運動・労働政策』169〜170頁。
81) 前掲「韓国の労働運動とアメリカ、1945-1950」。
82) 前掲『韓国資本主義国家の成立過程　1945-53年　政治体制・労働運動・労働政策』204〜205頁。
83) 任松子「1953年労働組合法制定と大韓労総の組織変化」(『史森』第21号、首善史学会、2004年) 94〜98頁。
84) 前掲「1950年代における大韓労総の労働組合と階級支配の再生産」145、165頁。
85) 前掲「1953年労働組合法制定と大韓労総の組織変化」。
86) 趙敦文「50年代における労働階級の階級解体：労総の互応性 (responsiveness) 戦略と労働動員の低位性」(『経済と社会』第29号、批判社会学会・ハヌル出版、1996年) 187〜189頁。
87) 韓国労働組合総連盟『1963年事業報告』韓国労働組合総連盟、1964年、822〜824頁、835〜836頁。
88) 全国経済人連合会編『韓国経済年鑑』1972年、147頁。
89) 宋虎根「権威主義韓国の国家と賃金政策(II)：賃金規制の政治学」(『韓国政治学会報』27-1、韓国政治学会、1993年)。
90) 朴正熙『国家と革命と私』地球村、1997年。
91) U.S. Department of Commerce, *Historical Statistics of the United States, Colonial Times to 1970*, Part 2. Washington D.C. U.S. Government Printing Office, 1975, p. 1105.
92) 李大根「解放後における経済発展と国際的契機」『新しい韓国経済発展史』ナナム出版、2005年、182頁。
93) Millikan, Max F. and W.W. Rostow, *A Proposal: Key to an Effective Foreign Policy*, New York: Harper and Brothers, 1957, pp. 1-8, pp. 126〜129.
94) 前掲 "U.S. -Korean relations form liberation to self-reliance" p. 425.
95) 朴喜範『韓国経済成長論』高麗大学亜細亜問題研究所、1964年、73頁、朴泰均、前掲『原型と変容：韓国経済開発計画の起源』321頁。
96) 韓基春「アメリカ援助と韓国の国際収支分析」(『亜細亜研究』10-2 (26号)、高麗大学亜細亜問題研究所、1967年) 15〜18頁。
97) 「International Economic Consultative Organization for Korea」From Wikipedia, the free encyclopedia.
98) 1965年と82年は、朱鶴中・尹珠賢「1982年階層別所得分配の推計と変動要因」(『韓国開発研究』6-1、韓国開発研究院、1984年) に拠り、1982年と96年は、韓国労働研究院・データーセンター『KLI労働統計』韓国労働研究院、2006年に拠る。

第2章　産業育成政策

李相哲

1. はじめに

　1950年代の韓国経済に関する最初の本格的な研究は洪性囿[1]、黃炳晙[2]、朴喜範[3]によって行われた。それらの研究は、当時の韓国経済の構造がアメリカからの援助によって歪められ、社会的な不平等が拡大したことを強調した。すなわち、インフレを伴う成長の中で、投資がサービス部門に集中される一方、資本財部門には十分に行われず、農業と工業部門との間の不均衡が拡大した。さらに政治権力の腐敗によって少数の大企業への富の集中が発生しており、それら大企業は「官僚買弁的」な性格を持っていたとされた[4]。

　こうした研究は、1970年代に入ると、政治・経済・社会的な変革を求める自立経済論＝民族経済論[5]に継承された。その代表的な論者である朴玄埰によると、50年代は、「官僚資本」が「産業資本」に転換する時期であり、それまで政治権力と癒着しつつ消費財産業を中心に初期的な独占を形成していた大企業が54年に行われた帰属銀行株の払い下げを通じて「金融資本」を形成した。これら大企業は市場において土着中小企業＝民族資本と競合していたが、やがて民族資本は衰退してしまった。そして、アメリカからの無償援助の減少による再生産の危機は、独占資本の広範な蓄積による社会的な矛盾を激化させ、60年の4・19革命の経済的な基盤となったという。一方、金大煥は、帰属財産の払い下げと援助という、50年代における工業化の二つの要因を中心に、この時期の資本蓄積過程の特性を実証的に明らかにした[6]。以上のように、民族資本論の問題意識は、韓国における資本主義の萌芽が日本帝国主義によって挫折させられた後、解放後にそれを回復させようとする試みがどのように歪めら

れていったのかを明らかにすることにあったと言える。

　1980年代後半からは、50年代に関する実証研究が本格化した。朴玄埰の民族経済論を実証的に検証しようとした試みとして、帰属財産の払下げ[7]、経済政策、大企業[8]と中小企業[9]の発展過程に関する研究がある。また、50年代の工業化の経験が植民地期の経済的な遺産とどのような関連にあり、60年代の工業化過程とどのようにつながるのかを解明しようとする研究も現れた[10]。これらの研究は、植民地朝鮮の工業化過程に関する経済史研究と[11]、80年代半ば以降、活発になった海外の韓国学研究から影響を受けたものと見られる。

　一方、これらの研究とは別に、1960〜70年代の権威主義的政権によって進められた成長戦略を効率的に遂行するための現状分析の一環として、50年代に関する研究が70年代から行われはじめた。大学あるいは新しく設立された韓国開発研究院、国際経済研究院など政府関係研究機関に在職していた研究者は「官辺経済学者」[12]と呼ばれたが、彼らは政府の経済部署の要職に登用され、実際の経済政策に影響力を行使した。彼らの学問的な立場は、多くの場合アメリカのケインズ学派の影響を受けていたが、その理論だけでなく、「実用主義」を標榜して行政府と大学を行き来していたアメリカの経済学者の行為規範も受け入れていた。とりわけ、韓国開発研究院とハーバード大学附設国際開発研究所（Harvard Institute for International Development）が共同で行った韓国経済の近代化過程に関する一連の研究は[13]、こうした立場をよく表している。50年代の韓国経済に関する彼らの基本的な認識は、新古典派貿易理論に基づく輸出指向的な政策への転換が行われる60年代以降の時期に比べて、相対的にパフォーマンスの劣る輸入代替政策が進められた時期であり、「全体的にみて、この時期の産業政策は主に対内指向的」[14]であったというものであった。

　1980年半ばからは、海外の韓国学研究者による韓国経済に対する研究も活発に行われた。これは、この時期の韓国経済の高いパフォーマンスに刺激され、その起源を解明しようとした。たとえば、カミングスは、戦後韓国（と台湾）の経済成長の要因を東アジアの「地域的外部性」に求め[15]、日本帝国主義による政治・経済的な支配が第二次世界大戦後のこの地域の成長の起源となった、と主張した。エッカート、コーリーの主張も、このような議論の延長線上にあ

ると言える[16]。そして、これらの議論において50年代は、解放から61年のクーデタに至る「15年以上の幕間（more than a 15-year interlude）」[17]にすぎなかった。地域的な外部性よりも政府による経済政策（とくに選別的な産業育成政策）の役割を強調するアムスデンも同様の立場である。彼女にとって50年代は61年以降の急速な経済成長期と対照的に、「腐敗、無気力、低いパフォーマンス、そしてひどい失望」[18]の時期であったのである。

1950年代には政府財政支出の相当部分と消費財・原材料のほとんどを外国の援助に依存していたこと、そして、ほかの時期に比べてこの時期の韓国経済のパフォーマンスが低かったことはもちろん否定できない。しかし一方で、多くの制約の中で、新しい独立国として韓国政府が経済的な自立を追求したことも事実である。したがって、この時期における工業化政策の背景とその内容、そしてこうした工業化政策の限界をあらためて実証的に検討する必要があるように思われる。それに基づいて60年代以降の工業化、さらには植民地期の工業化の過程との連続と断絶を検討すべきであると考える。

このような観点に立って、最近ではアメリカの援助の具体的な内容とその運用、帰属企業体の払下げとその後の運用、個別産業の展開、李承晩政権の経済政策の具体的な内容と政策の形成などに関する実証研究が積み重ねられている[19]。

以上のような先行研究を踏まえ、本章は、1950年代の韓国の産業をめぐる環境と産業育成政策に関する研究をサーベイし、50年代の歴史的な位置を捉えなおすことを目的とする。環境については、この時期に民間企業の形成と成長にとって最も大きな要因となった帰属企業体の払下げと援助を中心に検討する。さらに、貿易政策・輸入代替政策をそれぞれ取り上げて、政策の具体的な内容とその効果および限界を検討する。とくに、この時期の個別産業・企業を対象とした最近の研究成果を踏まえて、こうした政策が産業・企業レベルでどのように資本蓄積に影響したかを集中的に分析する。政策の成果は、このレベルで現れると考えられるからである。

2．帰属企業体の払下げと援助

(1) 帰属企業体の払下げと民間企業

　帰属財産（Vested Property）とは、日本が第二次世界大戦に敗戦した1945年8月15日の時点で朝鮮に残された日本人所有の財産——企業体、不動産・動産を指す[20]。解放直後に南韓にあった総財産の80％にも達すると推定された[21]この財産の処理は、経済的に非常に大きな意味を持っていた。米軍政期にこの処理をめぐって諸階層・集団の間で激しい対立が繰り広げられたのはそのためである。

　戦後、極東アジア3国（中国、南韓、北朝鮮）で行われた「敵産処理」の方式は、日本に対する戦勝のあり方によって異なった。そして、その方式の差が、その後の3国の「国民国家建設の道程」に大きな差をもたらす要因となった[22]。1950年代の韓国経済の特徴の一つとしてしばしば指摘される「官僚資本主義的」な性格も、帰属財産、とりわけ帰属企業体の払下げと密接に関わっている。

　韓国政府の樹立後に制定された「財政及び財産に関する協定」（1948年9月11日）によって旧日本人所有財産は韓国政府への委譲が決定され、その所有となった。また、帰属財産処理法（1949年12月20日）によって帰属財産の払下げに関する基本的な方針が定められた。同法では、「帰属企業体のなかで大韓民国憲法第87条に挙げられた企業体と重要な鉱山・製鉄所・機械工場、その他公共性を有する企業体はそれを国営あるいは公営とする」（第6条）とされ、「国有または公有、国営または公営となる財産と企業体の指定に関する手続きは大統領令によって定める」（第7条）とされたため、どの大企業体が民間企業となるかは憲法第87条と大統領令によって変わりうる余地があった[23]。

　朝鮮戦争の休戦後に行われた帰属企業体の払下げは、自由・私企業原則への復帰を指向した憲法改正の趣旨に従った。そして、独占企業に帰属銀行株が払い下げられ、その結果独占企業による銀行資本の支配が一部で現れた。朝鮮戦争中に行われた払下げが件数では多かったものの小規模であったのに対して、

表 2-1　23 大企業家の登場・成長要因

名前	企業設立の時期			成長要因				1960年代以降の変化							
	植民地期	1945-52年	1953年以降	帰属(国有)企業体		援助	融資	1960年代		1970年代		1980年代		1990年代	
				払下げ	引受			前	後	前	後	前	後	前	後
李秉喆（趙洪濟）			◇	○	○	◎	◎	□	□	□	□	□	□	□	□
鄭載護		◇		○	○	○	◎	□	□	□	□	□	□	□	□
李庭林（李廷鎬、李會林）			◇	○		○	◎	□	□	■	■	■	■	■	■
薛卿東			◇	○		○	◎	□	□	□	□	□	□	□	□
具仁會		◇		○		○	○	□	□	□	□	□	□	□	□
李洋球			◇	○		○	○	□	□	□	□	□	□	□	□
南宮鍊		◇		○		○	○	□	□	□	□	□	□	□	□
崔泰涉			◇	○		○	◎	□	□	□	□	■	■	■	■
咸昌熙			◇	○		○	◎	□	□	□	□	□	□	□	□
白樂承（白南一）			◇	○		◎	◎	□	□	□	□	□	□	□	□
李漢垣		◇				○	◎	□	□	■	■	■	■	■	■
金成坤		◇					◎	□	□	□	□	□	□	□	□
李龍範		◇					◎	□	□	□	□	□	□	□	□
趙性喆		◇					○	□	□	□	□	□	□	□	□
金智泰			◇	○			●	□	□	□	□	□	□	□	□
朴興植			◇				○	□	□	□	□	□	□	□	□
金李洙	◇						○	□	□	□	□	□	□	□	□
金龍周		◇		○			●	□	□	□	□	■	■	■	■
鄭周永		◇					○	□	□	□	□	□	□	□	□
朴斗秉		◇					●	□	□	□	□	□	□	□	□
徐廷翼			◇	○		○	○	□	□	□	□	■	■	■	■
全澤珤			◇		○		○	□	□	□	□	□	□	□	□
金鍾喜			◇	○			●	□	□	□	□	□	□	□	□

出所：孔提郁『1950年代韓国の資本家研究』白山書堂、1993年から作成。
注：1) 貿易業からはじまった場合でも製造企業の設立を基準とした。
　　2) 要因の影響の程度は、◎（非常に大きい）＞○（大きい）＞●（ある）の順。
　　3) □は主な大企業として存続した場合、■は相対的に地位の下落した場合。

この時期の払下げは比較的大きな企業が対象となった[24]。

　1950年代に存在した大企業のうち、帰属企業体を前身とするものの比率は高く、61年について見ると、商工会議所の『全国企業体総覧』に掲載されている従業員数300人以上の89の大企業体のうち、帰属企業体であったものは40社と全体の44.9％に達した。当時の主要な大企業の半分弱が帰属企業体の払下げを契機として誕生したことになる。表2-1は、この時期に活躍した23

人の大企業家が関わっていた産業をまとめたものである[25]。

　これら大企業の経営成果は企業別に大きな差が見られた。綿紡・梳毛紡・製粉の場合、帰属企業体の経営が芳しくなかったため、帰属財産払込金を滞納するケースもあった。適正規模の施設や最新設備を得ることができなかった場合には競争力を維持することが難しかったのである[26]。また、これは、帰属企業体の払い下げを受けることだけでなく、援助資金へのアクセス、経営合理化の実施などが企業間競争にとって重要な要因となったことを示唆している。

　中小企業についてもこの点が確認できる。ゴム工業の場合、1951年から釜山地域では「空前の景気が到来し、ゴム靴ブーム」[27]が現れた。この時期は、ゴム工業関係の帰属企業体が本格的に払い下げられた時期でもあった。この時期に新たにゴム工業に参入した中小企業――国際化学株式会社、泰和ゴム工業社、東洋ゴム工業社など――は援助による生ゴムの割当、外貨の貸付を通じて52年末から急速に成長した。これら企業は、戦後、貿易商としての性格を弱め、産業資本としての機能を強めていく[28]。そして、50年代後半になると、ゴム靴部門の停滞とタイヤ部門の成長が対照をなすようになるが、タイヤの場合、相対的に大きな施設と高い技術が必要であり、それを実現させるためには援助資金が欠かせなかった。

　植民地期にゴム工業とともに朝鮮人企業家が主に関わっていたメリヤス工業は、戦争後に帰属企業体から参入した企業が相対的に衰退し、それに代わって新興企業が登場した。1953年の休戦から56年までの相対的な好況が終わって不況となると、援助資金（ICA産業機械払い割当）によって最新の設備を導入し、規模の拡大や生産性の向上を実現した企業――韓興メリヤス、大信繊維工業社、石山繊維工業社などと零細小規模企業との格差が拡大した[29]。

(2)　**援助**

　3年間の朝鮮戦争によって韓国経済は深刻な打撃を受けた。発電設備・鉄道・通信施設などのインフラの破壊が最も大きく、工業部門の被害も深刻であった。たとえば、1951年8月末現在の綿紡織部門の「被害率」は64％に達した[30]。戦争によって被害を受けたインフラ・住宅・産業の規模は4,106億ウォ

ン(圜)と推計されたが、この額は52～53年度の国民所得4,296億ウォンに匹敵するものであった[31]。一方、農業の場合、48年に比べ、耕地面積は27.4％、米の生産量は40％とそれぞれ減少した。

その結果、短期的には食料品の不足によるインフレが深刻となり、中期的には戦災の復旧と経済再建が課題となった。さらに、経済規模に比べて大きな防衛費を負担しなければならなかった。いずれにしても莫大な資金が必要とされ、それを国内貯蓄から調達することは不可能であり、援助が欠かせない状態であった(表2-2)。

この時期の援助の役割は、上記のように国内貯蓄の不足を補うだけではなかった。援助物資の販売代金は、一般および特別会計の収入項目のなかで最大である見返り資金勘定に積み立てられ、国防費(1954～60年、全支出の34.8％)と財政投融資(64.2％)の財政需要を充たしたのである。

見返り資金とは次のようなものである。1948年の「韓米援助協定」では、援助について韓国政府名義で特別資金勘定を設けることが規定された。この資金が53年12月の「経済再建及び財政安定計画に関する合同経済委員会協約」によって見返り資金と呼ばれ、それを財源とした財政投融資が本格的に行われるようになった。また、この協約によって設けられた合同経済委員会において

表2-2 主な経済指標(1953～61年)

年	GNP (百万ドル)	1人当り GNP(ドル)	投資率 (％)	貯蓄率(％) 国内	貯蓄率(％) 海外	物価上昇率 (％)	実質経済 成長率(％)
1953	1,353	67	15.4	8.8	6.6	—	—
1954	1,452	70	11.9	6.6	5.3	31.8	5.1
1955	1,395	65	12.3	5.2	7.1	62.1	4.5
1956	1,450	66	8.9	-1.9	10.9	34	-1.4
1957	1,666	74	15.3	5.5	9.8	22.2	7.6
1958	1,875	80	12.9	4.9	8	-1.3	5.5
1959	1,949	81	11.1	4.2	6.9	1.3	3.8
1960	1,948	80	10.9	0.8	8.6	11.7	1.1
1961	2,103	82	13.2	2.9	8.6	14	5.6
平均			12.4	4.1	6.7	22	

出所:韓国開発研究院『韓国財政40年史 第7巻』1991年、475頁。

「再建投資財源調達準則及びその手続き（1955年1月）」、「合同経済委員会の投資事業に対する融資原則及びその手続き（55年3月）」、「投資計画及び融資基準及びその手続き（57年2月）」が制定され、見返り資金の運用方法が定められた。

援助に基づく見返り資金（＝援助額×為替レート）が経済再建に最も重要であっただけに、韓国政府は韓米経済会談の都度、援助額の増額を求める一方[32]、導入する援助物資の構成についても積極的に意見を提示した。すなわち、韓国政府は生産財を中心に援助物資を導入することによって破壊されたインフラと産業施設を再建し、韓国で生産されていない製品の製造に必要な設備の拡充を図った。他方、韓国経済の当面の課題が財政の安定と民生問題の解決にあると判断したアメリカ政府は、援助の中心を消費財にすることを主張した。

当時、アメリカ政府にとって、韓国は北東アジアにおいて政治的・心理的に重要な意味を有する「前方防衛国家」(forward defense state)であったが、経済的な側面から見ると北東アジアの中心は韓国ではなく日本であった。したがって、韓国経済の進むべき方向は、市場開放を通じて日本の市場となることであった[33]。すなわち、この時期のアメリカの対韓政策の基調は、「北東アジアで援助資源の再利用（recycling）を通じた戦後再建政策」[34]であった。こうした国際政治を背景に、李承晩政権によって輸入代替工業化が行われたが、1950年代にフィリピン、トルコ、アルゼンチンなどで実施されていたこの政策は、韓国ではあまり人気がなかった[35]。

結局、援助の規模とその構成について韓国とアメリカの間で妥協が成立し、その過程で見返り資金に適用される為替レートが持続的に引き上げられ[36]、使用方法についても「施設事業部門対販売用民需物資＝30：70」という比率が定められた[37]。

税収の増加が困難な状況の下で、援助資金の規模とその使用方法が定められると、つぎの課題はその資金をいかに配分するかになった。この点については節を改めて述べることにする。

3．輸入代替を指向した貿易政策

この時期の貿易政策は輸入代替を指向するものであった。輸出と民間の外資導入は微々たる水準であり、輸入は主に援助資金によって賄われた。当時の為替レートは国際収支の不均衡を調整することができなかった。また、不足する外資を配分するために主に量的な規制が用いられた。

(1) 輸出支援制度の不備

輸出振興に関する政策は、輸出を積極的に促進するというより、輸出を妨げる要因を除去することを中心としていた（表2-3）。過大評価された公定為替レートの問題を解決するために輸出業者に適用された外貨据置制度がその例である。この制度は1948年2月に朝鮮換金銀行によって初めて実施され、50年6月に同行が韓国銀行に吸収された後も維持された。この制度では、輸出業者は輸出代金を韓国銀行の外貨勘定に一旦据置し、その後その資金は輸入に充てるか、公定レートより高い市場レートで他の輸入業者に譲渡することができた。市場レートと公定レートとの差が輸出プレミアムであった。51年から実施された特恵輸出制度は、輸出業者が、外貨取得額の一定部分（53年の場合に平均15％）を輸入が許可されていない人気品目の輸入に特別に使用できるという制度であった。

表2-3　主な輸出振興政策の推移（1953～61年）

年	1953 上	1953 下	1954 上	1954 下	1955 上	1955 下	1956 上	1956 下	1957 上	1957 下	1958 上	1958 下	1959 上	1959 下	1960 上	1960 下	1961 上	1961 下
外貨据置制	○	○	○	○	○	○	○	○	○	○	○	○	○	○	○	○	○	○
特恵輸出制	○	○	○	○	○	○	○	○	○	○	○	○	○	○	○	○		
金販売代金取得外貨優遇									○	○	○	○	○	○	○	○	○	○
輸出補助金					○	○	…	…										
輸出信用制	○	○	○	○	○	○	○	○	○	○	○	○	○	○	○	○	○	○
特別外貨融資資金															○	○	○	○

出所：金光錫・Larry E. Westphal『韓国の外為貿易政策』韓国開発研究院、1976年。
注：○は当該政策が実施されたことを、…は法規はあったが予算が確保できなかったことを示す。

表 2-4 品目別輸出の推移

(上段は千ドル、下段は%)

年	1953	1954	1955	1956	1957	1958	1959	1960	1961	計
米・大麦・小麦	0 0	16 0.10	247 1.40	0 0	0 0	0 0	775 4.00	3,762 11.80	508 1.30	5,308
その他農産物	3,465 8.80	2,997 12.40	3,462 19.70	5,034 20.00	2,945 13.70	2,868 17.40	3,598 18.80	3,080 9.70	5,078 13.10	32,527
林産・水産物	1,198 3.00	632 2.60	416 2.40	718 2.90	2,294 10.70	707 4.30	931 4.90	2,636 8.30	1,652 4.30	11,184
鉱物	29,252 73.90	15,009 61.90	9,061 51.50	14,938 59.40	11,506 53.50	7,275 44.20	8,464 44.20	11,372 35.70	14,812 38.30	121,689
加工食品・飲料	80 0.20	259 1.10	405 2.30	214 0.90	183 0.90	1,936 11.80	2,383 12.40	4,146 13.00	5,962 15.40	15,568
織物・糸類	2,589 6.50	2,693 11.10	2,238 12.70	2,772 11.00	3,260 15.10	930 5.70	2,165 11.30	3,800 11.90	4,189 10.80	24,636
木材・合板	0 0	0 0	0 0	0 0	41 0.20	0 1.30	212 0	0 0	1,331 3.40	1,584
化工品・ゴム製品	0 0	1,686 7.00	247 1.40	18 0.10	47 0	10 0.10	115 0.60	591 1.90	695 1.80	3,409
石油・石炭製品	1,133 2.90	688 2.80	387 2.20	0 0	0 0	297 1.80	0 0	0 0	0 0	2,505
ガラス・土石製品	1,021 2.60	17 0.10	91 0.50	135 0.50	0 0	124 0.80	121 0.60	0 0	24 0.10	1,533
鉄鋼・金属製品	0 0	252 1.00	961 5.50	1,298 5.20	1,195 5.60	1,253 7.60	479 2.50	1,504 4.70	2,574 6.70	9,516
雑製品・その他	848 2.10	−6 0	89 0.50	27 0.10	50 0.20	839 5.10	134 0.70	942 3.00	1,823 4.70	4,746
合計	39,586 100.00	24,243 100.00	17,604 100.00	25,154 100.00	21,521 100.00	16,451 100.00	19,165 100.00	31,833 100.00	38,648 100.00	234,205

出所：Hong, Wontack, *Factor Supply and Factor Intensity of Trade in Korea*, KDI, 1975, p. 151～157.

　一方で、直接的な輸出補助制度は十分ではなかった。1955年1月に商工部は「輸出補助金支給手続き」を発表し、5つの品目（陶土、蝋石、蛍石、煮干し鰮、干魚）の輸出について補助金を支給したが、56年度には予算を獲得できず中断した。その後61年までこの補助金の支給は行われなかった。

　1953～61年間の貿易額を見ると、輸入が32億ドルであったのに対して、輸

第2章　産業育成政策　57

出は 2.3 億ドルにすぎなかった（表 2-4）。しかも、輸出はこの期間中に年によって変化がほとんど見られず、毎年 2,000〜3,000 万ドルで停滞し、そのほとんどが 1 次産品であった。

　これは、この時期に経常収支の赤字を補塡するための積極的な輸出振興政策が行われていなかったことを如実に表している。援助によって赤字を補塡し、またその援助を使って経済を再建することが韓国政府の基本方針であった。

(2)　輸入制限政策の実施

　この時期に商工部は半期別（1954 年までは四半期別）の貿易計画を発表したが、そのうち輸入計画は自動承認品目、制限品目、禁輸品目別に分かれていた。国内で生産されかつ国内需要を充たすことができる品目は輸入禁止品目、国内で生産されるものの国内需要に足りない品目は輸入制限品目に分類された。輸入制限品目を輸入するには商工部の事前の承認が必要であり、この輸入制限政策は国内の輸入代替工業を育成する重要な制度的な基盤であった。

　この時期に最も代表的な輸入代替工業であった綿紡織と製粉工業については、1950 年代半ばから輸入が禁止された。綿製品の場合、54 年 12 月から輸入が制限され、55 年 5 月からは 40 番手以下の綿糸が、そして 56 年からはすべての綿製品が禁止となった。また 55 年からは、援助資金による救護用を除いて小麦粉の輸入を禁止した。

　この方式による輸入制限は政府保有外貨によって輸入する品目を対象にしていた。援助資金による輸入についてはアメリカ援助処との協議を通じて立てられる年度別事業・非事業援助計画によって復興部が立案した。商工部は、この計画に基づき、半期別に貿易計画を調整した。

　一方、関税率は 1950 年 1 月に制定された関税法に基づき、国内生産の程度、財の加工度によって異なった。食糧・産業・教育・文化・衛生設備のための非競争設備と原料については無関税、国内生産が需要より少ない必需品と国内生産のない未完成品には 10%、国内で生産される未完成品は 20%、国内生産のない完成品は 30%、国内生産の完成品は 40%、準奢侈品は 50〜90%、奢侈品は 100% 以上の関税率となり、57 年までの平均関税率は約 40% であった。

1957年の関税法の改正によって国内生産の可能な品目に対する関税率が引き上げられ、平均関税率も4.1％引き上げられた。これは、税収の確保だけでなく、輸入代替産業の保護という意味を有していた。

4．輸入代替工業化政策とその限界

(1) 外貨割当

1950年6月に設立された韓国銀行は、国内のすべての外貨を管理するとともに外為業務を取り扱い、民間の外貨収入はすべて同行に預けられた。当時の韓国では上述のように、輸入に必要な外貨を輸出から得ることができなかったので、ほとんどの輸入は米国の援助と政府保有外貨によって行われた。53～61

表2-5 援助機構別対韓国援助額の推移

(百万ドル)

年	ECA&SEC	CRIK	UNKRA	FOA/ICA/AID	PL480	援助合計A	輸入総額B	A/B(％)
1950	49.3	9.4				58.7		
1951	32.0	74.4	0.1			106.5		
1952	3.8	155.5	2.0			161.3		
1953	0.2	158.8	29.6	5.6	0	194.2	345.4	56.20
1954	0	50.2	21.3	82.4	0	153.9	243.3	63.30
1955	0	8.7	22.2	205.8	0	236.7	341.1	69.40
1956	0	0.3	22.4	271.0	33.0	326.7	386.1	84.60
1957	0	0	14.1	323.2	45.5	382.8	442.1	86.60
1958	0	0	7.7	265.6	47.9	321.2	378.2	84.90
1959	0	0	2.5	208.3	11.4	222.2	303.8	73.10
1960	0	0	0.2	225.2	20.0	245.4	343.5	71.40
1961	0	0	0	156.6	44.9	201.5	421.8	47.80
合計	85.2	457.2	122	1743.7	202.7	2611.1	3205.3	71.30

資料：韓国銀行『経済統計年報』各年版。
注：1) 輸入総額は通関基準。
　　2) 援助合計は技術援助と援助機関行政費が含まれている。
　　3) 援助機関の正式名は以下の通り。ECA（Economic Cooperation Administration：経済協力処）、SEC（Supplies, Economic Cooperation：戦時緊急救済）、CRIK（Civilian Relief in Korea：対韓民間救護援助）、UNKRA（United Nations Korean Reconstruction Agency：国連韓国再建団）、FOA（Foreign Operations Administration：対外活動本部）、ICA（International Cooperation Administration：国際協力処）、AID（US Agency for International Development：国際開発処）、PL480（Public Law 480：米公法480号）。

年の援助は輸入総額の71.3％を占めたが、その援助は原材料、半製品、機械などの形で民間に割り当てられた（表2-5）。政府保有外貨が一般の輸入のために割り当てられることもあった。

外貨の割当は入札、抽選、国債添加、外貨税制などに変化しながら、過大評価されているウォン貨価値を維持するという基本原則の下で、様々な割当方法が模索された。いずれにしても、外貨に対する超過需要が存在したため、裁量的な外貨割当から生じるレントの一部を政府が吸収した。また、外貨の割当は特定商品とリンクされていたため、国内で生産可能な商品の輸入代替を促進し、限られた外貨が輸入代替産業の生産活動に必要な原材料の調達に使われるように誘導した。

(2) 財政投融資

援助物資の販売代金は、一般および特別会計の収入のうち最も重要な見返り資金勘定に積み立てられ財政投融資に使われた。財政投資の部門別配分については、1953～54年に3～4割を占める「その他」と、57～59年におよそ5割を占める導入物資代金の詳細が不明なので、正確に捉えることはできない（表

表2-6 財政投資の産業別配分の推移

(千万ファン、％)

	農業	公共土木	港湾	鉄道・通信	導入物資代金	文教	住宅	その他	合計
1953	183.1	121.5	12.3	0.0		2.6	4.9	149.3	473.7
	(38.7)	(25.6)	(2.6)	(0.0)		(0.5)	(1.0)	(31.5)	(100)
1954	492.4	311.3	47.1	7.4		2.6	10.7	654.6	1,526.1
	(32.3)	(20.4)	(3.1)	(0.5)		(0.2)	(0.7)	(42.9)	(100)
1955	992.0	1,322.0	411.0	677.0	61.0			758.0	4,221.0
	(23.5)	(31.3)	(9.7)	(16.0)	(1.4)			(18.0)	(100)
1957	1,355.0	1,690.0	901.0	651.0	5,934.0			742.0	11,273.0
	(12.0)	(15.0)	(8.0)	(5.8)	(52.6)			(6.6)	(100)
1958	1,160.0	853.0	319.0	302.0	3,879.0			607.0	7,120.0
	(16.3)	(12.0)	(4.5)	(4.2)	(54.5)			(8.5)	(100)
1959	1,283.0	1,036.0	419.0	261.0	2,114.0			659.0	5,772.0
	(22.2)	(17.9)	(7.3)	(4.5)	(36.6)			(11.4)	(100)

出所：韓国銀行『調査月報』1958年6月号、韓国産業銀行『調査月報』1968年8月号、19頁。
注：（ ）は比率。

表 2-7　財政融資の部門別配分の推移

(千万ファン、%)

年	一般産業	水利農業	中小企業	住宅資金	輸出振興	合計
1953	500(100.0)					500(100)
1954	1,695 (78.8)	456(21.2)				2,151(100)
1955	2,029 (61.7)	1,160(35.3)		100 (3.0)		3,289(100)
1957	2,624 (50.6)	1,644(31.7)	600(11.6)	313 (6.0)		5,181(100)
1958	3,192 (54.9)	2,204(37.9)	50 (0.9)	370 (6.4)		5,816(100)
1959	2,453 (49.9)	1,750(35.6)	48 (1.0)	668(13.6)		4,919(100)
1960	1,480 (46.7)	1,227(38.7)	122 (3.8)	210 (6.6)	130(4.1)	3,169(100)
1961	5,785 (68.2)	1,795(21.2)	500 (5.9)	330 (3.9)	70(0.8)	8,480(100)

出所：韓国産業銀行『調査月報』1968年8月号、20頁。
注：( ) は比率。

2-6)。その主な部分は灌漑施設、道路・港湾・鉄道・通信などインフラの拡充に向けられたと推測される[38]。53〜55年には農業と公共土木部門に財政投資の50％以上が向けられた。休戦直後には食糧増産が喫緊の課題だったことを反映している。55年には港湾・鉄道・通信に約25％の投資が行われ、産業基盤の復旧も重視されたことがわかる。

一方、財政融資は一般産業資金に最も多くが向けられた。全財政融資のうち一般産業が占める割合は、1953〜54年は80〜100％、55〜58年には50％以上であった（表2-7）。その融資は韓国産業銀行を通じて行われた。

(3)　金融支援

この時期の私債金利は月4〜10％（年48〜120％）に達した[39]。一方、銀行金利は年20％を超えないように制限されており、一般貸出金利は年18.25％を超えなかった[40]。また、産業銀行の長期融資金利と援助物資を引き受ける際の金利の水準は、銀行の貸出金利よりも遥かに低かった。この時期に年平均物価上昇率が約22％だったことを考えると、銀行貸出の実質金利はマイナスであった。このような状況だったため、資金に対する慢性的な超過需要が存在していた。

産業銀行の最も重要な資金調達源は、見返り資金を財源とする財政融資（約50％）であり、産業復興国債発行基金と産業金融債券（37％）がそれに次いだ。

同行の貸出の比重（残高ベース）は、設備資金の場合、全金融機関の貸出額の70％以上、運営資金では10％以上、合計で40％以上に達していた[41]。

産業銀行の貸出を部門別にみると、製造業が最も多く、しかも時期を追ってその比重が高まっていく。その比率は54年に37％だったものが56年には49％、58年には63％、60年には64％に達した。製造業のなかでは繊維工業の比重が最も大きく、化学工業（とくに肥料）、機械工業・飲食料品工業がそれに次いだ。綿・毛・梳毛紡、肥料、製粉・製糖など輸入代替産業に産業銀行の融資が集中していたことがわかる。

(4) 輸入代替工業化政策の意義と限界

以上述べてきたように、この時期における輸入代替工業化政策の主な政策手段は、援助を通じた外貨の割当、産業銀行の融資、そして輸入制限措置であった。では、こうした政策の経済的なパフォーマンスはどのようなものだったであろうか。

市場に対する政府の介入は必ずしも資源配分に非効率をもたらすとは限らない。市場取引を支える制度が充分に発達していない場合、政府は取引コストを減少させる様々な制度を創出し[42]、あるいは市場で創出できない誘引を民間に提供することによって、より効率的な資源配分を実現することができるからである[43]。

このような見方を念頭に置きながら、ここではまず、政府介入によるレントの規模について推計しよう。これについては、1955～75年間の政府介入の程度を対外部門と金融部門とに分けてその規模（対GNP比重）を推計した先行研究が存在する[44]。それによると、50年代には外貨の規制から生じるレントが非常に大きく（GNPの10～15％）、資金統制によるレントも相当な規模であった（3～8％）。とくに、この時期に資金統制によるレントは主に国内銀行からの貸出によるものであった。50年代におけるレントの規模はGNPの約16～18％に達したが、それは60年代以降のそれと対照的である。60年代以降には外貨の規制によるレントが急減した一方で、資金統制によるものが急増した。また輸出指向工業化政策を実施することに伴う輸出金融によるレントも新

たに発生する。とくに、60年代後半になると、資金統制によるレントのほとんどが外資の選別的な配分から発生するようになった。60年代以降に輸出指向政策と並行して行われた輸入代替工業化に必要な外資は主に商業借款によって調達したため、こうした現象が生じたのである。

　レントの存在あるいはレントの大きさそのものが、政府介入の効率性を判断する基準になるわけではない。より重要なのは、生まれたレントがどこに、どのように配分されるのかである。もし政府がレント取得者の経済的な成果を小さいコストで測定することができ、またこうした経済的な成果と関連づけて企業の生産的な活動や技術開発を促進する方向にレントが配分されれば、市場の失敗が存在していた当時、資源配分の効率性が低下する程度はそれほど大きく

表 2-8　製造業における部門別付加価値構成の推移

(%)

年	1954	1955	1956	1957	1958	1959	1960
食料品	19.3	17.7	17.9	17.8	19.0	16.8	16.7
飲料品	5.9	9.5	9.9	8.1	8.6	9.3	9.4
タバコ	16.9	15.1	13.2	12.4	12.6	11.5	10.4
繊維	19.4	19.9	21.7	24.1	23.2	21.2	19.2
履物・衣類・アクセサリー	4.3	4.5	4.3	4.8	4.8	4.9	5.1
木材・木材品	2.8	2.4	2.4	2.9	2.1	2.4	2.3
家具	1.7	2.0	1.8	1.7	1.6	1.2	1.2
紙・紙製品	1.6	1.5	1.2	1.1	1.9	1.7	2.2
印刷・出版	3.8	3.8	3.3	2.9	3.4	3.2	3.7
皮・皮革製品	1.7	1.7	2.0	1.8	1.9	1.4	1.2
ゴム製品	2.2	1.5	1.3	1.7	1.8	2.6	2.4
化学製品	3.7	3.8	3.5	3.5	3.6	3.7	4.5
石油・石炭製品	1.3	1.2	1.5	1.6	1.9	2.1	2.5
土石・ガラス製品	3.3	3.3	3.5	3.4	1.1	5.2	5.0
第1次金属	0.9	0.8	1.1	1.5	1.6	1.9	2.7
金属製品	2.0	1.9	1.6	1.8	1.8	2.0	2.2
機械	3.4	3.1	3.2	2.6	3.1	2.9	3.3
電気機械	0.5	0.3	0.6	0.6	0.6	0.8	0.7
輸送用機械	2.3	2.7	2.7	2.7	2.4	2.1	2.3
工作廠	0.9	0.8	0.8	1.0	1.0	0.9	0.8
その他	2.1	2.3	2.3	2.2	2.0	2.2	2.1
合計	100.0	100.0	100.0	100.0	100.0	100.0	100.0

出所：全国経済人連合会編『韓国経済政策40年史』1986年、768頁から作成。

なかったであろう。

　この時期に、保護された国内市場で援助物資・資金によって原材料・機械を導入し、相対的に低い（あるいはマイナスの）利子で融資を受けることができた企業は短期間で急速に設備を拡大した。また、輸入代替製造業部門に資源が集中されたことによって、製造業はGDP成長率を遥かに上回る率（11.5％）で成長した。製造業のうち、この時期に最も高い比重を占めていたのは繊維と食料品部門であった（表2-8）。輸入代替工業として最も重要な部門がこれらをはじめとする消費財工業であり、輸入代替とは消費財工業の輸入代替を意味していた。

　ところが、当時の国内市場は、企業が国際競争力を確保するために必要な最適規模よりはるかに小さかった。そこで、この部門の企業は、保護された国内市場から「独占的な」利潤を獲得しながら、一方で他の分野への参入を図った。

　先述した23大企業家が、この時期にどのように多角化を行っていたのかをまとめたのが表2-9である。ここからは、ほとんどの企業家が複数の製造業に関わっているだけでなく、流通・金融の分野まで非関連多角化を展開していることがわかる。本格的な経済開発計画が推進される以前から、韓国大企業の特徴としてしばしば指摘される多角化が行われていたのである。

　輸入制限によって国内市場が保護された状況のもとで、先進国の設備に体化された標準技術を国際価格で購入することができた後発国企業の多くが選択した方法が、こうした輸入代替産業における非関連多角化であった[45]。韓国でも1950年代にこうした選択が見られたのである。

　では、こうした大企業は学習効果を通じて漸進的な革新を果たすことができたであろうか。ここで問題となるのが、先述したレントが生産活動を促進させる方向に配分されたか、さらに、企業に技術能力を向上させる誘引を作り出していたかである。

　代表的な輸入代替工業であった綿紡績と製粉の場合、原材料はほとんどが援助物資として、貿易業者との競争なしに直接に公定為替レートの価格で企業に割り当てられた。割当の基準は、生産計画、原料消費実績、そして生産能力であった。そして、国内市場の保護と独占的な販売に対する規制の不徹底は[46]、

表 2-9　23 大企業家の所有企業の業種別分布

業種	農林水産業	鉱業	製造業 飲食料品	繊維・衣類	木材・家具	紙・印刷	石油化学	非鉄金属	第一次金属	組立金属機械	建設業	卸売・小売・貿易・宿泊業	運輸・倉庫業	不動産・事業サービス業	娯楽・文化芸術サービス業	金融業
李秉喆（趙洪濟）			○	○			○					○		○		○
鄭載護				○												
李庭林（李廷鎬、李會林）		○	○	○			○		○			○		○		○
薛卿東			○	○			○			○						
具仁會							○			○						
李洋球							○									
南宮鍊							○						○			
崔泰涉											○					
咸昌熙	○						○									
白樂承（白南一）							○							○	○	○
李漢垣							○									
金成坤							○									
李龍範		○														
趙性喆											○					
金智泰			○			○										
朴興植				○												
金㫾洙	○		○										○			
金龍周							○									
鄭周永					○											
朴斗秉																
徐廷翼			○													
全澤珷			○		○											
金鍾喜							○									○

出所：表 2-1 に同じ、李相哲「輸入代替工業化政策の展開 1953-1961」（安秉直編『韓国経済成長史：予備的考察』ソウル大学出版部、2001 年）から作成。

こうした企業の市場支配力を高め、非効率的な資源配分をもたらした。企業は品質改善と原価節減などの努力より、多くの原材料を割り当てられるために旧設備を温存した。

　その結果、この時期に生産過程で効率性を向上させる努力はあまり見られなかった。綿紡・梳毛紡工業では工場内で頻繁な製品変更が行われ、生産工程を

標準化・単純化する社内規定すら制定されなかった。技術開発・経営合理化の面で相対的に先進的と言われた東洋紡績においても、業務管理・製品管理・原料の取扱・作業標準・検査管理・設備管理・倉庫管理・包装管理などに関する規定は1964年5月になってはじめて制定された[47]。

設備規模も非常に小規模であった。梳毛紡工業8社の平均設備規模は1950年代末に梳毛精紡機基準で約4,500錘であったが、これは当時の国際的な適正規模である2万〜4万錘に遠く及ばなかった。20社余りの製粉工業も、大企業の生産能力は年産約5万〜6万トンであったが、これは西ドイツと日本の工場の生産能力の3分の1にすぎなかった[48]。

もっとも、最小効率規模の設備能力が直ちに効率的な経営を保証するわけではない。作業場レベルの技術能力の習得には相当な努力が求められる。梳毛紡の第一毛織は初期から経営規模や一貫経営の面で群を抜いていた。大邱工場は最初から最小効率規模に合うように設計され、1956年末にすでに1万錘に近い9,762錘を稼動させていただけでなく、初期から日本と西ドイツ製の兼営織布設備を設けていた[49]。にもかかわらず、同社は設立当初から経営難に直面した。57年まで損失が継続し、56年には減資が行われた。技術蓄積が必要な梳毛紡では、紡績機と織機の運転・操作技術を得るのに多くの時間を費やし、頻繁な機械の故障とそれに対する未熟な対処によって品質と生産性の低下が絶えなかったからである。58年から黒字に転換することができたのは、品質改善の効果もあったものの、梳毛糸輸入の禁止という政策的な要因があったためである[50]。

以上の事例は、この時期にレントが企業の効率性の向上という方向に作用していなかったことを示している。しかも、50年代末になると援助の減少によってそれまでの輸入代替工業化政策の転換を余儀なくされた。そして、こうした状況変化にいかに対応するのかが最も重要な経済的な課題となったのである。

5．おわりに

1950年代の輸入代替工業化政策に必要な資源は、韓国経済の発展方向につ

いて異なる認識を持っていた韓国とアメリカの対立と妥協の過程で調達された。韓米合同経済委員会において導入援助物資の規模と使用方法が決められ、その枠内で輸入代替工業化が行われた。しかし、その過程で韓国政府は、とくに外貨および金融統制からもたらされるレントを効率的に管理・配分することに失敗し、政府介入による資源配分は非効率であった。国内市場が保護された状況で進められた輸入代替工業化過程で、大企業は製造業だけでなく、流通・金融など多様な部門への非関連多角化を展開した。すなわち、現代の韓国大企業の特徴である非関連多角化は50年代にすでに現れていたのである。

援助による財政資金を産業銀行を通じて相対的に低い金利で貸出し、援助による原材料・設備によって輸入代替産業を育成しようとする政策基調は、1950年代末に援助の削減によって危機に直面した。援助から借款への資金調達方式の変化、韓国経済の発展方向に対するアメリカの認識が転換するという外部状況のもとで、それまでの輸入代替工業化政策に欠けていた誘因を作り出すことが、60年代以降の韓国経済に重要な課題として登場した。

(訳：呂寅滿)

注
1) 洪性囿『韓国経済の資本蓄積過程』高麗大学校亜細亜問題研究所、1965年、同『韓国経済と米国援助』博英社、1962年。
2) 黄炳晙『韓国の工業経済』高麗大学校亜細亜問題研究所、1966年。
3) 朴喜範『韓国経済成長論』高麗大学校亜細亜問題研究所、1968年。
4) 韓国社会経済学会現代史分科「韓国現代史研究の現況と課題」(『社会経済評論』第2号、1990年)。
5) 朴玄埰『民族経済論』ハンギルシャ、1978年。
6) 金大煥「1950年代における韓国の工業化に関する研究：工業化の主体を中心に」ソウル大学碩士学位論文、1976年(後に、「1950年代韓国経済の研究」『1950年代の認識』ハンギルシャ、1981年として収録)。
7) 金基元「米軍政期の帰属財産に関する研究：企業体の処理を中心に」ソウル大学博士学位論文、1989年、同『米軍政期の経済構造：帰属企業体の処理と労働者自主管理運動を中心に』プルンサン、1990年、金胤秀「『8・15』以降帰属企業体の処理に関する一研究」ソウル大学碩士学位論文、1988年、金東昱「解放以降帰属企業体の処理に関する研究」延世大学碩士学位論文、1988年。

8) 金洋和「1950年代における製造業大資本の資本蓄積に関する研究：綿紡、梳毛紡、製粉工業を中心に」ソウル大学博士学位論文、1990年。
9) 金珍燁「韓国のゴム工業の展開過程に関する一研究、1945-1960年」ソウル大学碩士学位論文、1985年、李相哲「韓国のメリヤス工業の展開過程に関する一研究、1945-1960年」ソウル大学碩士学位論文、1989年。
10) 李大根『解放後～1950年代の経済：工業化の史的背景研究』三星経済研究所、2002年。同書によると、解放後1950年代におけるアメリカの援助による経済再建および復興計画の推進過程は、60年代以降の高度成長に対する、30年代の植民地工業化過程に次ぐ「第二次の国際的な契機」として捉えられる（520頁）。
11) 代表的なものとしては、安秉直編『韓国経済成長史：予備的な考察』ソウル大学校出版部、2001年を挙げることができる。
12) 韓国経済学会『韓国経済学会略史：1953-1989年』1991年、33頁。
13) 金光錫・Larry E. Westphal『韓国の外為貿易政策』韓国経済研究院、1976年、Krueger, Anne O., *The Developmental Role of Foreign Sector and Aid*, Harvard Council on East Asian Studies, 1978; Jones, Leroy P. & Il Sakong, *Government, Business and Entrepreneurship in Economic Development: The Korean Case*, Harvard University Press, 1980、金光錫『韓国の工業化のパターンとその要因』韓国開発研究院、1980年。
14) 前掲『韓国の工業化のパターンとその要因』28頁。
15) Cumings, Bruce, *Korea's Place in the Sun: A Modern History*, W. W. Norton & Company, 1997.
16) Eckert, Carter J., *Offspring of Empire: The Kochang Kims and the Colonial Origins of Korean Capitalism, 1876-1945*, University of Washington Press, 1991（小谷まさ代訳『日本帝国の申し子：高敞の金一族と韓国資本主義の殖民地起源 1876-1945』草思社、2004年）、Atul Kohli, "Where Do High Growth Political Economies Come From?: The Japanese Lineage of Korea's 'Development State'", *World Development*, Vol. 22, No. 9, 1994.
17) Kohli, op. cit., p. 42.
18) Amsden, Alice H., *Asia's Next Giant: South Korea and Late Industrialization*, Oxford University Press, 1989, p. 42.
19) 孔堤郁『1950年代韓国の資本家研究』白山書堂、1993年、徐文錫「解放以降帰属財産の変動に関する研究」（『経営史学』第17輯、1998年）、林采成「軍派遣団の大韓石炭公社に対する支援と石炭産業の復興（1954.12～57.8）」（『東方学志』第139集、2007年）、裵錫満「1950年代における大韓造船公社の資本蓄積の試みとその失敗の原因：資本蓄積過程における帰属企業体の役割に関する分析」）、（『釜山史学』第25、26号、1994年）、崔相伍「1950年代の外為制度と為替制度に関する研究」成均館大学博士学位論文、2000年、鄭眞阿「第1共和国期（1948-1960年）の李承晩政権の経済政策論に関

する研究：国家主導の産業化政策と経済開発計画を中心に」延世大学博士学位論文、2007年、朴泰均「1956〜1964年における韓国の経済開発計画の成立過程：経済開発論の拡散と米国の対韓政策の変化を中心に」ソウル大学博士学位論文、2000年。
20) 帰属財産に関する規定は1945年12月6日に制定された法令第33号（「朝鮮内の日本人財産の権利帰属に関する件」）によって定められた。その第2条では、「1945年8月9日以降日本政府、その機関あるいはその国民・会社・団体・組合、その政府のその他団体あるいはその政府が組織または統制する団体が直接あるいは間接、全部あるいは一部を所有もしくは管理する金・銀・白金・通貨・証券・預金・債券・有価証券、または本軍政庁の管轄内に所在するその他すべての財産及びその収入に対する所有権は1945年9月25日付けで朝鮮軍政庁が取得し、朝鮮軍政庁がその財産の全てを所有する」とされた。この法令によって米軍政に帰属することになった帰属財産は帰属農地と帰属事業体と分けられる。前者は東洋拓殖㈱の所有農地と約10万2,000の日本人・会社の所有農地であり、後者は工場・鉱山・銀行・商店・飲食店・旅館・その他を指す（前掲「米軍政期の帰属財産に関する研究：企業体の処理を中心に」19〜29頁）。
21) 前掲「『8・15』以降帰属企業体の処理に関する一研究」1頁。
22) 前掲「米軍政期の帰属財産に関する研究：企業体の処理を中心に」14頁。
23) 前掲『1950年代韓国の資本家研究』81〜82頁。
24) 前掲「『8・15』以降帰属企業体の処理に関する一研究」、前掲『1950年代韓国の資本家研究』。
25) 〈表2-1〉には企業家が設立した企業名が表記されていないが、韓国の代表的な「財閥」企業のほとんどが含まれている。参考として、表2-1の企業のうち、公正取引委員会によって2011年現在55大企業集団に指定されているものを示せば、以下の通りである。（　）は表の企業家の家族であり、現在該当企業の「総帥」である。
　　①李秉喆→三星（李健熙）、CJ（李在賢）、新世界（李明熙）、②具仁會→LG（具本茂）、GS（許昌秀）、LS（具泰會）、③鄭周永→現代自動車（鄭夢九）、現代重工業（鄭夢準）、現代（玄貞恩）、現代百貨店（鄭志宣）、現代産業開発（鄭夢奎）、④朴斗秉→斗山（朴容昆）、⑤金鍾喜→韓火（金升淵）。
26) 前掲「1950年代における製造業大資本の資本蓄積に関する研究：綿紡、梳毛紡、製粉工業を中心に」。
27) 前掲「韓国のゴム工業の展開過程に関する一研究、1945-60年」25頁。
28) 同上、63頁。
29) 「韓国のメリヤス工業の展開過程に関する一研究、1945-1960年」40〜42頁。
30) ここで、被害率は被害金額がもとの資産額に占める比重を指す。1951年8月当時、金属・機械・化学・繊維・窯業・食品・印刷部門の被害は、建物5,100万ドル、施設6,384万ドル、原材料・製品44万ドルの合計1億1,528万ドルであった（韓国産業銀行調査部『韓国産業経済十年史』1955年、997頁）。しかし、この調査は大規模工場だけ

を対象としたものであり、実際の被害額はより大きかった思われる。休戦後に韓国政府が発表した製造業部門の被害額は約 400 億ウォンであり、当時の市場為替レートによって換算すると 2 億 2,000 万ドルに達した。
31）前掲『解放後〜1950 年代の経済』255 頁。
32）崔相伍「1950 年代における為替レート政策と韓国経済の再建構想」（『2001 年　経済学共同学術大会論文集』2001 年）。
33）朴泰均「米国の対韓経済復興政策の性格 1948-1950」（『歴史と現実』第 27 号、1998 年）100 頁。
34）Woo, Jung-en *Race to the Swift: State and Finance in Korean Industrialization*, Columbia University Press, 1991, p. 54.
35）Woo, op. cit.
36）前掲「1950 年代における為替レート政策と韓国経済の再建構想」。
37）金洋和「1950 年代における韓国の工業化過程」『工業化の諸類型 II　韓国の歴史的経験』経文社、1996 年。
38）韓国開発研究院『韓国財政 40 年史　第 7 巻』1991 年、482 頁。
39）財務部『財政金融の回顧』1958 年、248 頁。
40）前掲『1950 年代韓国の資本家研究』147 頁。
41）韓国産業銀行『韓国産業銀行 30 年史』1984 年、71 頁。
42）North, Douglass C., *Structure and Change in Economic History*, W. W. Norton & Company, 1981; North, Douglass C., *Institutions, Institutional Change and Economic Performance*, Cambridge University Press, 1990.
43）Aoki, Masahiko, Hyung-ki Kim, and Masahiro Okuno-Fujiwara eds., *The Role of Government in East Asian Economic Development: Comparative Institutional Analysis*, Oxford University Press, 1996.
44）金洛年「1960 年代韓国における経済成長と政府の役割」（『経済史学』第 27 号、1999 年）。
45）Hikino, Takashi, & Alice H. Amsden, "Staying Behind, Stumbling Back, Sneaking Up, Soaring Ahead: Late Industrialization in Historical Perspective", W. J. Baumol et al. eds., *Convergence of Productivity: Cross-National Studies and Historical Evidence*, Oxford University Press, 1994.
46）金洋和「1950 年代製造業大資本の資本蓄積に関する一考察」（『経済と社会』第 9 号、批判社会学会・ハヌル出版、1991 年）166〜168 頁。
47）同上、169 頁。
48）同上、168 頁。
49）前掲「1950 年代における製造業大資本の資本蓄積に関する研究：綿紡、梳毛紡、製粉工業を中心に」136〜137 頁。

50）金永郁「三星の多角化過程と支配講造に関する研究」ソウル大学博士学位論文、1993年、42〜43頁。

第3章　対外貿易

崔相伍

1．はじめに

　1950年代における韓国経済は復興と成長に必要な条件を備えておらず、南北分断、朝鮮戦争などの外部からの衝撃によって破壊された状況から出発した。本章の課題は、解放直後の劣悪な条件の下でいかに韓国経済が再建され、朴正熙政府の下での高度成長の基盤がどのように形成されたのかを明らかにすることである。資本蓄積および技術水準が低く、とりわけ朝鮮戦争により生産施設の大半が破壊された状況で、経済の再建と復興は対外貿易を通じて達成された。本研究は、対外貿易構造の変化が朝鮮戦争以降の韓国経済の再建にいかなる影響を与えたのかという点に焦点を当てている。

　対外貿易には、次の2つの論点がある。第一に、輸出志向工業化政策と関連する問題である。1960年代以降の韓国の高度成長の要因として認められた輸出志向工業化政策は、後発国の経済成長において輸入代替工業化政策よりも優れた政策であることが明らかにされてきた。このような立場から50年代の低成長の原因をこの時期の輸入代替工業化政策に求める見解が多い[1]。理論的な考察からするとこの主張は間違っていないが、50年代の韓国経済の状況にそのまま適用するには大きな問題がある。重要なことは、この時期には朝鮮戦争によって破壊された産業施設を再建し、国内需要に対して供給が不足する産業部門を育成することが急務であったことである。輸入代替工業化を通じて育成された産業が一定の段階に達すると輸出産業へと転換することが一般的な成長パターンであることを考慮すると、50年代の韓国経済は輸入代替工業化の時期に該当した。

第二に、援助に対する評価と関連する問題である。援助に関する初期の研究は、対外従属性の深化、消費財産業中心のバランスの取れない生産構造の固定、商業資本と官僚資本の形成[2]などのように、否定的評価が多かった。このような主張の中には一部の真実が含まれているが、間違った仮定を前提にしていることも指摘せざるを得ない。たとえば、対外従属性の深化を主張する見解は自給自足経済[3]を正常な発展モデルとして想定しており、援助の発展的な側面の評価を困難にした。資本蓄積が低位で生産力が急落した1950年代の韓国経済において、援助は再建資源として重要な役割を果たした側面と、アメリカ政府の政策介入という否定的な側面を同時に有していた。本章は、このような援助の特質が韓国経済の再建にいかなる影響を与えたのかを分析する。

2．貿易構造

(1) 米軍政期[4]の貿易構造

解放と同時に植民地期の経済構造は崩壊し、対外貿易も急激に縮小した。本節では対外貿易の再建が経済復興の前提条件であるという認識に基づいてその過程を検討する。

植民地朝鮮の対外貿易の特徴は二つに要約できる。第一に、対外貿易を制度的に支えていた関税制度と通貨制度が整備され、植民地朝鮮の貿易は日本帝国経済圏に深く編入された点である。第二に、その結果植民地朝鮮の対外貿易は円通貨圏に集中された点である。当時の植民地朝鮮と日本との貿易額は1920年の71%から42年の87%へと増加しており[5]、日本以外の貿易もやがて円通貨圏になる満州と中国との貿易が大半を占めることになった。

解放という事件は、植民地朝鮮の貿易構造を崩壊させた。アメリカの初期の占領政策は植民地貿易構造の解体を進め、「政治的独立に必要な基盤として如何なる外国の支配からも逃れた強力で独立した韓国経済を樹立」[6]させるため、韓国経済を日本経済から分離しようとした。米軍政は韓国を占領すると同時に布告第3号「通貨」(1945年9月7日)を発表し、当時韓国で使用されていた

ウォン（圓）貨（朝鮮銀行券）と米軍政が発行した補助軍票「A」印のウォン貨だけが唯一の法貨であることを宣言し、軍政法令を施行して日本銀行券の流通を禁止させ、事実上日本との民間貿易を禁止した[7]。なお南北分断は、韓国と北朝鮮間の貿易、そして満州および中国との貿易も断絶させ、植民地貿易構造の解体を加速した。

　一方、対外貿易を再開しようとする制度的動きも1946年1月制定の軍政法令第39号「対外貿易規則」によって示された。これは対外貿易に関する最初の公式法令で、対外貿易の統制方針を明らかにしたものである。46年7月に発表された外国貿易規則によると、統制の中身は2つに分けられる。1つは、貿易業者になるには商務部の貿易業免許を必要とする貿易業免許制であり、もう1つは、商務部による輸出入許可制であった[8]。46年半ばには貿易の制度が備えられ、対外貿易が再開された。

　表3-1は米軍政期の対外貿易であるが[9]、この時期に対外貿易は急速に成長した。名目輸出額は、1946年の4,700万ウォンから48年の71億9,600万ウォンへと153倍に拡大し、輸入は同時期に1億6,800万ウォンから88億5,700万ウォンへと53倍になった。この結果、総貿易額は46年の2億1,600万ウォンから48年には160億5,300万ウォンへと増加した。この貿易成果を植民地期と比較するために、インフレーション効果を調整しよう。48年の貿易額（47年ソウル市卸売物価指数基準）は98億5,500万ウォンであり、植民地期の最大であった41年の5,539億1,900万ウォンの1.8％に過ぎない[10]。これは全朝鮮を対象とした植民地期と、韓国地域に限定した米軍政期を比較するという資料上の問題はあるものの、傾向を見る限り米軍政期に対外貿易が急減少したことが確認できる。

　国別貿易の構造をみても植民地期とは大きく変化した。最大の輸出先は、1946年の場合中国で81％、48年の場合香港で76％であった。日本への輸出は10％台であり、アメリカへの輸出は5％前後であった。表3-1の輸入統計において注意すべきことは、46年の数値を除いて中国と香港の割合が低いことであり、これは輸入品の原産地を基準にして作成したためであった。米軍政期の貿易は、香港や中国商人主導の仲介貿易を中心に行われたため両地域との貿易

表 3-1　国別対外貿易構成

(百万ウォン、%)

年	輸出					輸入				
	金額	中国	香港	日本	米国	金額	中国	香港	日本	米国
1946	47	80.9		19.1		168	94.6		4.8	
1947	1,111	23.0	41.9		4.8	2,088	32.1	7.1	0.6	12.9
1948	7,196	2.5	75.8	15.9	5.8	8,857	13.7	15.1	5.9	16.3

出所：財務部税関局『大韓民国輸出入品3年対照表』1949年。
注：米軍政当局による政府貿易分は含まれず。

額が大半を占めることになった。

(2)　1950年代の貿易構造

　対外貿易の統制方針は、韓国政府の樹立後も維持された。建国憲法（1948年7月17日制定）第87条で「対外貿易は国家の統制下に置く」と規定され、経済関連条項が大きく修正された54年11月の第2次改定憲法においても「法律が定めるところによって」という文言を入れただけで国家による貿易統制はそのまま維持された。

　貿易統制は外国為替制度と貿易制度を通じて実現されるが、ここでは貿易制度を中心に検討する[11]。貿易制度による統制は貿易業登録制と貿易計画に基づいた輸出入許可制が中心であった。米軍政期に施行された貿易業免許制に代わり1950年2月の貿易業登録制では商務部に貿易業登録することを義務化した[12]。輸出入許可制は輸出入計画に基づいて運営されており、ここではまず輸出入計画の特徴を見よう。輸出計画は、54年末までポジティブ・リスト（positive list）方式で運営され、55年1月から輸出禁止品目のネガティブ・リスト（negative list）方式へと変更されて、それ以外の輸出の法的規制は撤廃された。輸入計画にも55年を前後して重要な変化があった。最大の変化は品目別数量割当制が廃止されたことである。しかし外国為替が不足の一方で輸入需要が大きかった当時の状況から、輸出と異なり依然として禁止品目と制限品目を提示するポジティブ・リスト方式が適用された。50年代の貿易はこうした制度の下で展開した。

表 3-2　1950 年代の対外貿易構造と輸入財源

(千ドル)

年	輸出(a)	輸入			貿易収支(a-b)	貿易外収支(d)		外為 gap(c-a-d)
		一般(b)	援助	合計(c)			駐韓 UN軍収入	
1952	27,733	53,630	160,535	214,165	−25,897	66,261	62,035	120,171
1953	39,585	153,630	191,806	345,436	−114,045	120,524	122,026	185,327
1954	24,246	93,926	149,401	243,327	−69,680	45,221	40,507	173,860
1955	17,966	108,628	232,787	341,415	−90,662	56,329	54,803	267,120
1956	24,595	66,166	319,897	386,063	−41,571	22,293	20,164	339,175
1957	22,202	68,148	374,026	442,174	−45,946	43,483	41,204	376,489
1958	16,451	67,190	310,975	378,165	−50,739	67,227	65,499	294,487
1959	19,162	80,966	210,743	291,709	−61,804	60,213	64,145	212,334
1960	32,827	97,168	231,947	329,115	−64,341	62,031	63,006	234,257

出所：韓国貿易協会『貿易年鑑』1961 年、8 頁（統計編）、韓国銀行『経済統計年報』1962 年。
注：援助は援助総額から技術援助と援助機関行政費を差し引いたものである。

　表 3-2 は 1950 年代の対外貿易の状況であるが、植民地期と 60 年代以降の時期を比べると二つの特徴が見いだされる。第一に、輸出が深刻な停滞を見せた点である。朝鮮戦争直前の 49 年の輸出は 700 万ドルであり、50 年には 2,900 万ドル、51 年には 1,600 万ドルであった[13]。53 年には 50 年代の最高輸出実績である 4,000 万ドルに達したが、それ以降の輸出は増減を繰り返した。その結果、国民総生産において輸出の占める割合は、50 年代において 1～2％という低い水準を推移した[14]。第二に、輸入超過であった点である。植民地期を含めて 80 年代後半以前までにおいて慢性的な貿易赤字を記録した韓国経済にとって、輸入超過は目立った事実ではないが、この時期の輸出に対する赤字規模はほかの時期より大きかった。52 年の輸入の対輸出比（c/a）は 7.7 倍であり、その後も増加して 57 年は 19.9 倍、60 年でも 10 倍であった。

　このような現象はいかにして可能になったのか。1950 年代韓国経済の再建および復興過程を理解するためには貿易赤字（a-b）と外国為替のとの差（c-a-d）をいかなる形で補填したのかを理解することが重要である。表 3-2 で見られるように、この問題は貿易外収支と援助を通じて解決していた。慢性的な赤字であった貿易収支と異なり貿易外収支においては、貿易収支の赤字額に匹敵する黒字であった。貿易外収支における大幅な黒字は、「政府取引」と言

われた韓国政府と駐韓国連軍（米軍）との取引による外国為替収入であった[15]。そして、これによっても依然として残る大幅な経常収支赤字は外国からの経済援助で解決した。

3．援助依存輸入代替工業化

　1950年6月から3年余の朝鮮戦争は韓国経済にとって大きな打撃であった。公報処調査によると、朝鮮戦争によって発生した被害額は4,105億9,000万ファン（圜）[16]で53年の国民総生産の85％に相当した[17]。このような状況の下で韓国政府は経済を再建するために、国内資源より海外資源に大きく依存した。

(1)　外国援助

　韓国への援助は米軍政が開始された1945年9月から70年代初頭まで続いたが、50年代半ばまで多くの額が提供され57年以降急減した。

　前掲表2-5から2つの事実を指摘しておきたい。第一に、朝鮮戦争の前後で援助の性格が救護援助から復興援助へと転換したことである。米軍占領の第一の目標が社会の安定にあったため、米軍政期と朝鮮戦争期において提供された援助は疲弊していた国民生活を改善するための衣類、食料品、医薬品などの最終消費財が中心であった。しかし朝鮮戦争後は復興援助へと転換した。これを契機として前掲表2-5に見られるように援助額が増加し、1951年に1億600万ドル、53年に1億9,400万ドル、55年に2億3,700万ドル、57年に3億8,300万ドルになった。その後、アメリカの援助政策の変更とともに減少した。

　第二に、この時期に提供された援助は多様な援助機構を通じて行われたことである。戦時救護援助を提供した援助機構は、国連決議により朝鮮戦争の間は「韓国国民を疾病、飢餓、不安から救護」する目的で設立されたCRIK（Civil Relief in Korea）であった。朝鮮戦争後は経済復興を担当する新援助機構が必要になり、アメリカ政府は、まず軍事介入と同様に韓国経済の再建においても国連を通じた複数国家からの支援方式を構想しUNKRA（United Nations Korean Reconstruction Agency）を設立した。これは、国連加盟国の協力が消極的で、

基金の規模が小さかった[18]。その結果、UNKRA の役割は縮小され、アメリカ単独でアメリカ政府機関の国際協力処（ICA：International Cooperation Administration）が復興援助の中心的な役割を担うようになった。1952～60 年の援助総額は 22 億 4,500 万ドルであったが、そのうちの ICA 援助は 15 億 8,700 万ドルと全体の 71％を占めた。

　このような援助が韓国経済の再建において重要であったことを示す指標を確認してみよう。国民総生産に援助が占める割合は、援助額の一番少なかった 1954 年で 10％であったが 57 年には 23％になった。

　対外貿易に占める援助の割合も当然大きい。1952～60 年の総輸入額は 29 億 9,800 万ドルであったが、その中で援助による輸入は 21 億 8,100 万ドルで全体の 73％を占めていた。これを外国為替供給額から見ると、52～60 年の韓国の総外貨受入額 31 億 2,600 万ドルのうち、援助は 72％、輸出は 7 ％、貿易外収入は 21％であった。経済再建に必要な物資の大半が輸入により調達された点を考慮すると、解放後の韓国経済の再建と復興は援助によるところが大きかった。通常 50 年代の韓国経済を「援助経済」と呼んでいる所以である。

(2) 消費財産業の成長

　援助は二つの経路により韓国経済の再建に影響を与えた。ひとつは援助資金で導入された物資の中身を通じてであり、もうひとつは導入された援助物資の有償販売を通じて積み立てた見返り資金の運用を通じてである。アメリカ政府は、この二つの政策分野において韓国政府に権限を与えず、自らの援助政策目標を達成させるために韓国政府の政策に介入した。この点において援助には肯定的な面だけではなく否定的な面もあった[19]。

　表 3-3 で確認できるように、総輸入は一般輸入に援助額を加えて算出すべきであるが、非計画援助（non-project aid）とは異なり計画援助（project aid）は商品別細部内訳を区分せずに教育、保健衛生などのように事業単位で把握されていた。なお計画援助は農業および自然資源の開発、電力、道路、鉄道、港湾施設の復旧および拡充、通信施設の復旧など大半が官営事業に用いられていた。したがって輸入が民間企業の成長にいかなる影響を与えたのかを明らかにする

表 3-3　商品別、財源別、総輸入額推移

(千ドル、％)

			1953	1955	1957	1958	1960	1953～60年合計
総輸入	援助	援助額	191,806	232,787	374,026	310,975	231,947	2,021,582
		計画援助	7,962	110,385	105,161	69,119	50,530	519,623
		非計画援助(a)	183,844	122,402	268,865	241,856	181,417	1,501,959
	一般輸入 (b)		161,351	81,027	38,979	44,841	84,898	593,275
	総輸入額 (c=a+b)		345,195	203,429	307,844	286,697	266,315	2,095,234
食糧	米、大麦	金額 (d)	123,269	2,692	49,001	19,502	574	221,286
		d/c	35.7	1.3	15.9	6.8	0.2	10.6
	小麦粉	金額	19,651	1,444	660	46	-	24,192
	小計	一般	71,299	1,444	4,350	615	-	80,099
		援助	71,621	2,692	45,311	18,933	574	165,379
		合計 (e)	142,920	4,136	49,661	19,548	574	245,478
		e/c	41.4	2	16.1	6.8	0.2	11.7
原料	小麦	金額 (f)	7,199	3,982	24,329	33,886	19,807	126,465
		f/c	2.1	2	7.9	11.8	7.4	6
	原棉	金額 (g)	9,120	22,039	28,232	31,263	29,622	193,008
		g/c	2.6	10.8	9.2	10.9	11.1	9.2
	生ゴム	金額	3,214	3,686	3,708	4,303	7,153	37,350
	原糖	金額	-	4,165	9,685	6,026	6,036	39,554
	原毛	金額	16	290	65	776	7,535	14,985
	糖蜜	金額	851	1,339	2,519	3,067	2,057	14,564
	小計	一般	4,550	5,735	4,048	6,651	18,456	61,277
		援助	15,850	29,766	64,490	72,670	53,754	364,649
		合計 (h)	20,400	35,501	68,538	79,321	72,210	425,926
		h/c	5.9	17.5	22.3	27.7	27.1	20.3
燃料	石油	金額 (i)	11,045	7,215	20,357	24,667	22,005	137,139
		i/c	3.2	3.5	6.6	8.6	8.3	6.5
	石炭	金額	1,780	3,211	2,900	10,569	2,138	25,906
	小計	援助 (j)	12,825	10,426	23,257	35,236	24,143	163,045
		j/c	3.7	5.1	7.6	12.3	9.1	7.8
中間財	梳毛糸	金額	5,373	10,066	10,585	9,416	2,566	60,606
	人絹糸	金額 (k)	9,474	9,058	13,580	13,630	10,127	93,421
		k/c	2.7	4.5	4.4	4.8	3.8	4.5
	その他繊維糸	金額	5,467	9,156	2,197	4,380	8,768	42,092

			1953	1955	1957	1958	1960	1953～60年合計
中間財	紙類	金額	5,832	10,608	8,805	11,683	5,816	68,973
	肥料	金額(l) l/c	38,809 11.2	49,675 24.4	57,346 18.6	48,357 16.9	45,081 16.9	378,721 18.1
	鐵鋼材	金額	4,971	3,445	5,975	4,940	7,580	39,856
	木材	金額	6,391	5,530	4,359	4,044	7,769	40,415
	小計	一般 援助 合計(m) m/c	34,524 41,793 76,317 22.1	41,916 55,622 97,538 47.9	10,946 91,901 102,847 33.4	14,708 81,742 96,450 33.6	25,626 62,081 87,707 32.9	188,045 536,039 724,084 34.6
最終財	繊維製品	金額	18,552	5,532	1,628	409	172	35,402
	医薬品	金額	4,227	5,567	6,028	6,986	4,894	44,466
	機械類	金額(n) n/c	19,645 5.7	15,137 7.4	14,152 4.6	18,332 6.4	23,853 9	141,987 6.8
	小計	一般 援助 合計(o) o/c	22,934 19,490 42,424 12.3	15,298 10,938 27,922 12.9	9,286 12,670 21,808 7.1	9,450 16,277 25,727 9	13,619 15,300 28,919 10.9	115,880 105,975 221,855 10.6

出所：韓国貿易協会『貿易年鑑』1954年版、Ⅹ2～14頁、同1955年版、ⅩI 3～15頁、同1956/57年版、8～19頁（統計編）、同1959年版、18～28頁（統計編）、同1961年版、59～68（統計編）頁、韓国銀行『経済年鑑』1955年版、176～177頁、同1957年版、224～225頁、同1959年版、218～221頁、同1962年版、230～231頁。

注：1）援助額は援助総額から技術援助と援助機関行政費を差し引いたものである。
　　2）この表の一般輸入と表3-3の同一項目との差が生じた理由は商品別統計を作成する過程において未分類商品を除いたためである。
　　3）中間財のその他繊維糸には綿糸、ナイロン糸、スフ糸などが含まれており、最終財の繊維製品には綿織物、ナイロン織物、被服などが含まれる。

ためには、非計画援助だけを検討しても大きな問題はないと判断し、総輸入は一般輸入に非計画援助を加えて算出した。それでも総輸入において援助が占める割合は72%で、この時期の輸入に決定的な影響を与えた。

　同表は総輸入額に占める割合が85%を占める1950年代の代表的な輸入品であった20品目の輸入額を整理したものであり、第一の特徴は、最終消費財の輸入より原料、中間財、資本財の輸入が圧倒的であったことである。同表の最終消費財は食料と繊維製品、医薬品が該当するが、これは総輸入の16%に過ぎなかった。とりわけ最終消費財で高い割合を占める食料の53年と57年の輸

入は前年度の凶作による食料不足を解消するためであった。それ以外の年の食料輸入割合が1％程度であった点を考慮すると、最終消費財の輸入割合はさらに低くなったと予想される。その反面、原料、中間財と資本財に対する輸入割合は大きくなったはずである。このような事実は朝鮮戦争で破壊された産業施設を含め、経済全般の再建需要が大きかったことを示しており、国内で必要であった物資を国内生産を通じて供給しようとする輸入代替工業化の志向を表しているといえよう。

　第二の特徴は、消費財産業と生産財産業部門において同時に再建需要が大きかったにもかかわらず、この時期に進められた輸入代替工業化は消費財産業を中心に展開したことである。総輸入において20％を占めている原料は、小麦、原糖、糖蜜など食料品工業の原料と原毛や原棉など繊維工業の原料が大半であった。とりわけ綿紡績業の原料である原棉は総輸入において9.2％を占めており、肥料、米、麦に続く割合であった。中間財輸入においても消費財産業に必要な半製品、とりわけ人絹糸、梳毛糸、その他繊維糸のような繊維工業関連の輸入品が総輸入の9.4％であった。中間財で注目されるのは総輸入において18％を占め、単一品目としては最大の輸入品であった肥料である。肥料の輸入は米を始め食糧増産のため必要なものであったが、援助の性格とアメリカの政策意図を典型的に反映したものであった。食料増産のために韓国政府は肥料工場の建設を要求したが、それに対してアメリカ政府は工場建設より完成品輸入を望んだ。これは消費財産業の再建と供給拡大を通じて戦後の韓国経済をいち早く安定させようとしたアメリカ政府の政策意図を反映したものであった。

　消費財産業を中心に経済を復興させようとした意図は、これらの産業と関連した原料と中間財を輸入した点に加え、機械類輸入においても確認できる。機械類輸入が総輸入において占めた割合は7％で、一般輸入に限定する場合、機械類輸入の中で紡績機械および同付属品として輸入された商品の割合が24％であった。援助の場合、計画援助を通じて工業の再建に必要な生産財が導入されたが、1957年の民間企業の再建に投資された資金の中で繊維工業に割り当てられた金額は326万ドルで18％を占めていた[20]。

　輸入品構成の以上の特徴は産業構造にそのまま反映された。製造業付加価値

生産において繊維工業と食料品工業が占める割合は1953年62％、57年66％、60年59％であり、この二つの工業を含む消費財産業（軽工業）が占めた割合はそれぞれ83％、83％、80％であった[21]。ColeとLymanが50年代の韓国産業構造の特徴を「輸入に依存した消費財産業」の発展であると評価したように[22]、援助資金を活用した経済再建は、結局消費財加工産業の成長だけをもたらした。

4．自立の模索

　1950年代の韓国経済において自立（self-sustaining）というのは援助が提供されなくても自ら再生産可能な経済構造を作ること、言い換えれば援助依存の蓄積構造から脱出することを意味した。このような自立は二つの条件が充足することで可能となる。一つは援助に代替する新しい輸入財源を確保することであり、もう一つは多くの国内需要が存在するにもかかわらず輸入を通じて供給された産業部門の建設と育成を通じて外国為替のギャップ問題を解決することである。

(1) 輸出政策

　李承晩政府は、政府樹立の直後から対外貿易と輸出の必要性を強調していた。1948年8月から56年2月末までに発表された大統領の談話の中で、経済に関するものは総計で113件であり、その中で貿易に関するものは26件、輸出に関するものは15件であった。その際には国内消費を充足しても残る物資の輸出、すなわち「剰余輸出」を強調したが、外国為替が不足した韓国経済において、輸出が重要であることは理解していた[23]。しかし、「国民経済において担うべき輸出の役割」が援助によって代替されたこの期間では、輸出を積極的に奨励する内部誘引が強く働いたわけではなかった[24]。

　韓国経済において輸出が重要な政策変数として登場したのは、アメリカの無償援助の縮小と有償借款への転換が強調された1950年代後半であった。表3-2のように、アメリカの対韓援助は57年をピークに減少した。これは援助

に依存した蓄積構造を崩壊させ、経済成長率を低下させる要因になった。経済成長率は54年の6％から57年には8.8％に上昇したが、援助が減少とともに低下し58年には5.5％、60年には2.3％になった[25]。韓国政府は経済成長率の低下を回避する最善の方法として輸出に注目した[26]。50年代後半において商工部主導で長期輸出計画案が立案されたのは、こうした状況を反映していた。

表3-4は1956年末に商工部が作成した5ヵ年輸出計画案を整理したものである。初年度である57年の輸出額は55〜56年の平均輸出額（実績）の1.8倍にあたる3,800万ドルとし、目標年度の61年には1億200万ドルとして、57年に対して2.7倍にする計画であった。計画期間の平均輸出成長率を28％と設定しており、それ以前の輸出実績を考慮（表3-2参照）すれば、意欲的な輸出計画案であった。

援助を代替する新しい輸入財源として輸出を強調することは、それ以降も一貫していた。1958年から立案が始められ59年末に完成された経済開発3ヵ年計画はこのような事実をよく示している。この計画に含まれた輸出計画は、初

表3-4　5ヵ年輸出計画案（商工部作成）

(千ドル、％)

年	1957		1958		1959		1960		1961	
	金額	比率	金額	比率	金額	比率	金額	比率	金額	比率
食糧	9,355	24.7	16,811	32	27,603	39.1	37,759	42.5	41,412	40.5
米穀	−	−	5,100	9.7	11,900	16.9	17,000	19.1	17,000	16.6
水産物	5,305	14.0	6,285	12.0	7,441	10.5	8,375	9.4	9,004	8.8
鉱産物	16,294	43.1	19,854	37.8	22,565	32.0	27,591	31.0	33,469	32.7
重石	6,000	15.9	7,000	13.3	8,000	11.3	9,000	10.1	10,000	9.8
金	2,940	7.8	4,410	8.4	5,145	7.3	7,350	8.3	11,025	10.8
土状黒鉛	1,700	4.5	1,700	3.2	2,040	2.9	2,380	2.7	2,550	2.5
繊維品	6,102	16.1	9,488	18	13,080	18.5	15,277	17.2	17,019	16.6
綿布	3,000	7.9	6,000	11.4	9,000	12.8	10,810	12.2	12,000	11.7
生糸	1,932	5.1	2,132	4.1	2,500	3.5	2,768	3.1	3,064	3.0
窯業・化学製品	405	1.1	663	1.3	778	1.1	1,011	1.1	1,136	1.1
工芸品	2,828	7.5	3,298	6.3	3,792	5.4	4,312	4.8	6,076	5.9
螺細漆器	1,680	4.4	1,960	3.7	2,240	3.2	2,520	2.8	2,800	2.7
その他	2,824	7.5	2,476	4.7	2,740	4.0	3,007	3.5	3,227	3.2
総額	37,808		52,529		70,558		88,957		102,339	

出所：商工部『輸出5ヵ年計画と輸出振興要領に関する統計資料(1)』国家記録院文書、1956年。

年度の 60 年の輸出額 3,800 万ドルに対して目標年度である 62 年の輸出額を 6,400 万ドルと設定し、1,700 万ドルであった 58 年（基準年度）と比べて 3.6 倍の増加を計画した。この期間の年平均輸出成長率は 39％であり、以前の計画よりもさらに輸出を増加させようとした[27]。以上の輸出計画はそのまま実現されたわけではないが、50 年代後半に輸出が重要政策として認識されたことが確認できる。

その認識の変化は輸出支援政策からも確認できる。50 年代の輸出支援政策は輸出入リンク制、財政支援、金融支援、その他と区分できる（表3-5）。このうち、財政支援、金融支援、その他の鉄道運賃割引などは所得あるいは価格補助を通じた直接的な金銭補塡であり、輸出入リンク制、その他の輸出実績に応じて適用される支援は輸出損失の間接的な補塡であった。

1950 年代は財政および金融の支援より、輸出入リンク制と輸出実績に応じ

表 3-5　1950 年代輸出支援政策の変化

区分		1950 年代 前半期	1950 年代 後半期	1960 年代 初期
輸出入リンク制		特恵外国為替制度（51.5〜55.8）	輸出ドル優待策（55.8〜61.5）	輸出入リンク制（63.1）
財政支援	輸出奨励金	輸出奨励補償金交付制度（54）	輸出奨励補償金交付制度（60.8〜）	
	内国税支援	物品税減免制度（50.4〜）		所得税及法人税減免制度（61.1）営業税減免制度（62.1）
	関税支援		輸出用原資源輸入に対する関税減免制度（59.10〜）	輸出用資本財輸入に対する関税減免制度（64.3）
金融支援	短期	貿易金融（50.6〜61.2）	輸出振興基金融資制度（59.11〜）	輸出金融（61.2）外貨表示供給資金（62.9）輸出用原資材輸入金融（63）輸出産業育成資金（64.7）輸出（64）
	中長期			中小企業輸出産業転換資金（64.2）
その他	輸出実績適用	貿易業許可及び資格維持（50.2〜）輸入競争時輸出実績適用（53.1〜）政府外換（政府ドル）公売時輸出実績適用		
	その他		鉄道運賃割引（58.3〜）	

注：カッコの中に終了年月が表示されていないものは、少なくとも 1960 年代初頭まで一貫して進められたことを示している。

た支援を中心に運営された。その中でも輸出を通じて得られた「特恵外国為替」あるいは「輸出ドル」ともいわれた外国為替を収益性の高い特定商品の輸入と結びつける輸出入リンク制が重要な役割を果たした[28]。輸出入リンク制が提供する輸出支援の規模は公定為替相場（official rate）と、市場で決定される「輸出ドル」為替レートとの倍率でその大きさを測定できる。50年代前半期における倍率は4倍程度で、50年代後半期における倍率は2倍強の水準であった。それに比べて財政および金融による輸出補助は大きくなかった[29]。

　アメリカの援助が減少し輸出が重要政策となると、財政および金融の支援政策が徐々に強化された。金融支援は、政府樹立の初期から施行され、1961年2月に「輸出金融」へと変更された「貿易金融」に加え、59年には輸出物資を生産する製造企業に運営資金を融資する輸出振興基金融資制度が導入された。財政支援においても50年から施行されていた物品税の減免制度に加え、59年には輸出用原材料の輸入関税が減免された。予算不足で中断されていた輸出奨励補償金も60年から再開された。なお運送費用負担の大きい鉱産物の鉄道運賃の割引は58年に実施された。こうした財政・金融支援の強化の結果、輸出補助金は50年代前半期と比べて大きく増加した。52年には輸出1ドル当たり0.4ファンに過ぎなかったが、56年には5.6ファン、58年には14.6ファン、60年には17.6ファンとなった[30]。

　1958年に1,600万ドルという最低水準を示した輸出は、60年に3,300万ドル、62年に5,500万ドル、64年に1億1,900万ドルと急速に増加した[31]。これは50年代後半の輸出に対する認識変化と輸出支援政策によるものであった。一方、この時期における輸出に対する認識の限界も指摘せざるを得ない。表3-4のように、韓国政府は農産物、水産物、鉱産物のような第1次産業品を主要輸出品として想定しており、繊維製品と化学製品のような工業製品の輸出に対しては必ずしも積極的ではなかった。表3-5において確認できるように、本格的な輸出支援政策は、成長第一主義とともに輸出第一主義をとった朴正煕政府以降に実施された。それにもかかわらず、李承晩政府が、援助に依存した蓄積構造がそれ以上機能しないことを明確に認識し、援助なしで再生産可能な自立経済体制を確立させるために50年代後半から輸出を増大させる措置を積極的に

進めていたことは、60年代初頭から本格化された輸出志向工業化の重要な基盤になったと評価できる。

(2) 経済開発3ヵ年計画

政府主導の下で経済を運営するという考え方は、李承晩政府の樹立直後から形成された。1948年7月に制定・公布された建国憲法では、生産に直接利用できる天然資源のみならず、植民地における日本政府および日本人所有の重要企業および財産を、民間に払い下げるのではなく、政府が直接運営すると明示されていた[32]。この方針は政府組織にも反映され、「国務会議に提出される財政、経済、金融、産業、資材、物価に対する総合的計画を樹立」する企画処が設置された[33]。

これ以降企画処を中心に韓国経済の復興計画が策定されたが、1950年代前半期まで計画には限界があった。何よりも復興計画の執行に伴うほとんどの資金を援助したアメリカ政府の政策介入が大きかった。この時期に作成された復興計画の大半は、援助資金利用計画の年次計画として策定されたが、53年に作成された「1954年度韓国経済復興計画」が当時の状況をよく反映している。この計画は生産財産業の建設よりも、破壊された施設の復旧と消費財産業の運営に必要な原料および半製品の導入に重点を置いていた[34]。

しかし1950年代後半になると、韓国政府は援助資金利用計画とは異なる長期経済開発計画を指向し始めた。戦争以前の生活水準への到達という目標が56年にほぼ達成され、韓国政府の関心が経済開発へと移ったためである。しかし、より重要なのは前述したようにアメリカの援助政策の縮小に対応した自立経済を構築する必要に迫られたことであった。経済開発3ヵ年計画はこのような環境変化の結果であった。この計画は準備期間が長く総合計画の性格を有している点において以前の経済計画とは明確に区別されるものであった[35]。

経済開発3ヵ年計画は、目標成長率を従来の推移に相応して5.2％に設定し、これを製造業を中心とした第2次産業の急速な成長を通じて達成しようとした（表3-6）。計画期間中の第1次産業と第3次産業の年平均成長率は3.8％であったが、第2次産業の目標成長率は11.2％であった。

表 3-6　経済開発 3 ヵ年計画の主要内容

(10 億ファン)

	1958 年 (基準年度)	1960	1961	1962 年 (目標年度)	計画期間中 平均成長率(%)
国民総生産	1,099.6	1,213.9	1,278.2	1,348.5	5.2
第 1 次産業	445.6	480.1	498.3	517.0	3.8
第 2 次産業	196.6	242.9	269.9	300.6	11.2
第 3 次産業	457.4	490.9	510.0	530.9	3.8
総資本形成	148.0	184.6	212.1	242.6	13.2
第 1 次産業	29.9	33.1	38.1	43.1	9.6
第 2 次産業	35.7	52.4	65.8	78.0	21.6
第 3 次産業	82.4	99.1	108.2	121.5	10.2

出所：復興部『経済開発 3 ヵ年計画』1960 年、606～607 頁、618～619 頁。
注：1) 1955 年価格基準、2) 第 2 次産業には鉱業、製造業、建設業を含む。

　投資計画を検討すると、産業構造の再編方向と経済開発戦略の特徴が確認できる。計画期間中の総投資額は 6,393 億ファンであり、そのうち 51％を経済開発とともに急速な需要拡大が予想される電気、交通および通信などが含まれる第 3 次産業の拡充に、31％を第 2 次産業に、残りの 18％を第 1 次産業に充てた。周知のようにインフラの拡充は工業化の前提条件として重要であるが、産業構造の再編と関連してより重要なのは製造業の投資計画であった。経済開発 3 ヵ年計画自体に、製造業の詳細な投資計画は説明されていないが、同時期の他の経済計画の投資計画で確認しよう[36]。1955 年に復興部が作成した 5 ヶ年復興計画で李承晩政府が主要投資事業として想定したのは肥料、人造繊維、パルプ、石油精製業、化学薬品、製紙、製薬などの化学工業 48％、紡織工業 15％、機械や造船などの機械工業 9％、セメントや板ガラスなどの窯業 8％であった[37]。

　以上のように李承晩政府が投資計画を通じて育成しようとした産業の大半は生産財産業あるいは重化学工業であった。これらの産業は消費財産業の再建および育成に焦点を当てた援助依存経済の下では念頭に置かれていなかった。したがって国内需要が大きかったにもかかわらず国内生産能力が非常に低い産業が存在した。たとえば当時最大の投資事業であった肥料工業の場合、1957 年国内消費予想量は 98 万トン、6,530 万ドルであったが、国内予想生産量は 2 万

トン、90万ドルでその差額の6,440万ドルの輸入を計画していた[38]。したがって肥料工場の建設は輸入代替と同時に外国為替需要を減少させ、国際収支を改善させる効果があった。このような点において経済開発3ヵ年計画の投資事業は、生産財産業の育成を通じて自立経済の基盤を助成する意図が反映されたものであったと評価できる。

　最終的に李承晩政府による3ヵ年計画は実施されず、朴正熙政府と比べると実施する意志や指導力が弱かったのは事実である。しかし韓国経済の構造的問題である貯蓄ギャップと外国為替ギャップを克服する方策として輸出を拡大し、生産財産業を育成して自立経済を構築しようとした開発戦略は1950年代後半からすでに認識されていたし、その試みもあったのである。このような点において朴正熙政府の下で進められた開発戦略はドラスティックな政策転換ではなかった。

5．おわりに

　1950年代という時期は、植民地経済と60年代の高度成長経済とをつなぐ過渡期的な特質を有していた。植民地経済構造が崩壊し南北分断の下で出発した韓国経済は、新しい経済体制と再生産構造を築き、朝鮮戦争による破壊からの再建を行わなければならなかった。本章は、このような経済復興の成否を左右する対外貿易に分析に焦点を当てた。分析結果を整理すると次のとおりである。

　第一に、米軍政期および1950年代における対外貿易は正常な形で運営されなかった。米軍政期の貿易規模は急激に縮小した。48年の貿易規模は、植民地期の貿易構造の解体や外国為替の不足、輸出の低下などにより、39年と比べ2％の水準であった。また、この時期の貿易は香港と中国の商人を媒介とした仲介貿易であった。朝鮮戦争後50年代における対外貿易は、生産基盤が破壊された結果、輸入需要は急激に増加する反面、輸出実績は極めて低かった。この構造によって生じた外国為替のギャップは、貿易外収支の収入と輸入額の73％を占めていた援助を通じて補充された。

　第二に、経済復興に対する援助の影響は輸入物資によって方向が定められた。

李承晩政府は、長期的な観点から破壊された消費財産業を再建・拡充し、生産財産業の建設・育成を積極的に進めようとした。それに対してアメリカ政府は、短期的な観点から経済安定を達成しようとしたため消費財産業において緊急に必要な原料、中間財などを導入しようとした。当時の代表的な輸入品20品目は原料、燃料、中間財が大半であり、最終消費財の割合は16％に過ぎなかった。原料と中間財の輸入は、食料品産業と繊維工業の再建と成長に大きく貢献した。しかし、援助に依存した輸入代替工業化は、消費財産業だけを発展させる結果をもたらしたのである。

　第三に、韓国政府は、アメリカの援助政策の変化と同時に、自立経済に努めた。韓国政府は援助を代替できる輸入財源として輸出に注目するようになった。韓国政府の輸出に対する認識変化は、1956年末に輸出5ヵ年計画案を樹立し、59年末に策定された経済開発3ヵ年計画において年平均輸出成長率を高く設定したことに示される。輸出支援も50年代後半から強化され、輸出1ドル当たりの輸出補助金は、この時期から大幅に増加した。さらに韓国政府は、以前と次元を異にする総合性をもつ経済開発計画を作成し始めた。この総合経済開発計画の投資計画は、肥料、人造繊維、石油精製業、機械、造船業、セメントなど援助経済において排除された重化学工業の建設に集中した。韓国政府は、50年代後半から援助に依存しない自立経済体制の構築を試み始めたのである。

　1960年代における高度成長体制は、従来の研究において朴正熙政府の出現とともにドラスティックに登場したと評価されている。しかし、50年代に形成された制度は部分的で工業化戦略に対する認識も萌芽的ではあったが、外国為替ギャップを埋めるために積極的に輸出を拡大させ、重化学工業の輸入代替を進める開発戦略は明確に形成されていた。経済成長の前提は50年代後半からすでに形成され始めていたのである。

（訳：宣在源）

注
1) このような見解は、韓国の経済成長が国際的に認識され始めた1970年代半ばから提起された。代表的な研究は韓国開発研究院（Korean Development Institute）とハーバ

ード大学国際開発研究所（Harvard Institute for International Development）が共同で進めた一連の研究がある（金光錫・Larry E. Westphal『韓国の貿易・外援：産業開発戦略的アプローチ』韓国開発研究院、1976 年、Kim, Kwangsuk・M. Roemer（金哲顯訳）『成長と構造転換』韓国開発研究院、1979 年、A. Krueger（田英鶴訳）『貿易・外国為替と経済開発』韓国開発研究院、1980 年、司空壹・L. Jones『経済開発と政府および企業家の役割』韓国開発研究院、1981 年、金満堤・E. Mason ほか『韓国経済・社会の近代化』韓国開発研究院、1981 年。
2）商業資本と官僚資本の形成問題は、政府と企業の関係において特恵が存在していた点に注目している。最近この問題は、低為替レート政策が「正しかったのか、そうではなかったのか」という問題として議論されている。
3）自立経済（self-sustaining economy）は2つに分けられる。一つは「貿易依存を最小にし自給部門を最大にする」自給自足経済（autarky economy）を志向することである（朴玄採「自立経済実現のための模索」金潤煥ほか『韓国経済の展開過程』ドルベゲ、1981 年、295 頁）。もう一つは、国内で不足の物資を輸入し、それを調達するための輸出を積極的に奨励するなど、開放経済体制を維持しながら自ら再生産できる構造を備えることである。初期の研究者の大半は自立経済を前者の意味で受け止めたが、韓国において実際行われた自立経済は後者であった。本研究における自立経済は特別な言及がない限り後者の意味である。
4）米軍が韓国へ進駐した 1945 年9月8日から大韓民国政府が樹立される 48 年8月までを米軍政期という。
5）植民地期朝鮮における対外貿易統計は、日本との交易に対しては移出入、その他の国家との交易は輸出入と区分して作成されたが、本章においては輸出入という項目に統一した。
6）「国務長官代理が駐ソ大使に」1946 年7月13日（金国泰訳『解放3年とアメリカ』ドルベゲ、1984 年）316 頁。
7）米軍政法令第 57 号「日本銀行券、台湾銀行券の預け入れ」は、1946 年3月2日から7日までに指定された金融機関に1ウォン券以上の日本銀行券と台湾銀行券を預け入れることを指示し（第1条イ）、同年3月7日以降は、それら銀行券による輸出、輸入、領収、支払い、あるいは故意の所有・占有、その他の移転など、あらゆる取引とそれに関連する行為を禁止した（第1条ロ）（韓国法制研究会『米軍政法令総覧』71 年、173 頁）。
8）外国貿易規則第1号「免許および輸入、輸出の許可」（1946 年7月12日）。
9）貿易統計を当時通用した韓国通貨で整理した理由は2つあった。一つは韓国政府が韓国通貨表示の貿易統計だけを作成したためであり、もう一つはドル金額で換算する際に適用される外国為替が決められていなかったためである。
10）朝鮮銀行『経済年鑑』1949 年、Ⅳ～157 頁。

11) 政府樹立以降、外国為替統制は、大統領令第 132 号「対外貿易その他取引の外国為替取り扱い規則」（1949 年 6 月 13 日）、大統領令第 324 号「外国為替管理規定」（1950 年 4 月 10 日）、法律第 138 号「韓国銀行法」（1950 年 5 月 3 日）に基づいて行われた。その内容を整理すると「韓国内に居住する韓国国籍を有するすべての個人や法人は輸出、用役の提供、海外からの送金など多様な経路を通じて得られた外国為替を韓国銀行の指定された口座である民間外国為替口座に預け置き」しなければならないという外国為替預け置き集中制度を採択したことであった。これは 1961 年 2 月に外国為替売り上げ集中制度に変更されるまで維持された。50 年代韓国の外国為替管理制度に関するより詳細な内容は、崔相伍「1950 年代外国為替制度と外国為替政策に関する研究」（成均館大学校博士論文、2001 年）を参照すること。
12) 商工部告示第 44 号「対外貿易業者登録制」1950 年 2 月 1 日。貿易業の登録には一定額の輸出入実績が必要であり、これによって定期的に業者を整理していた。
13) 韓国貿易協会『韓国貿易史』1972 年、240〜241 頁、韓国産業銀行『韓国産業経済 10 年史』1955 年、1042 頁。
14) 統計庁『統計で見た大韓民国 50 年の経済社会像』1998 年、116 頁。
15) 韓国政府と駐韓国連軍との取引および外国為替収入とそれを含む貿易外収支などに関するより詳細な内容は、前掲「1950 年代外国為替制度と外国為替政策に関する研究」を参照のこと。
16) 1953 年 2 月に貨幣改革が実施され貨幣単位がウォン（圓）からファン（圜）へと変更され、交換比率は 100 ウォン対 1 ファンであった。
17) 内務部統計局『大韓民国統計年鑑』1953 年、212〜229 頁、韓国銀行『国民所得年報 1953-1967』1968 年、14 頁。この調査はインフラ、一般住宅、一般企業のような有形資産の破壊に限定され戦争被害を過少評価しているが、朝鮮戦争により発生した被害状況に関する有用な情報を提供している。朝鮮戦争後の経済復興を把握するためには各企業の被害状況が主要な指標になるが、戦前と比べて戦後の工業生産施設は半分程度が破壊された（韓国産業銀行『韓国産業経済 10 年史』1955 年、996〜997 頁）。
18) Krueger, Anne（田英鶴訳）『貿易、外援と経済開発』韓国開発研究院、1981 年、93 頁。
19) アメリカ政府は、韓国政府に無償で提供された援助物資を、有償で販売し積み立てさせ、これを見返り資金とした。したがってこの時期の見返り資金の積み立てを決定する援助物資の販売価格、また見返り資金をどのように運用するかが韓国経済の再建に重要な影響を与えた。この問題をめぐって、韓国政府とアメリカ政府は鋭く対立した。これは短期的な観点から経済安定を達成しようとしたアメリカ政府と、長期的な観点から経済復興を追求しようとした韓国政府の経済再建目標の違いから生じたもので簡単には調整できなかった。見返り資金とその運用をめぐる韓国政府とアメリカ政府間の議論の詳細は、崔相伍「1950 年代韓国の外国為替レート制度と外国為替レート政策」（『韓国経

済研究』第 9 巻、韓国経済研究学会、2002 年)、崔相伍「承晩政府の経済政策と工業化戦略」『経済史学』第 35 号(経済史学会、2003 年)、Choi, Sang-oh "Evolution of Aid-depending Economy and Search for Self-sustaining Economy", *The Review of Korean Studies*, Vol. 10, No. 4(The Academy of Korean Studies, 2007)を参照のこと。

20) 財務部『対韓経済援助事業推進現況』1959 年、71〜98 頁。
21) 韓国銀行『国民所得年報、1953-1967』1968 年、82〜85 頁。
22) Cole, David and Princeton Lyman, *Korean Development: The Interplay of Politics and Economics*, Harvard University Press, 1971, p. 158.
23) 一般的には援助と外国為替に対する談話は貿易に含めなければならないが、上記の貿易件数には含めず民間企業の輸入と輸出に関する談話のみとした。この期間中に発表された大統領談話の総件数は 627 件で、経済に関する談話が 18%を占めていた(公報処『大統領李承晩博士談話集』第 1 集、1953 年、公報室『大統領李承晩博士談話集』第 2 集、1956 年)。
24) 林鍾哲「韓国貿易の発展」(『経営論集』ソウル大学校、第 4 巻第 4 号、1970 年)43 頁。
25) 韓国銀行『国民所得年報 1953-1967』1968 年、16〜17 頁。
26) 商工部『輸出 5 ヵ年計画と輸出振興要領(案)』国家記録院文書、1956 年、商工部『輸出振興のための当面の施策上程の件』国家記録院文書、1958 年。
27) 興部産業開発委員会『経済開発 3 ヵ年計画』1960 年、422 頁。
28) 1950 年代前半期の代表的な輸出入リンク制は特恵外国為替制度であった。これは輸出の中で占める割合と採算を考慮し、品目別に輸出賞与率、すなわち特恵外国為替を定め、特恵外国為替を通じて輸入できる対象輸入品目の中に採算性の高い商品を含めることで輸出を間接的に支援するものであった。50 年代後半期の「輸出ドル優遇策」と 60 年代初期の輸出入リンク制度および特恵外国為替制度は、同様の仕組みで施行された輸出支援政策であった。異なる点は特恵外国為替制度では輸出を通じて得られた外国為替の一定の割合だけを採算性の高い商品を輸入する際に使えたが、輸出ドル優遇策と輸出入リンク制においてはそのような制限はなかった。
29) 崔相伍「李承晩政府の経済政策と工業化戦略」(『経済史学』第 35 号)142〜147 頁。
30) 同上、147 頁。
31) それ以降においても韓国の輸出は毎年速く伸びていたが、1964〜79 年における年平均輸出成長率は 38%であった(韓国貿易協会『貿易年鑑』1975 年、572〜573 頁、韓国銀行『経済統計年報』1981 年、206 頁)。
32) 憲法第 1 号「大韓民国憲法」1948 年 7 月 17 日、第 85 条、第 87 条。日本政府および日本人個人所有財産は、帰属財産として指定され、解放後には米軍政所有になり、政府樹立以降には韓国政府所有に転換された。
33) 法律第 1 号「政府組織法」1948 年 7 月 17 日、第 34 条。企画処は 1955 年 2 月に復興

部へと改変され、復興部は61年7月に経済企画院へと再編された。
34) 企画処「1954年度韓国経済復興計画」公報処、『週報』第78号、1953年、10〜20頁。1950年代の計画機構としての企画処および復興部の組織と機能に関する詳細は、崔相伍「1950年代計画機構の設立と改変：組織と機能変化を中心として」(『経済史学』第45号、2008年) を参照のこと。
35) この計画は1958年から準備され、59年末には最終的に完成されたのち、60年4月に国務会議を通過した。3ヵ年計画以前の経済計画は経済全体の成長率のような総量目標を設定しないまま、特定産業に必要な原料および半製品の消費計画や、特定工業の再建計画を並べただけであった。しかしこの計画は人口増加率、1人当たり所得増加率、就業者増加率、労働生産性増加率などを考慮して経済成長率目標を設定し、それを達成するために14の部門別計画を策定しており、各部門別の具体的な投資計画を作成し、計画の総合成果に関する一貫性が保証された (復興部『経済開発3ヵ年計画』1960年)。
36) 経済開発3ヵ年計画において製造業の投資計画が提示されたのは、肥料、鉄鋼、セメント、ソーダ、パルプなど5つの事業であり、これらの製造業投資額に占める割合は20％を下回っていた (前掲『経済開発3ヵ年計画』654〜657頁)。
37) 復興部『韓国経済復興計画書』1955年、75〜76頁。
38) 同上、77〜78頁。1954〜60年において製造業総投資額において肥料工業が占める割合は23％であった (同、75〜76頁)。

第Ⅱ部

資本と技術

第4章　金融制度と金融市場
―― フォーマルとインフォーマルの二重金融構造の視点から

李 明 輝

1. はじめに

　本章の目的は、1945年の解放直後、米軍による軍政が実施されてから韓国政府によって経済システムが構築される60年までを対象に、金融システムの形成過程を制度の再編と市場の反応を中心に概観することである。

　韓国人が直接経験した近代的な金融制度は、植民地期の日本の制度であった。解放と同時に、独自の通貨体制と金融システムを構築することが課題になったが、南北分断と朝鮮戦争による混乱の中、1953年以降ようやく通貨、金融制度、金融機関の本格的な整備が始まった。通貨の回収を始めとする3度にわたる通貨改革と韓国銀行の設立、銀行法の制定と一般銀行の民営化、そして産業金融機関の設立の過程において大企業は、援助物資の配分と、フォーマルな金融機関を通じた政策金融の恩恵を受けることができた。しかし、一方で、そこから排除された零細商工業者は伝統的なインフォーマルな信用組織を利用し、生計と生業資金を調達するという金融市場の二重性が形成された。

　1961年5月16日に発生した軍事クーデタを契機に設立された朴正煕軍事政府は、銀行の国有化、通貨改革、高利債の整理事業などを断行しながら50年代の金融秩序を全面的に否定し、それとの差別化を前面に押し出した。その影響により、50年代は60年代の高度経済成長を際立たせる役割に転落し、本格的な研究対象として注目を浴びることはなかった[1]。既存の50年代研究は、テーマや対象が限定されており、通史の一部として言及されているのが現状である。通史における50年代の金融に対する評価を見ると、金乗柱[2]は「相対的に市場経済の原理と自由企業主義に対する志向性が目立つ時代」とし、D.

C. Coleと朴英哲[3]は「近代的金融機関の衰退期」、尹錫範[4]は「開発金融体制のきっかけが整備された時期」、そして裵永穆[5]は「近代的金融体制からの連続と断絶が共存する金融制度の再編がなされた」時期としており、いずれも植民地期と区別する一方、60年代とも異なる時代であると規定している。

金融市場の二重構造は植民地期から形成されていたが、1950年代を通じてより一層強化されたという点を本研究では注目したい。洪性囿と李昌烈は50年に提示されたアメリカ諮問団、韓国金融専門家、学界の研究者グループらの新しい金融システムの構想を検討し、60年代初頭の特質を究明した。洪性囿[6]は戦時財政が戦後にも持続し、復旧と復興資金を中央銀行の発券力に依存することによって、インフレ的蓄積が発生したことを指摘し、李昌烈は民間の資金調達源を分析した。これらの研究によって明らかになったことはフォーマルな制度とインフォーマルな制度によって分節された金融市場であった。すなわち、農家、都市の零細商人と庶民は、質屋、貸金業、契（第4節にて詳述）などの伝統的な民間信用組織を活用し、生計・生業資金を調達していた。その反面、金融機関は政策金融の供給に重点を置いていたため、一般庶民が銀行などのフォーマルな金融機関を利用することは容易でなかった[7]。彼らは自給的な民間金融ネットワークを通じて資金を調達したため、高利による負債が累積していた。民間の資金流通はフォーマルな金融機関ではなく、インフォーマルな金融ネットワークによって成り立っていたことは、U. Tun Wai[8]の研究でも明らかにされている。このような特徴を持つ50年代の韓国金融は、新興独立国の金融システム設計に参加した研究者の助言[9]や、途上国金融理論においてもしばしば指摘された[10]。

金融市場の二重構造は韓国だけの特性ではなく、ほとんどの開発途上国において現れる一般的特徴である。しかし、その歴史的展開と役割は異なっており、近代的金融制度の発展に従って二重構造が解体されることもあるが、強化されることもある。また、二重構造が経済成長に寄与する国もあるが、貧困の罠に陥る場合もある[11]。

本研究では、独立した通貨秩序と金融制度により多様な資金需要に対応した金融市場が、二重構造を備えるようになる1950年代を対象に、韓国の金融シ

ステムの初期の形成過程を考察し、二重構造の役割と機能を考察する。まず第2節では、独自通貨による通貨改革と中央銀行の設立を考察し、第3節では植民地期の金融制度が韓国の金融制度に再編される過程を、一般の銀行と長期開発銀行の設立を通じて検討する。第4節ではインフォーマルな伝統的信用ネットワークを考察し、二重の金融構造を持つ50年代の金融市場の特長を明らかにする。

2．通貨発行体制の樹立

(1) 通貨交換措置から通貨改革まで

　解放直後、分断国家である韓国が自立を達成するために解決しなければならなかった課題は独自の通貨圏の構築であった。解放後の通貨管理は、戦時統制期の朝鮮銀行臨時特例法に従って運営された。戦時統制期の通貨発行は一定割合の正貨と保証準備に基づく規制を受け、限度額外の発行に対しては発行税を付加する方式で、日本銀行券による兌換体制下での最高発行額を設定していた。しかし解放後、制限外発行が免税され、政府の管理下で通貨発行が弾力的になった[12]。

　1930年代後半の戦時経済以来、悪性インフレの発生要因が潜在しており、さらに政治状況が複雑な中、安定的な発行体制を整えることは至難であった。日中戦争期におけるソウルの卸売物価の上昇率は年間15％以上に及んだ。太平洋戦争期には物価上昇が抑制されたが、通貨の増発により物価上昇要因が蔓延していた[13]。解放以降、米軍政が朝鮮銀行を接収する前の約1ヵ月間に朝鮮銀行券の発行残高は急増し（8月末の79億9,000万ウォン［圓］から、9月末には86億8,000万ウォン）、その後も、治安維持費の増加と財政赤字を補塡するために朝鮮銀行からの政府貸上金が増加し、通貨価値は急落した。

　最初の通貨問題への対応は、1948年4月7日に行われた100ウォン券の回収であった。北朝鮮で流通していた100ウォン券が流入する可能性を遮断するためであった[14]。

2回目の通貨回収（1950年9月15日）は、朝鮮戦争期に北朝鮮軍が韓国に流通させた通貨（朝鮮銀行券）が対象になった。朝鮮戦争の勃発に伴って「事変収拾非常経費予算」が編成され、全ての予算は1ヵ月単位で臨時に運用された。軍事費は韓国銀行借入金（通貨発行）で賄われ、所要物資は農民より現物税として徴収し、武器などの戦争物資は国連から供給された。国連軍の駐屯経費は韓国銀行から「国連軍貸与金」がウォン貨として支出された。この貸与金は貨幣発行高の大部分を占めた。一方、韓国を占領した北朝鮮軍が必要物資を入手する際に流通させたのが「赤性通貨」といわれる朝鮮銀行の1,000ウォン券および100ウォン券であった。このような状況を受け、大統領緊急命令第10号「朝鮮銀行券流通及び交換に関する件」によって朝鮮銀行券は韓国銀行券に交換され、1950年9月24日から53年1月16日まで5回にわたり交換措置が断行された。第1回には額面通りに朝鮮銀行券と韓国銀行券が交換されたが、第2回以降は、2万ウォン以上を指定金融機関に預け置き、引き出しは週当たり2万ウォン、月当たり5万ウォンまでとする制限が加えられた。この措置を通じて719億ウォンの朝鮮銀行券が韓国銀行券に交換され、158億ウォンの預金が金融機関に預け置かれた。

しかしこの交換処置にもかかわらず、通貨の信頼性は回復できなかった。また戦争期には過剰流動性や物資の供給独占による戦争特需を狙った投機により、貨幣価値の下落を予想した者が貨幣保有を忌避した結果、外貨に対する投機的な需要が発生した。政府が発行した通貨が実際に流通しないという現象は、軍費を通貨発行に依存した政府にとって深刻な脅威であった。外貨は韓国に駐屯していた外国軍が必要とする物資を入手するために活用されたが、韓国貨幣より信頼性が高かった[15]。

2度の通貨交換に続く本格的な通貨改革は1953年2月に行われた。通貨価値の安定と資金の調達を図るため、流通している全ての類似通貨を整理し、新通貨に切り換える改革であった。政府の発表による通貨改革の趣旨は次の3つに要約できる。

まず、国連軍の駐屯経費の決済方式であったウォン貨貸与が中断されるに当たって[16]、ウォン（圓）通貨体制をファン（圜）通貨体制に変更した。次に国

連軍貸与のウォン貨の精算と、外国の援助により増加する外貨に新たなファン貨をリンクすることで、通貨の健全な対外価値を確保しようとした。最後に全ての取り引き単位を 100 分の 1 にして、通貨の対内価値を回復しようとした。物価の上昇要因を除去（過剰購買力の吸収）して、資金を産業資金に移し、通貨量を把握することで通貨金融政策の実効性を高め、価格メカニズムが作動可能な基盤を整えようとするものであった。これらは戦時におけるインフレにより利益を得ようとした投機性資金ならびに高利貸資金の蓄積を遮断し、課税対象より離脱したグレーゾーンの税源を捜し出すことが目的であった。

通貨改革は第 1 段階の緊急通貨措置（大統領緊急命令第 13 号）ならびに第 2 段階の緊急金融措置（法令 227 号）により施行された。第 1 段階の緊急通貨措置は、既存の貨幣単位をウォンからファンに変更し、旧 100 ウォン券を新 1 ファン券と直接交換するデノミ方式であった[17]。第 2 段階の緊急金融措置は預金の凍結および支払い制限方式により、違法性の高い資金および過剰購買力の吸収、国税の滞納分の一掃および延滞貸出金の回収などを目的とした。その結果、第 1 段階の通貨措置では旧券の回収実績が 97％ に達し[18]、第 2 段階の金融措置を通じて対象金額（8,945 億ウォン）の約 24％（2,207 億ウォン）が凍結された。これは 1953 年 1 月当時の総通貨量 1 兆 2,400 億ウォンの 17.7％ に相当し、民間による貨幣保有高の 1 兆ウォンの約 22％ にあたるもので、過剰購買力の削減に相当な役割を果たした[19]。

あわせて 1953 年の通貨改革によってインフレの主犯とされた国連貸与金関連の米ドルとファン貨の交換比率が終戦当時の 600 分の 1 から 60 分の 1 に変化され、新券に対する公信力も認められて、通貨価値も上昇した。また、申告された旧券の口座を通じ滞納された国税が精算され、税源も確保された。

しかし政府が意図した貯蓄資金の動員と、高利貸資本の産業資本への誘導は達成できなかった。実際に総預金の約 35％ が申告されたが、世帯総数の 15％ である 60 万世帯から 30 億ファン以上という目標値が、その 1％ に満たない 4,000 世帯からの 13 億ファンに留まった。預金の凍結と支払い制限を主要手段とした、グレーゾーン資金の吸収、過剰購買力の吸収、滞納国税の一掃、延滞貸出金の回収などの最終目標は達成できず、結果としては一時的な物価の安定

表 4-1 農家の現金化率と収支

年	総収入(%)	総支出(%)	農家収支(ファン)
1954	36.5	39.9	− 2,458
1955	36.0	37.7	4,006
1956	33.0	33.9	2,578
1957	33.0	3.3	− 1,641

出所：農業銀行調査部『農業年鑑』1958年、325頁。

と一部の過剰資金が吸収されるにとどまった。

これは農家の現金保有比率が大きくなかったことと関連している。表4-1では現金収入の割合が1954年には36.5％、現金支出の割合が39.9％に留まっている一方、農家の自家消費分と現物取引が60％を超え、耕作地が0.3町未満の貧農の場合には現金を融通することが難しかった。現金取引は一部の公共料金や農業支出などに限られており、その代わりに現物取引が依然として農村社会のさまざまなところで行われていた。結局のところ通貨改革が生計と直結する領域に影響を与えるまでには至らなかったのだが、これは負債に依存する家計には預金通貨の活用度が低く、インフレの影響を被らない現物を中心とした民間金融領域が強固に存在していたからである。

(2) 韓国銀行の設立と通貨金融機構の整備

金融専門家の不足[20]や中央銀行の設立に際する主導権争いにより発券機構の整備が遅滞する中で[21]、植民地期に中央銀行の役割を受け持っていた朝鮮銀行は、1947年から自主的に中央銀行の設立準備に着手した。国会と援助当局に提出した中央銀行法案を基礎に財務部案が策定された。一方、米国は、新生独立国家の中央銀行と金融制度を米国の主導のもとに整備しようとした。このため連邦準備制度理事会の調査局長であったBloomfieldと、監査局次長のJensen、そして朝鮮銀行の張其栄、申秉鉉、金正濂、宋正範が参加する形で韓国銀行法案および銀行法案が作成され、50年5月5日に韓国銀行法と銀行法が制定された。

韓国銀行法により資本金15億ウォンの政府出資法人として設立された韓国

銀行は、独占的発券銀行になっただけでなく、植民地期の朝鮮銀行が持たなかった金融機関および政府の銀行としての役割を持ち、金融機関の健全性を保障するための監督と規制に関する権限、そして外国為替政策および通貨金融政策の各種手段（公定歩合、支払準備率、公開市場操作等）を行使できるようになった[22]。

また、韓国銀行法に基づき通貨金融政策および韓国銀行の業務に関する最高決定機関として金融通貨委員会が設置され、政府の信用供与を通じたインフレを制御する制度が整えられた。金融通貨委員会は財務部長官、韓国銀行総裁、金融機関代表者（2人）、大韓商工会議所、農林部長官、企画処経済委員会の推薦者（それぞれ1人）からなり、財務部長官が委員長を務めた（表4-2）。韓国銀行は金融通貨委員会の決定に従って通貨・金融・外為政策の主要業務を果たし、政治圧力や財政の要求から不完全ながらも自由となり[23]、銀行などの金融機関に対して監督と統制力を行使することができた。しかし、信用供与に関する政府の要求を遮断できる実質的な防御手段を持たないだけでなく、財務部長官が委員長であり、また政府長官らの推薦者により構成されたため、自律性には限界があった。

物価安定が通貨政策の重要課題であったことから、政府の通貨発行要求による通貨増発をコントロールするため、韓国銀行法では政府貸上金と貸出制限を

表4-2　初代金融通貨委員会の構成と経歴

選出機関	委員名（職責）	学歴および経歴
財務部	崔淳周（長官）	延専商科、米国ニューヨーク大学、延専商科教授、朝鮮銀行総裁
朝鮮銀行	具鎔書（総裁）	東京商大、朝鮮銀行勤務、韓国銀行設立委員会準備委員
金融機関	張鳳鎬	京成法専、殖産銀行、貯蓄銀行勤務、殖産銀行総裁
金融機関	河祥鏞	山口高商、朝鮮金組連理事、副会長
大韓商工会議所	李定宰	朝鮮商工会議所 常任委員、豊林鉄鋼株式会社代表、朝鮮麦酒代表
農林部	尹潽善	イギリスのエディンバラ大学、米軍政農商局顧問、ソウル市長、二代目の商工長官
企画処経済委員会	洪性夏	日本中央大学、制憲議員、国会財経委員長

出所：精神文化研究院『韓国民族文化大百科事典』1980年（尹錫範ほか『韓国近代金融史研究』1996年、332頁より再引用）。

規定する計画だった。しかしその実効性には疑問があることから規定は緩和され、代わりに政府の通貨増発の安全装置として採択されたのが、政府の韓国銀行借入れ限度の国会承認であった。こうした政府債務法定主義は通貨増発をコントロールする最小限の統制装置であるが、その限度を合理的に定めることは難しく、実効性もほとんどなかった。

このような限界にもかかわらず、韓国銀行法によって設立された韓国銀行は、1960年代以降の財務部に従属した韓国銀行に比べれば、独立性と自立性を持っており、通貨政策の運用面でも限定的ではあるものの、発言権を行使した。

3．金融制度の整備と金融機関の設立

(1) 銀行法の制定と一般銀行の民営化

解放直後、日本の金融制度下に運営されていた韓国の公的金融機関は存続の危機に立たされた[24]。日本の資本市場で債権を発行できなくなり、また預金の28％を占める北朝鮮内での支店が営業を中断したことも打撃となった。政治的不安による預金の引出しが続き、45年8月15日から9月末までに総預金量の40％が引き出された。金融機関に対する信頼も揺らぎ、体制転換の不安による資産価値の下落、そして物価上昇の影響で、預金を保有しようとする合理的な動機がなくなった。特殊金融と業務領域が分化されていた植民地期の金融機関は、商業金融のみを受け持つことになったが、すぐに経営危機に立たされた。米軍政は財政資金を一般銀行へ分散・預け置くなど収支改善の支援をしたが、銀行経営陣の退陣による人材不足と銀行に対する監督制度の不備により、銀行の財務構造は悪化の一路をたどった。

金融制度の整備と金融機関の再建が急務であったが、銀行が保有する債権の処理と銀行監督権の問題に関しては、1950年の韓国銀行法ならびに銀行法の制定後、54年になってようやく着手された。これは韓国銀行と財務部の間の銀行監督権をめぐる攻防が長期化し、経営改善と組織再編に関する見解の違いが埋まらなかったためである。韓国銀行は韓国銀行法によって日本式の金融制

度を清算し、米国の連邦準備制度理事会が派遣した顧問団の勧告に沿って、金融通貨委員会から一般銀行の監督権を譲り受けようとしたが、当時の監督権者である財務部財務局はそれを維持しようとした。政府が保有していた帰属銀行株が民間に払い下げられれば、銀行に対する政府の統制権限が縮小すると予想したためである[25]。

　また、一般銀行法では払込資本金が1億ウォン以上、自己資本対危険資産の比率が10分の1と一般銀行の資産構造を規定[26]したが、当時この基準を充足することのできる銀行は皆無だった[27]。それ以外にも一般銀行法は支払準備金の保有義務と危険資産の保有制限を規定したため、経営難を弾力的に打開するには制約が多かった[28]。融資額全体の約26%が滞っており、韓国銀行に対する借入金の依存率が高かった銀行の資本力と経営状態を見れば、銀行法実施の前提には、一般銀行の全般的な構造調整が必要であった。財務の安定計画に沿って貸出し規制をするには、韓国銀行からの借入金が縮小しても経営破綻を回避できるよう、増資、不良債権整理、不要資産の清算、帰属株の払い下げや資産再評価などが不可避であった。

　1954年から銀行合併、民営化、資産の再評価を通じ、一般銀行の大々的な構造調整が断行された。まず、経営実績が最も低調で資金力が脆弱だった信託銀行と商工銀行を統合し、韓国興業銀行を設立した。これは後に続く帰属銀行株の民間への払い下げのための事前措置であった。表4-3のように政府が保有する銀行株の払い下げを通じ、民営化が銀行法を根拠に推進された。民営化の対象は朝興銀行・韓国商業銀行・韓国貯蓄銀行・韓国興業銀行の4銀行であり、管財庁、財務部、韓国銀行の人員で構成された推進委員会は「銀行帰属株払下要綱」を公布した。払い下げの原則は、縁故や優先権を排除した公募、独占防止のため払下げ単位株数の設定、払下げ代金の全額一時支給、政府査定価格以上での落札、2年間の名義交換禁止などであった[29]。

　しかし、1954年11月より始まった株式の第1次、第2次公募は流札となり、第3次から第6次までは応札者がなかった。公売を持続するためには公売原則の緩和が必要になり、株式の独占を防止するための入札口数と譲渡制限が金融通貨委員会の要求[30]によって緩和され、最低競売価格も引き下げられた。政府

表 4-3 金融機関別株式所有者の比重（1948 年 12 月）

(%)

金融機関	帰属株	金融機関所有	民間所有
朝鮮銀行	76.2	20.3	3.5
殖産銀行	79.2	14.1	6.7
朝興銀行	5.1	41.0	53.7
商業銀行	29.0	35.4	35.6
貯蓄銀行	37.2	56.5	6.3
商工銀行	65.7	24.8	7.5
信託銀行	26.2	64.4	9.4
合計	69.5	21.4	9

出所：Bloomfield &. Jensen, *Banking Reform in South Korea*, 1951, p. 81.

は銀行の財務諸表、財産目録およびその他価格決定に必要な情報を公開し、売却代金の完納以前にも銀行経営権を行使できるようにするなど、公募への参加条件を緩和した。

1957 年に再開された払下げ公募には、三星（李秉喆）、大韓産業（薛卿東）、三護紡織（鄭在護）などの主要大企業が参加した。少数による株式独占の弊害を防止するために制定した原則は、現実的に銀行経営を正常化させることのできる企業を選定する方式に転換、三星などの少数企業による株式獲得が可能になった[31]。その結果、三星は朝興銀行と興業銀行、三護紡織は貯蓄銀行、大韓製粉は商業銀行の大株主となり、三星は 4 つの銀行のうち 3 つの銀行の株を獲得し、2 つの銀行の大株主となった（表 4-4）。

銀行の民営化は一般銀行の経営悪化を打開するための手段であり、中央銀行の監督による民間主導の金融を構想していた米国の連邦準備制度理事会の専門家によるモデルに従ったものであった。その構想では政府財政からの独立と自律、民間銀行家の育成を通じた金融発展を目標とした。政府が一般銀行の支配権を持つこととなった場合、政治的な圧力と短期的な干渉により銀行経営の専門性の確保が難しくなるというのが彼らの主張であった[32]。しかし民営化以降、銀行の支配株主として浮上した大企業は金融費用を削減し、より弾力的な資金運用が可能になった。このため一般銀行の経営を正常化する一方で、偏重した

表 4-4 銀行民営化と株式所有の変化

銀行名	株主	民営化以前 株式数（株）	民営化以前 持分（％）	民営化以後 株式数（株）	民営化以後 持分（％）	1957.3[1] 最大株主（持分率）
朝興銀行	政府、朝鮮銀行	65,158	35.2	30,168	16.3	三星　55%
	閔徳基	32,496	17.6	55,996	30.3	
	鄭雲用	21,695	11.7	26,195	14.2	
	その他	65,614	35.5	185,000	39.3	
商業銀行	政府、殖産銀行	57,100	28.8	—		大韓製粉 29%
	陳永徳（合同証券）	—		57,050	28.7	三星 33%[2]
	大昌興業	35,000	17.6	35,000	17.6	
	その他	106,400	53.6	106,450	53.6	
興業銀行 (1960 以後 韓一銀行)	政府、朝鮮銀行、殖産銀行	645,043	87.5	261,363	35.5	三星　83%
	李秉喆（第一製糖）			383,500	52.0	
	その他	91,956	12.5	92,136	12.5	
貯蓄銀行 (1960 以後 第一銀行)	政府、朝鮮銀行、殖産銀行	88,779	88.8	37,779	37.8	三護　51%
	尹奭駿（朝鮮製粉）	—		51,000	51.0	
	その他	11,221	11.2	11,221	11.2	

出所：林苗民『韓国の銀行史』1963 年、134〜139 頁、裵永穆『韓国金融史』2002 年、396 頁。
注：1）三星秘書室『三星五十年史』1988 年、143〜144 頁。
　　2）興業銀行信託部の持分。

融資に対する弊害と反発を生むことにもなった。5・16 軍事クーデタ直後における不正蓄財の還収措置と銀行の国有化は、こうした民営化の否定的な評価を反映したものであった。これは、韓国で現在まで継続している金融・産業分離の考え方の歴史的背景となっている。

(2) 産業金融制度と金融機関の整備

解放直後、植民地期政府の産業および農業政策を支援する特殊金融機関であった朝鮮殖産銀行と金融組合は、日本からの資金調達が難しくなり、存続の危機に立たされた。1945 年 7 月当時、殖産銀行は韓国全体の預金額の 21％、融資額の 44％を占め、金融組合は預金額の 33％、融資額の 11％を占めており、この 2 つの機関による預貸金は、韓国全体の金融機関の圧倒的な比率を占めていた（表 4-5）。この 2 機関をどのように再建するかが金融システムの整備における核心であったが、物価の安定を目標とした政策基調では、産業資金の財源

表4-5 韓国の金融機関預貸金の比重（1945年7月）

(%)

金融機関	預金	貸出
朝鮮銀行	12.8	27
殖産銀行	21.4	44
朝興銀行	14.3	8
商業銀行	11.1	9
貯蓄銀行	7.5	1
金融組合	33.0	11
総額（円）	4,141	3,595

出所：朝鮮銀行調査部『調査月報』1947年12月、79～80頁。

創出が簡単ではなかった。

　殖産銀行は財源確保のための代案として援助資金口座である見返り資金の活用を提示したが、物価の上昇を誘発しかねないという理由で採用されなかった[33]。産業金融機構の整備は休戦以降、援助資金の拡大によって財源確保が可能になったことで本格的に議論され始め、韓国銀行法や銀行法に抵触しない特別法として韓国産業銀行法（1953年12月）が公布された。これにより、政府が育成、支援する産業の設備資金と、1年以上の運転資金の融資、債券の応募引き受けを目的とする長期開発金融機関として韓国産業銀行が設立（54年4月）された。産業銀行は殖産銀行の資産、負債の一部を引き受け、政府が全額出資し、財務部長官の指示・監督下にある特殊機関として設立され、政府の財政資金が配分される産業政策の支援機関となった。本来産業銀行は産業金融債券の発行を中心とし、政府からの借入れ、見返り資金の勘定、期限付き預金の預け入れなどにより資金を調達する予定であったが、発行債券の引き受け先を見つけられず、韓国銀行および政府融資への依存が不可避だった。産業銀行は法制上韓国銀行の監督下に属していなかったが、借入金および発行債券の引き受けを韓国銀行に依存するしかなかった。また、後半期には見返り資金を通じた調達率が高まり、借款資金を確保するなど、援助および海外資金への依存率が高まった。

　金融組合は、殖産銀行が日本より調達した資金を主要財源としていたため、

表 4-6 産業銀行と農業銀行の資金調達先

(百万ファン、%)

産業銀行	預金		政府借入		見返り資金		産業金融債券		合計額
	金額	比重	金額	比重	金額	比重	金額	比重	
1955年	2,457	7.9	17,534	56.5	9,026	29.1	2,000	6.4	31,017
1956	4,947	7.9	36,134	57.6	17,675	28.2	4,000	6.4	62,756
1957	6,533	6.1	62,850	58.8	29,521	27.6	8,000	7.5	106,904
1958	2,338	2.2	32,751	30.2	57,275	52.9	16,000	14.8	108,364
1959	7,293	5.1	34,295	24.0	85,126	59.7	15,950	11.2	142,664
1960	4,222	2.6	36,395	22.8	98,615	61.8	20,400	12.8	159,632

農業銀行	預金		政府借入		韓銀借入		合計額
	金額	比重	金額	比重	金額	比重	
1956年	15,149	65.6	—	0	7,937	34.4	23,086
1957	16,502	28.9	5,462	9.57	35,089	61.5	57,053
1958	21,432	23.0	54,396	58.41	17,298	18.6	93,126
1959	28,512	27.3	67,391	64.45	8,666	8.3	104,569
1960	30,036	21.8	80,043	58.13	27,615	20.1	137,694

出所:韓国銀行『経済統計年報』1961年、45〜48頁。
注:「見返り資金」(counterpart fund)は、米国が援助を供与する際、受入国政府に援助相当額の勘定を自国通貨で設定するよう指示したもので、政策金融の原資になった。

殖産銀行の資金難の影響をそのまま受けた。解放以降には輸入肥料の供給や営農資金の支援など政府の農業金融を代行したが、新たな資金確保が難しく、農民に対する短期の預貸業務のみを継続した。農家負債の累増と不安定な農産物価格、流通秩序の混乱のなかで、肥料金融など、農業金融の専門機関の設立は急務であったが、全国的に組織網を備えていた金融組合の改編には複雑な手続きが必要であった。何よりも金融業と生産・購買・流通などの事業部門を持つ協同組合の分離、もしくは統合が制度的に確定しなければならなかった。産業銀行の設立を契機に、農業用長期資金の融資の妥当性をめぐる議論が活発になったが、従来金融組合が扱ってきた糧穀、肥料業務が政府に吸収されると、金融組合の存在意義は不明確になった。専門的な農業金融の必要性が切実に望まれるなかで、1956年5月に一般銀行法に準ずる形で農業銀行が設立されたが、韓国銀行の監督下で与・受信の統制を受ける一般銀行として農業金融を行うには制約が多かった。このため57年に農業協同組合法と農業銀行法が制定され、

特殊銀行としての農業銀行と、農業共同組合中央会が設立された。農業銀行は、1年以上の長期貸出しが可能となり、農業支援資金を単独的に扱えるようになった。

4．資金の調達と配分

(1) 一般銀行を通じた資金動員と配分

1950年代中盤の韓国では、中央銀行（韓国銀行）と一般銀行（朝興、商業、興業、貯蓄）、特殊銀行（産業銀行、農業銀行）によって構成される金融制度が整備された。

一般銀行の民営化以前には、金融通貨委員会による一般銀行への規制手段として貸出限度額規制、融資事前承認制（1951年）、生産責任融資制（52年）などによる量的規制と、利子率規制が活用されていた。図4-1のように53年の定期預金金利は4.8％であり、実質的にはマイナスの状態であった。預金財源が不足していた一般銀行は融資額の65％を韓国銀行より7.3％の利率で資金を借入れ、これを18.3％の貸出し利率で運用していた。韓国銀行からの借入れによる貸出し増加がインフレの要因となることを防止するため、支払準備金を預け置くことにしたため、貸出額が増加するたびに韓国銀行への残高も増加したが、56年までの借入依存度は50％に達した。一般銀行の預金は、53年の104億ファンから55年には369億ファンに、60年には1,410億ファンと10倍以上増加したが、その中で定期預金が占める割合は10％程であり、当座預金と普通預金が大部分を占め、長期貸出の財源としては活用できない水準であった。

表4-7の一般銀行の預金を見ると、1953年までの貸出金が預金より多く、預貸率が100％を上回っていることが確認できる。韓国銀行より資金を調達し、これを貸出資金として運用した一般銀行は、国内の貯蓄の動員機能も、資金供給機能も低かった。資金が必要な家計と企業は銀行を利用できず、高い利率を支払いながらも質屋や高利貸しなどのインフォーマルな金融システムを利用するほかなかった。韓国銀行は54年より、一般銀行による融資が預金を超過し

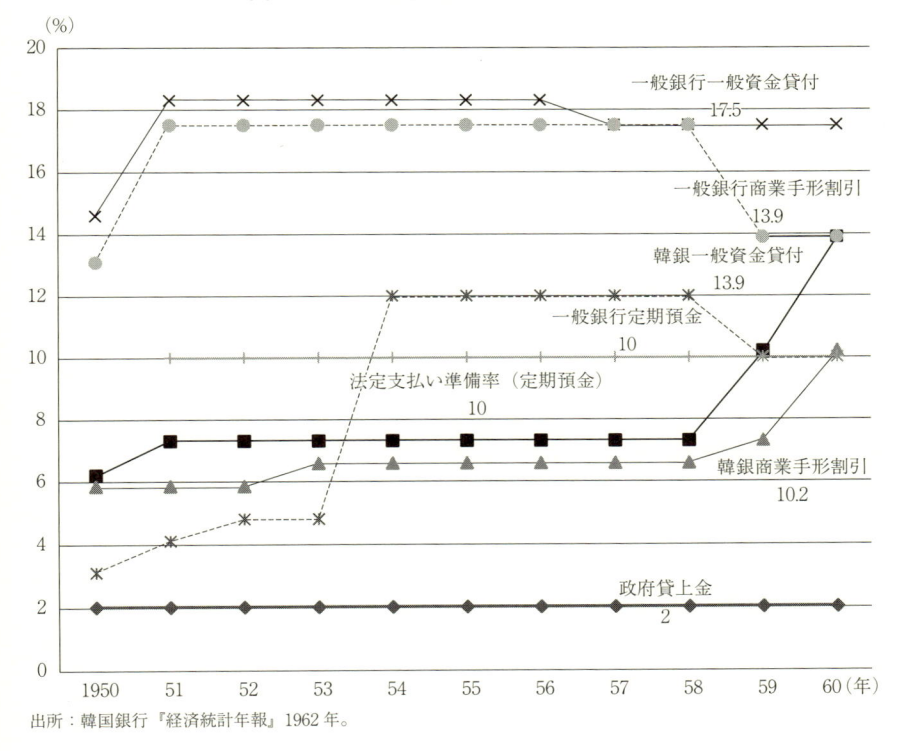

図 4-1　1950 年代の利子率・支払準備率

(%)

グラフ内ラベル：
- 一般銀行一般資金貸付　17.5
- 一般銀行商業手形割引　13.9
- 韓銀一般資金貸付　13.9
- 一般銀行定期預金　10
- 法定支払い準備率（定期預金）　10
- 韓銀商業手形割引　10.2
- 政府貸上金　2

横軸：1950　51　52　53　54　55　56　57　58　59　60（年）

出所：韓国銀行『経済統計年報』1962 年。

ないよう預貸率を管理し、一般銀行も定期預金の利率を 4.8％から 12％に引き上げた。その影響で預金が 2 倍以上増加し、韓国銀行に対する借入金の依存度を引き下げる効果を挙げたが、30％を超える物価上昇率により実質的な預金の利子率はマイナスの状態が続き、その効果は半減された。

　全金融機関の預金総額のうち、80％以上を占めている一般銀行の預金は短期の普通預金や当座預金に集中しているので、実質的な貯蓄動員機能を持つにはいたらず、韓国銀行からの融資の確保が難しくなると通貨性預金さえも貸出資金の財源に活用していたことがわかる。また一般銀行は、農業銀行と産業銀行の設立以降、金融機関全体の融資金額の 28％ほどの与信業務を引き受けた。表 4-8 のうち 1957 年の貸出し状況を見ると、5,000 万ファン以上の上位 153 名

表 4-7　銀行の預金、貸出および比重

(百万ファン、％)

年	一般銀行				預貸率(％)	韓銀借入依存度(％)
	貸出		預金			
	金額	比重	預金額	比重		
1952	5,784		5,077		114	56.5
1953	15,412		10,455		147	64.7
1954	18,831		21,134		89	44.1
1955	30,815	52.8	36,999	93.8	83	42.3
1956	54,559	43.2	57,531	74.0	95	49.4
1957	59,430	29.5	64,303	73.0	92	23.0
1958	76,292	28.9	93,921	79.0	81	13.8
1959	92,969	28.7	108,529	75.0	86	10.8
1960	114,726	28.6	141,011	80.0	81	23.2

年	産業銀行				農業銀行			
	貸出		預金		貸出		預金	
	金額	比重	預金額	比重	金額	比重	預金額	比重
1955	27,510	47.2	2,457	6.2				
1956	53,919	42.7	4,947	6.4	17,852	14	15,149	19.5
1957	92,090	45.7	6,533	7.5	49,851	25	16,502	18.9
1958	105,426	39.9	2,338	2.0	82,564	31	21,432	18.2
1959	141,327	43.6	7,293	5.1	89,617	28	28,512	19.8
1960	158,515	39.5	4,222	2.4	128,421	32	30,036	17.1

出所：図4-1に同じ。
注：貸出欄・預金欄の比重は全貸出額・預金額に占める比重。韓銀借入依存度＝韓国銀行の一般銀行貸出金／一般銀行貸出金。

（貸出し人数の0.8％）が全体の融資額の44％を、そのうち1億ファン以上の融資を受けた者が全体の貸出しの3分の1を、100万ファン未満の73％が9.2％の融資金額を引き受けており、その偏りが深刻な水準であることがわかる。

表4-9から、偏重の実態を大株主である財閥の系列会社への融資額で考察しよう。銀行による融資総額のうち20.1％を三護が、9.7％を三星が占めていることがわかる。4つの一般銀行による大企業への融資額の比率は全体の融資額において約12％ほどであり、そのなかで大株主である2大財閥への比率が80％を超えている。これは事実上、一般銀行が財閥の私金庫であったことを示している。

表 4-8 一般銀行金額別貸出状況

年月	人員数 人	比重	金額 千万ファン	比重	人員数 人	比重	金額 千万ファン	比重
	100万ファン未満				5,000万～1億ファン			
1957.3	13,928	72.5	482	9.2	87	0.5	552	10.5
1958.3	14,100	65.8	525	8.5	78	0.3	528	8.6
1959.3	13,534	62.3	643	8.3	140	0.6	724	10.6
1960.3	12,793	57.8	668	6.9	211	0.5	860	8.8
	100～500万ファン				1億ファン以上			
1957.3	3,795	19.7	903	17.2	66	0.3	1,769	33.7
1958.3	5,529	25.8	1,193	19.3	76	0.4	2,035	33.0
1959.3	5,963	27.4	1,309	16.9	102	0.5	2,651	34.1
1960.3	6,639	30.0	1,616	16.7	119	0.5	3,290	33.9
	500～1,000万ファン							
1957.3	793	4.1	468	8.9				
1958.3	1,072	5.0	688	11.2				
1959.3	1,078	5.0	742	9.6				
1960.3	1,348	6.1	915	9.4			総計	
	1,000～5,000万ファン				人員数		金額	
1957.3	546	2.8	1,079	20.5	19,215		5,253	
1958.3	573	2.7	1,200	19.4	21,438		6,170	
1959.3	904	4.2	1,589	20.5	21,721		7,758	
1960.3	1,129	5.1	2,345	24.2	22,149		9,694	

出所：図 4-1 に同じ、84 頁。

(2) 産業銀行を通じた資金の動員および配分

　産業銀行は全額政府出資の開発金融機関であり、公的資金の配分のために設立された特殊目的の金融機関であった。表 4-7 を見ると、産業銀行の財源における預金の比率は 1958 年に 2％まで縮小しており、また、政府借入金は 55 年の 56.5％から 60 年には 22.8％まで下落した反面、見返り資金が占める割合は 29.1％から 61.8％に増加した。このように調達された資金により、金融機関全体の貸出金における 40％以上を産業銀行が供給しており、援助資金の比重が徐々に増加した。本来、債券の発行を通じて国内企業の長期設備資金を支援する計画であったが、資本市場が未成熟な状況下では債券を消化する余地はなか

表 4-9　1950 年代末における銀行の偏重融資の実態

(億ファン)

1955〜59 年の銀行 総融資額 (A)			1,172		
三星			三護		
系列社	融資銀行	5 年累計	系列社	融資銀行	6 年累計
三星物産	韓一銀行	2	三護紡織	産業・韓一銀行	94
第一毛織	韓国銀行	57	朝興紡織	産業・韓一銀行	92
第一製糖	韓一銀行	27	大田紡織	産業・第一銀行	43
東洋製糖	韓一銀行	17	慶北メリヤス	第一・商業銀行	7
韓国タイヤ	韓一銀行	5			
李秉喆	韓一銀行	0.5			
安国火災	朝興銀行	5			
韓国タイヤ	第一銀行	0.9			
合計 (B)		114	合計 (C)		236
占有率 (B/A)		9.7%	占有率 (C/A)		20.1%

出所：韓国銀行監督部『対市銀業態検査報告』、韓国銀行『経済統計年報』(尹錫範ほか (1996) 362 頁より再引用)。

表 4-10　一般銀行と産業銀行の産業別貸出額 (1958 年)

(百万ファン、%)

	一般銀行			産業銀行		
	総額	設備資金	比重	総額	設備資金	比重
製造業	48,688	2,021	63.8	65,481	56,841	62.1
食料品	9,447	685	12.4	5,329	4,784	5.1
紡績	13,196	829	17.3	13,200	11,410	12.5
化学	3,205	107	4.2	20,180	19,057	19.1
(肥料)	109		0.1	17,448	16,825	16.5
輸送用機械器具	992	53	1.3	6,085	5,046	5.8
鉱業	3,222	368	4.2	9,012	6,674	8.5
建設	1,771		2.3	7,627	2,455	7.2
電気ガス	483	50	0.6	16,463	1,292	15.6
商業	9,095	110	11.9			
総計	76,292	3,410		105,426	84,497	
設備資金比率			4.5%			80.1%

出所：図 4-1 に同じ、56〜63 頁。

表 4-11 産業銀行より融資を受けた企業の業種別・金額別分布
（5 千万ファン以上の融資企業）

業種別		5千万～1億未満	1億～2億	2億～3億	3億～5億	5億～10億	10億以上	合計
製造業	繊維	7	9	6	7	3	4	36
	化学	14	12	6	5	4	2	43
	窯業	1	3	1	1	1	2	9
	金属	4	6	2	2		2	16
	機械	4	6	3	2	1	2	18
	飲食料	8	8	1		3	1	21
	製材木材	1				1		2
	その他製造	2	1	1				4
	小計	41	45	20	17	13	13	149
鉱業		5	2	2	4		1	14
水産業		4			1			6
貿易業		3			1			4
電気業							3	3
運輸倉庫サービス		3	2		1	2	1	10
建設		1		1			1	3
組合団体	漁業関連	4	2	1				7
	その他製造	2		1		1		4
個人		3						3
分類未詳		5	2	3				10
総計		71	54	30	23	16	19	213

出所：不正蓄財調査団『産業銀行 貸付明細』1961 年（孔提郁『韓国資本主義と財閥』1992 年 34 頁より再引用）。

った。

　産業銀行の貸出先は、生産活動を援助に頼っている企業が大部分であった。長期設備資金において産業銀行の比重は絶対的であり、重点融資方式を通じ特定産業および企業を集中的に支援した。表 4-10 の産業銀行と一般銀行の産業別貸出を見ると、産業銀行全体の貸出額の 80％が設備資金に、そして 62％が製造業に貸出され、そのうち化学、紡績分野の割合が高かった。援助物資の配分と関連する産業に優先的に設備投資が行われたためである。

　1961 年までに産業銀行から 5,000 万ファン以上の融資を受けた企業 213 社の融資総額は 144 億 1,338 万ファンに達し（表 4-11）、その比率は 87.8％に及ん

表 4-12　10 億ファン以上の融資業態（19 社）

(万ファン)

業種		会社名	融資額
製造業	繊維工業	金星紡織	320,130
		三護紡織	122,066
		泰昌紡織	593,000
		第一毛織	130,091
	化学工業	忠州肥料	2,531,053
		新興製紙	139,395
	窯業	大韓洋灰	570,000
		韓国ガラス	180,770
	金属工業	大韓重工業	618,992
		三星鉱業	229,108
	機械工業	企亜産業	129,899
		大韓造船工社	273,781
	飲食料	東立産業	482,000
非製造業	鉱業	大韓石炭公社	981,916
	運輸業	大韓海運公社	218,865
	電気業	京成電気	170,809
		南鮮電気	156,024
		朝鮮電業	1,766,503
	建設業	朝鮮住宅営団	892,320

出所：表 4-11 に同じ（35 頁より再引用）。

でいる。そのなかでも巨額の融資対象は援助物資の分配に関連する大企業であり、とくに10億ファン以上の融資は19の大企業ならびに公企業に集中した（表4-12）[34]。こうした偏重に関しては効率性よりも、特恵および自己管理の怠慢など、浪費的な性格が指摘される。

　このように預金利子率がマイナス状態で、一般銀行が預金を運用する方法がなかったため、大部分の企業は私募債市場において年利48～72％で運転資金を調達していた。たとえ銀行から融資を受けたとしても、106種目以上の複雑な金利体系が適用されていた。それゆえに、公的資金を利用した長期融資はそれ自体が利権であった。法定金利と市場金利の格差分が地代的な性格の不労所得であり、浪費的な支出を増長し、さらにこれらが私募債市場で高利貸し営業

を行うなど、銀行融資の流用も深刻であった。

(3) 農業資金の調達と配分

　農業金融は不確実性が高い農業生産を基礎としているためリスクが高いだけでなく、韓国農業の中心である小農経営は、収益性が低く担保力が弱いため信用貸出が不可避であった。このような農業経営の特殊性のため、生産から流通までの全過程と緊密な関係を構築しなければ農民の必要性に応えることは難しい。1958年になってようやく農業銀行と農協が発足し、信用業務および農業支援業務に二元化された農業金融組織が発足した。それまでは植民地期の金融組合が農業資金を供給してきたが、組合組織の稼働率が低く、農業資金は一般銀行の融資額全体の1％、産業銀行の4％を占めるに過ぎなかった。政府は産業復興債の発行により調達した299億ファンと見返り資金の41億ファンなどを活用し、約386億ファンの財政資金を投入し、韓国銀行も172億ファンを融資して、農業銀行が農業融資に専念できる基礎を作った。その結果、57年には467億ファンであった農業融資額は59年に817億ファンまで増加した。しかし農業に対する融資額は全体融資額の24％程度に過ぎず、人口の約60％を占める農村人口に比較してその比重は低かった。

表 4-13　農家負債の用途と借入先

(％)

負債区分		1953	1956	1959
用途別	農業資金	26.9	46.9	42.1
	生計資金	46	20.6	21.7
	冠婚葬祭、家事	9.2	14	15.8
	融資の返還	3.9	9.8	12.2
	兼業資金	n.a	n.a	n.a
	その他	13.7	8.7	8.2
借入先別	農業銀行	19.2	17.8	37.8
	金融機関	0	0.3	2.2
	契	7.9	6.2	6
	個人貸付業者、その他	72.9	73.3	54

出所：農業銀行調査部「農家負債状況調査」(『農業銀行月報』1957年8月) 18～25頁、同月報1960年8月、6頁。

表 4-14　農家のインフォーマルな金融ネットの借入れ先別構成と利子率

(%)

年	利用比率	借入れ先				利子率別構成比（月）			
		農家	非農家	農村契	その他	無利子	5％未満	10％未満	10％以上
1956	81.9	43.8	48.6	7.6	0	0	42.2	50.1	7.7
1957	77.7	36.8	52.8	10.4	0	3.1	21.7	69	6.2
1958	78.8	58	27.3	7.5	7.2	3	14.7	54.2	28.1
1959	70	53.3	24	9.4	13.3	n.a	n.a	n.a	n.a
1960	58.1	63.4	23.4	3.4	9.8	15.4	18.2	60.1	6.3

出所：農業銀行調査部『農業年鑑』各年度から作成。

　農家負債の累積状況を調査した表 4-13 によると、負債の借入先として農業金融機関の比率は 1953 年に 19％ほどであったが、農業銀行の設立以降は 39％と約 2 倍に増加した。それにもかかわらず依然として個人貸付業者、契などの伝統的な信用ネットワークを利用する場合が 50％以上を占めていた。

　また表 4-14 では、農家のなかで銀行などの金融機関を利用していない農家の比率が 70％に達しており、農村内部の伝統的信用ネットワークによって月 10％内外の利子率で資金が運用されていた。非農家（貸付業者）を通じて行われた借入の比重も相当あって、担保を持たない低信用零細農は金融機関を利用できず、富農あるいは貸付業者からの融通に高い利子を負担しながら、生計費を補っていた。農業銀行からの貸付は農事資金などといった目的が明らかなケースに限られたからである。銀行からの借入金の 75％以上が農事資金調達用であったものの、伝統的信用関係を通じて調達した資金はおもに食糧確保のために使われた。そのうち、農家相互の借入れはほとんどが現物負債であり、春の窮乏期に食糧を調達するためであった。1 戸当たり平均負債のなかで現物負債が占める比重を用途別に見れば、農耕 26.6％、食糧 15.9％、農地 15.3％、旧債償還 11％、教育 8.2％、冠婚葬祭など 14％であった。そのうち、冠婚葬祭の場合、後述する「契」組織の活用度が高かった。

　したがって、農村内部の信用は生計維持のため高金利で盛んに行われた。『負債調査報告書[35]』によれば、農家貸付業者（高利貸金業者）は、ほとんど貸金行為を営業的に行うというより、余裕資金が発生する時に貸付を行った農家

であった。専門的高利貸金業者が地域農民を相手として高利貸的に蓄積したということではなく、彼らの貯蓄資金が農村内部で融通されたといえよう。高い利子率は物価上昇率を勘案した市場利子率の反映であった。

農家負債の累積は経営と家計が未分離状態であった農業経営の下で貸主と借主が区分できない血縁・地縁の結束力が強い共同体的安全網が機能したからである。農家収支の時差によって資金需給の季節的不均衡が常に存在するなか、円滑かつ迅速な農業資金の調達と生計維持に必要とされる食糧の融通が農村社会内で自救的ネットワークを通じて行われたのである。

(4) 私金融市場を通じた資金の動員

韓国では法や公式制度などによるフォーマルな規制を受けず、政府の許可や登録、報告などに漏れたインフォーマルな金融組織から生じる一切の金融取引を通称して私金融市場と呼んでいる。1950年代初頭、金融機関の調査作業に参加した外国人研究者たちは、韓国の私金融市場を、通貨当局の制裁を受けず、取引される証書が債務証書として流通せず、法的な許可を受けていないブローカーやディーラーを通じ、契約に対する法的な保証がなく請求権が取引される市場として定義した[36]。このような定義で50年代の韓国の私金融市場を考察すると、仲介機関、借入者および資金供給者の特性によって、そのタイプは原始的な個人信用、契、インフォーマルな商業手形市場、私債市場、私設金融会社に区分される。資金需要面では企業および自営業者の短期資金を融通する都市私金融と農民を対象とする農村私金融として大別できる。企業の場合、60年代初でも資金の76％を高利貸金業者33％、親戚18％、同業者16％、契9％といった私金融市場を通じて調達していた[37]。

原始的個人信用市場とは、専門的な仲介機関でなく、血縁や地縁によるネットワークを利用した短期資金の取引である。親戚の信頼や親密度を基盤とし、相互扶助が成り立つものが大部分である。農村での負債の借入先を見ると非農家からの借入が最も大きいが、貸付業者以外にも商人を通じた現物負債、売掛金などに該当する場合が多かった。李昌烈[38]は私債市場、契、庶民金庫、委託販売仲買商（客主）[39]、その他、農家と区分しており、その他および農家がこ

こに該当するといえる。1964年当時の実態調査を見ると、私債を通じて家計が調達した資金の15.8%、企業資金の19%が個人信用市場によって賄われた。一種の自給自足的な自己金融として長い間の人間関係を通じて形成された信用があるため、借入者が債務不履行に陥った場合には評判が失墜し、社会共同体から得られた各種のメリットから排除される危険性がある。貸し出しの期間と条件が定められず、利率の偏差が極めて大きいものの、私金融市場の中で、こうした個人信用市場の規模が最も大きかった。

　また、契は輪番式の信用組織として、負債の安定的な確保が家計の安定性を保証する負債依存的家計として手軽に利用できる組織であった。契の構成員は貯蓄者と貸付者に区分されるが、順番が遅くなるほど貯蓄者に近づき、手前の順番であるほど負債者に近くなる構造となっている。契市場の規模を測定することは不可能であるが、1954年、55年当時の韓国ではいわゆる「婦女契騒動」が発生し、全国9つの都市において1,300名以上の関係者（多くの場合女性）が検挙され、この事件を通じその波及力が広く認知された。当時釜山市内の契資金の推定運用額は15億ファンで、これは当時の釜山市内の金融機関による融資総額の70%に及んだ[40]。59年のソウルの2,691戸の家計を対象にしたアンケート調査によると、家計のうち約90%が契に加入しているとの結果が出ている。農村では現物契（米契）が70年代まで貯蓄方式で発達し[41]、その規模が農協などの銀行による小額貯蓄を超えていた。

　私債市場は大規模でインフォーマルな信用仲介人が関連している。これは企業資金が融通される市場として、ソウルの商業中心地域で数百の私債仲介所もしくは仲介人が営業していた。出版社、職業紹介所、電話取引商、洋装店などを経営しながら高利貸金融業を営むいわゆる私債業者たちがこれに該当する。ブローカー以外にも不動産仲介業者、倉庫業者、宝石商および闇の両替商などがこのような市場に手を伸ばしているが、これらの業種が扱う土地、宝石、米ドルなどが担保として利用されていた。彼らは銀行の支店に預金をし、銀行に対し特定企業を指定して融資を行うよう要求した後、融資を受けた企業から追加で利子を受け取る方式で銀行員と銀行施設を利用することもあった。この市場の融資規模は相対的に大きいが、貸出期限は1ヵ月以内と制限されており、

必ず担保が必要であった。韓国銀行による 1959～63 年当時の中小企業資金実態調査[42]によると、大部分の企業が私債を利用して短期資金を借り入れており、資本金に対する私債への依存率は 51％に達した。韓国銀行は私債依存率を一定の補償と利用期間を予め約定し、私債市場で起債された資金が総借入金のうちに占める割合を測定した。その結果、5 名以上の従業員を抱える製造業者の 70％以上が私債を活用しており、金利水準は月 4 ～ 6 ％での利用が 59％を占め、その用途は原料購入であり、融資元は高利貸金融業者が 40.4％を占めていた。

韓国の私金融市場を調査した IMF 報告[43]によると、公金融市場の規模が実物部門に比べ小さく、多様な金融商品を提供できていない反面、私金融市場は制限された金融資産の動員と再分配に有効であると評価している。1950 年代の銀行を始めとするフォーマルな金融市場が一般向けに提供することができた債権は現金の要求払預金および貯蓄性預金が全てであり、貯蓄者がこれらの金融資産を保有する動機はインフレおよび低金利の影響で全く醸成されていなかった。一方、外貨と私金融市場の債権は比べるまでもなく魅力的な代替手段として利用された。このために国内通貨はおもに小額取引の際に短期間だけ流通する程度の地位しか得ることができず、より高額の取引や価値貯蔵の手段としては主に外貨が利用された。また、銀行を通じて信用が供給され、輸入代替産業で実物資産の確保能力がある大企業に融資が集中することで、公金融制度による金融市場は部分的にしか機能していなかった。

一方、私金融市場は小額貯蓄者の貯蓄を引き受け、主要形態である現金保有のための市場を提供しつつ、優先順位から漏れた小規模企業に短期資金を供給することで、政府の規制下にある金融機関を補完しただけでなく、銀行による融資が不十分であり、遅延するために流動性に問題が生じる恐れがある企業にも短期資金を供給していた。

5．おわりに

強力ながらも自主的である中央銀行と、競争的で効率的に民営化された一般

銀行をモデルとした米国側の構想に基づいて成立した1950年代の韓国金融システムの実態は次の通りであった。

　第一に、一般銀行の預金動員力は不足し、韓国銀行からの融資依存率が高かった。韓国銀行は一般銀行に対する融資が通貨の増発要因にならないよう多様な規制を動員し銀行を統制した。融資総額と利率への規制を活用し、選別融資ならびに特定企業に対する集中的な資金支援を行った。資金分配の効率性を高めるための戦略であったが、一般銀行が民営化された50年代末から融資の偏重が目立つようになった。

　第二に、殖産銀行を改組し、開発金融機関として専業化した韓国産業銀行が設立され、援助物資の分配を通じた設備資金の支援を行ったが、この支援さえも大企業に対する偏重を強化する結果となった。産業銀行と一般銀行は国内貯蓄を動員する機構としてその機能を果たすことができず、特恵、政策金融の支援ツールとして制限された役割しか果たすことができなかった。

　第三に、植民地期の農業金融機関であった金融組合を代替する農業金融機関の整備が遅れ、農業への資金供給は脆弱であった。これに対し農業銀行が設立されたが、一般銀行として設立されたため農業金融専門機関としての役割を果たすには力不足であり、融資に占める農業の比重は微々たるものであった。

　第四に、1945年以降3度にわたる通貨改革が行われたが、インフレの収束には大きな効果を挙げなかった。融資の統制や預金を誘致するために一連の金利引き上げが行われたにもかかわらず、市場金利とは乖離しており、貯蓄の動員を促すことはできなかった。

　結果的に一般銀行、産業銀行、農業銀行が預金を通じた国内資金の動員機能を限定的にしか果たせなかった要因は、インフレ下での預金金利がマイナス30％を超えたことが決定的であった。余裕資金は高い市場金利の私金融市場に流入し、大企業の運転資金から家計の生計資金融通までがインフォーマルな信用組織を通じて行われた。

　フォーマルとインフォーマルに二元化された通貨・金融システムは、近代的金融機関が導入された植民地期より始まり、韓国金融システムの頑固な弊害であるという指摘もある。しかし、このような二元的システムのポジティヴな機

能も否定できない。たとえば、解放と分断、そして戦争を経ても、韓国銀行券が法貨としての地位を維持しており、積極的な通貨金融政策が制限されている状況の下で、持続的な経済成長ができたのは前近代的と見なす金融ネットワークの補完があったからである。伝統的信用ネットワークは現物貨幣の流通を通して流動性を供給し、民間の貯蓄資金を円滑に流通させる機能を果たした。

(訳:林采成)

注
1) 一般的に日本を始め海外の研究者も1960年代を韓国金融システムの起点とし、それ以降、韓国の金融システムは銀行中心の金融システムとして形成され、市場と民間の主導性が強化されたと見ている。寺西重郎ほか『アジアの経済発展と金融システム』東洋経済新報社、2007年、27頁。
2) 金秉柱「金融制度と金融政策」(車東世編『韓国経済半世紀』韓国開発研究院、1995年) 192頁。
3) Cole, David C., 朴英哲『韓国の金融発展:1945~80』韓国開発研究院、1984年、61頁。
4) 尹錫範、洪性讚、禹大亨、金東昱『韓国近代金融史研究』世経社、1996年、325頁。
5) 裵永穆『韓国金融史』忠北大学校出版部、2003年。
6) 1958年当時、韓国人40人に対し一つの預金口座が保有されるほどであった。洪性囿『韓国経済の資本蓄積過程』高麗大学校亜細亜問題研究所、1964年。
7) 李昌烈『韓国の金融と資本動員』高麗大学校亜細亜問題研究所、1966年、24頁。
8) U Tun Wai, "Interest Rates in the Organized Money Markets of Underdeveloped Countries", *International Monetary Fund Staff Papers*, Vol. 5, No. 2, August 1956; "Interest Rates Outside the Organized Money Markets of Underdeveloped countries", *International Monetary International Monetary Fund Staff Papers*, Vol. 6, No. 1, November 1957.
9) Bloomfield, Arthur I, and J. P. Jensen, *Banking Reform in South Korea*, FRB, 1951.
   Bloomfield, Arthur I, "A Report on Monetary Policy and Banking in Korea," Report submitted to the United Nations Command Economic Coordinator and to the Governor, Bank of Korea, November 30.
   Bloomfield, Arthur I, "Central Banking in Underdeveloped Countries", *Journal of Finance*, May 1957.
10) R. McKinnon "Money and Capital in Economic Development", Washington, D.C.: The Brookings Institutions, 1973.
11) 前掲『アジアの経済発展と金融システム』55~81頁。

12) 1949年には最高発行限度額を500億ウォンに規制したが、発行準備や要件は提示されず、最高発行限度に対する規定もなく「政府の承認を得て、金融通貨委員会の決定により、どのような規格の銀行券でも発行」（韓国銀行法第49条）することができるようになった。
13) 1916～20年にかけ、物価は150％上昇し、1920年代には全般的な物価の下落、とくに大恐慌期である1929～32年間には30％近く下落した。満州事変、日中戦争、太平洋戦争の時期にあたる1932年以降の12年間では平均10.1％の持続的な物価の上昇が観測された。韓国銀行『物価年鑑』1949年。
14) 朝鮮銀行発券部「朝鮮銀行900ウォン券の交換報告」『調査月報』朝鮮銀行、1948年6月、115頁。
15) 第二次世界大戦後に米軍の軍用手票は韓国と日本の沖縄・奄美地域で使用された。軍用手票を金融資産として保有させないため、数度にわたって変更されたが、韓国貨幣と軍用手票の交換定率が市場換率を下回ったため、米軍は商品取引に主に軍用手票を使用した（C. R. Frank, Kim K. S. and L. Westphal, *Foreign Trade Regims and Economic Development: South Korea*, NY, 1975, pp. 32-33）。
16) 朝鮮戦争の勃発に伴なう軍事費は通貨発行（韓国銀行からの借入）、租税（農民に徴税した現物税）、国連軍供給物資（武器類など）を通して充当された。国連軍の駐屯経費は韓国銀行に貸与されるという「国連軍貸与金」項目としてウォン貨経費が支出されたが、貸与金が貨幣発行高の相当部分を占めていた。貸与金の償還額と時期によって通貨量が大きく変動し、混乱が続くと、1952年5月24日「韓国と国連統一司令部間の経済調整に関する協定」によって「合同経済委員会（Combined Economic Board）」へ通貨政策が委任されることをきっかけとして償還原則が韓米両者によって合意された。
17) 2月14日までに利用されていた旧券の流通および取引は禁止され、16日からは100対1の比率で交換されたファン貨のみを唯一の法定通貨として指定し、指定された金融機関に旧券や手形など一切の支払手段を預け入れなければならなかった。それ以外の金融機関に対する預金、金銭債権などは25日まで届け出るようにし、届出がなかった場合には請求権が消滅した。17日から25日までの9日間の生活資金は、預け入れた金額のうち、1人当たり5万ウォンを限度に新券（500ファン）をその場で支払うようにした。
18) 1953年2月14日当時の旧券発行高は、1兆1,367億ウォンであったが、回収された旧券は1兆1,066億ウォンに達した。
19)「政府による当初の計画が約30億ファン程度であったのに比較すれば、ある程度経済安定性が不十分であったことは事実であるが、一部の巷間で議論されているように封鎖額の程度によって通貨措置を左右することはできない。累積的なインフレを最も促進させる偏在した過剰購買力の否定的な作用を是正することができたという点で通貨措置の効果は十分だ」と自己評価している。韓国銀行調査部「通貨緊急措置綜合報告書」1954

年、第 8 章、1〜2 頁（金東昱 143 頁）。
20）「国民経済の運用及び金融機関経営に関する情報知識と関連し、新しく登場した政府の官僚に比べ植民地時代の金融機関での経歴を持つ人々が比較優位を擁していた。中央銀行などの金融機関の専門スタッフが政府の高位官僚に抜擢される事例が頻繁にあった。5・16 軍事クーデタ以降の時代と比べ、金融機関の経営における自律性が相対的に高かった時代であった」。金秉柱「金融制度と金融政策」（車東世編『韓国経済半世紀』韓国開発研究院、1995 年）192 頁。
21）朝鮮銀行、殖産銀行、朝興銀行が中央銀行設立の主導権をめぐり対立した。韓奎勳『実録韓国銀行』毎日経済新聞社、1986 年、85〜86 頁。
22）通貨価値の安定、銀行信用制度の健全化、資源の効率的な利用を目的とし、①銀行券発行、②金融機関からの預金収入と支払準備預金収入および金融機関の貸出し業務、③国庫業務および政府代行機関に対する与受信業務、④通貨金融政策に対する公開市場操作業務、⑤金融機関の与受信融資限度など銀行に対する特別統制、⑥外為業務およびこれに付随する外為政策の運用、⑦銀行監督業務および検査業務、⑧国内通貨および信用政策上必要とされる、金融通貨委員会の指示による通貨金融政策業務を主要な業務とした。裵永穆『韓国金融史』忠北大学校出版部、2003 年、389 頁。
23）債権引き受け時の限度を超える場合、国会の同意を受けるようにするなど、政治的圧力や干渉から不完全ながら独立するきっかけが作られた。裵永穆『韓国金融史』忠北大学校出版部、2003 年、390〜391 頁。
24）Bloomfield, Arthur I, and J. P. Jensen, *Banking Reform in South Korea*, FRB, 1951, p. 32.
25）韓国金融二十年史編纂会『韓国金融二十年史』大韓金融団、131〜133 頁。
26）「金融機関の自己資本は総資産から現金、韓国銀行と海外金融機関への預置金および通貨安定証券への投資額を差し引いた残額の 100 分の 10 以上でなければならない」（第 15 条）。
27）必要資本充足率は朝興銀行 0.19、韓国商業銀行 0.12、殖産銀行 0.68、相互銀行 0.11、韓国貯蓄銀行 0.25、信託銀行 0.11 であり、全ての銀行で不十分であった。
28）業務遂行上必要以外の不動産の買い入れまたは恒久的所有、金融機関の払込資本金と積立金ほか余剰金の合計額の 25% を超過する自然人への融資、100 分の 20 以上の株式担保融資、20% を超過する株式の購入または恒久的所有が禁止された（銀行法附則 第 4 章禁止事項 27-4）。
29）三星秘書室『三星五十年史』三星グループ、1988 年、142 頁。
30）1956 年 11 月、「銀行帰属株払下げに関する政府諮問事項の答弁書」では、韓国銀行法と銀行法という監督法令と、金融通貨委員会の監督を通じ、株式の少数への集中による弊害を十分に防止することができると提案した。
31）興業銀行の株式公募の開札結果、三星は 1 株あたり 2,866 ファンで 3 位であった。査定価格は 1,300 ファンであったが、1 位は 4,400 ファン、1 位は 3,300 ファンであった。

1位、2位の応札者の株数が各50株と100株であった。政府は第3位である三星に対し、実力ある企業人が払下げを受けなければならないとし、査定価格の2.5倍にあたる1株あたり3,300ウォンでの興業銀行の株式の引き受けを要請した。これに対し三星は、落札からもれた残余株まで合わせ、全てその価格で購入し、大株主に浮上した（前掲『三星五十年史』143頁）。

32) Bloomfield and Jensen (1951), p. 66.
33) 朴東燮「対韓経済援助の回顧と展望」（『調査月報』1953年4月）。
34) 孔提郁「1950年代国家の財政金融政策と大企業の成長」（韓国社会史研究会『韓国資本主義と財閥』）文学と知成社、1992年、33頁。
35) 農業銀行調査部『農家負債調査報告書』1960年。
36) 前掲『韓国の金融発展』115頁。
37) 韓国銀行調査部『1963年第1四半期企業金融および私金融実態調査報告』1964年。
38) 前掲『韓国の金融と資本動員』98頁。
39) 客主とは、李氏朝鮮後期において港湾や都市において、商業関連業務を行った人々。元は旅客主人・客商主人の略であり、旅閣なども広義の客主に含まれる（須川英徳「客主」『歴史学事典 13 所有と生産』弘文堂、2006年）。
40) 韓国産業銀行『調査月報』1954年7月、159頁。
41) 農協中央会『農村金融実態調査』1978年；Kwanchi Oh, "Two Essays on the Economics of Kye"（契）；『統計学研究』Vol.3 No.1、1974年、31～57頁。
42) 韓国銀行『中小企業金融実態調査報告』1959～63年。
43) 前掲 "Interest Rates in the Organized Money Markets of Underdeveloped Countries".

第5章　人的資源と技術革新[*]

宣 在 源

1. はじめに

　本章の目的は、解放後から1950年代における人的資源の形成と技術革新の実態を明らかにし、その影響を分析することである。韓国における本格的な経済発展は、60年代から始まったと評価されている。しかし、60年代の経済発展は、解放直後から50年代における技術空白[1]の復旧と人的資源の形成および技術革新の実現があってはじめて可能であった。

　解放直後から1950年代の韓国における人的資源の形成と技術革新は、60年代の輝かしい経済発展の状況とは異なり、悪条件の下で進められた。解放後の韓国経済の再建は、植民地本国の日本、植民地の台湾、そして北朝鮮とも異なる条件で始まった。日本では、敗戦直後の短期間に国内労働力人口の12%に該当する420万名の引揚者が主に非農業部門の労働市場へ流入し、技術者を含む豊富な人的資源を確保することができ[2]。台湾は、引揚げた日本人技術者の空白を埋めるために工学教育と事業経営を経験した中国本土人（外省人）を経営者および管理者として受け入れ、現場作業を担っていた台湾人（本省人）を監督者へと昇進させる形で組織を改革し、人的資源と技術の空白を埋めていた[3]。一方、北朝鮮は、朝鮮戦争後の混沌とした時期が続いた点では韓国と同様であったが、解放直後の技術空白を埋め、人的資源を形成するという点においては異なっていた。北朝鮮は、燃料機関を有煙炭から無煙炭へと適合させる形で改造する技術移転を行い、日本人技術者を抑留して技術教育を担当させ、人的資源の形成も進めた[4]。本研究は、朝鮮人経営企業を含む綿紡績産業に関して分析し、植民地遺産に関する立体感のある結論を導いた徐文錫[5]から重要

な示唆を得た。すなわち、植民地期において少数に過ぎなかった技術者に関しては戦前と戦後で断絶面が強かったが、比較的多数存在した技能者の場合は連続面が強かったと主張している点において、徐の研究は、断絶と連続のどちらか一方の評価が強かった従来の研究とは異なり、バランスのとれた見解を示している。

以下では第二次大戦後の韓国において人的資源の形成と技術革新が、周辺国と異なる条件の下で進められたという既存研究の主張を参考にしながら、人的資源に関する政策と実態を明らかにする。なお、それらに支えられた技術革新の形態と事例についても分析し、どのような変化を示したのかを検討する。

2．人的資源の形成

(1) 教育政策

1) 教育政策の再編

ここでは解放直後の教育政策がいかに再編され、その結果、技術教育にいかなる影響を与えたのかについて既存研究[6]に基づいて検討しておこう。

軍政庁の教育担当として来韓し学務局長に任命されたEarl N. Lockard陸軍大佐は、到着翌日の1945年9月10日に当面の教育問題の解決のため朝鮮人教育家および指導層と面談を行った[7]。当面の教育課題は、第一に、休校学校の再開、第二に、日本人官吏および教師の免職と朝鮮人への代替であった。軍政庁は、9月16日に朝鮮教育委員会（Korean Committee on Education）[8]を設置し、新たな教育制度について諮問した。委員会の分野別委員[9]は初等教育委員に金性達（公立国民学校長）、中等教育に玄相允（私立中学校長）、専門教育に兪億兼（私立技術学校長）、教育全般に白樂濬（Korea Times理事）、女性教育に金活蘭（私立梨花専門学校長）、高等教育に金性洙（私立普成専門学校長）[10]、一般教育に崔奎東（私立中学校長）、医学教育に尹日善（ソウル医科大学長）、農業教育に趙伯顯（水原農業専門学校長）、学界代表に鄭寅普（無職）であった。大半の委員は、植民地期において朝鮮人の日本同化政策に従っていた人々であった。委員

全員は、45年11月に長期的な教育計画を樹立するために設置された朝鮮教育審議会（the National Committee on Education Planning）の委員としても活動し、引き続き解放直後の教育政策の樹立に重要な役割を担った。

　委員会の答申を受けて樹立された教育政策は、1945年10月21日に学務通牒第325号「学校に対する説明と指示」として具体化された。主な内容は、第一に、当分の間の学校政策を既存の制度に基づいて運営すること、第二に、高級および下級教育官吏を軍政庁長、学務局、各道の学務課が任命すること、第三に、学校の再開と初等・中等学校の教科課程を定めること、第四に、教科書問題など教育の復旧の緊急の問題を処理することであった[11]。このような一連の学校再開措置により、初等学校は45年9月26日に、中等学校、専門学校、大学は同年10月1日に再開され、翌年1月には全ての学校が再開された。

　軍政庁は、登録学生数170万名を対象にして、1945年11月に刊行された約100万冊の教科書を46年1月から3月の間に約8,000kmを移動しながら配布した。この教科書の内容は、イソップ寓話を含むアメリカの教科書から抜粋したものであり、版組は植民地期までの縦書きから横書きに変わった。

　以上のように解放直後の教育政策は、軍政庁の強いリーダーシップの下で、植民地期において同化政策に協力していた韓国人指導層の意見を反映しながら樹立された。制度と運営の主体という側面からみると、植民地時代の遺産を受けつぎながらも、軍政庁を通じたアメリカの影響が強く反映されたのであった。

2）成果：理工系卒業生の増加

　資料不足のために解放直後の教育政策に関する総括的な成果を確認することは不可能である。ここでは、国民学校および中学校の在学生と各企業における技術職従事者に関するデータを通じてその成果を確認しよう。とりわけ、各企業における技術職に対しては信頼度の高い調査結果を活用できる。それは、1961年現在の全ての大企業および公的機関、そして従業員50人以下の中小企業から抽出した調査対象に対して調査員が直接に調査したものである[12]。

　理工系学校への供給源になる国民学校および中学校の在学生数は、朝鮮戦争の影響を除くと順調に伸びている（図5-1）。ただし、1950年代後半において

図 5-1 解放後の国民学校と中学校の在学生推移

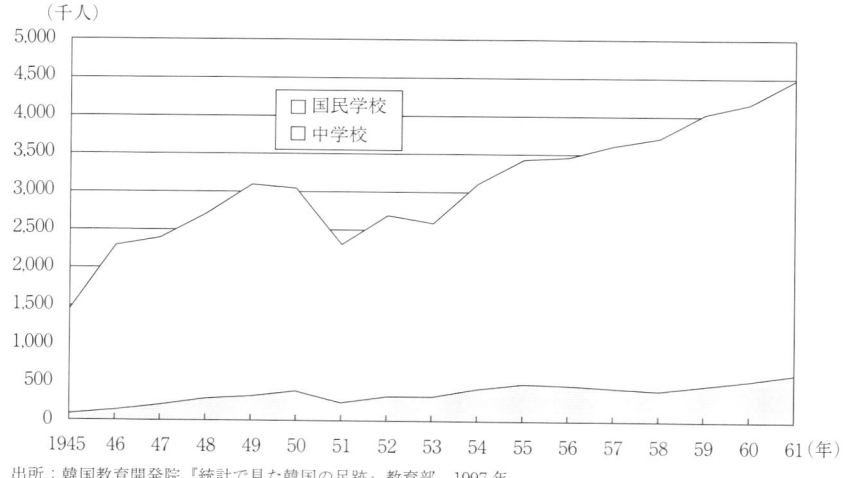

（千人）

凡例：国民学校、中学校

出所：韓国教育開発院『統計で見た韓国の足跡』教育部、1997年。

図 5-2 植民地期と解放後の学歴別理工系卒業生推移

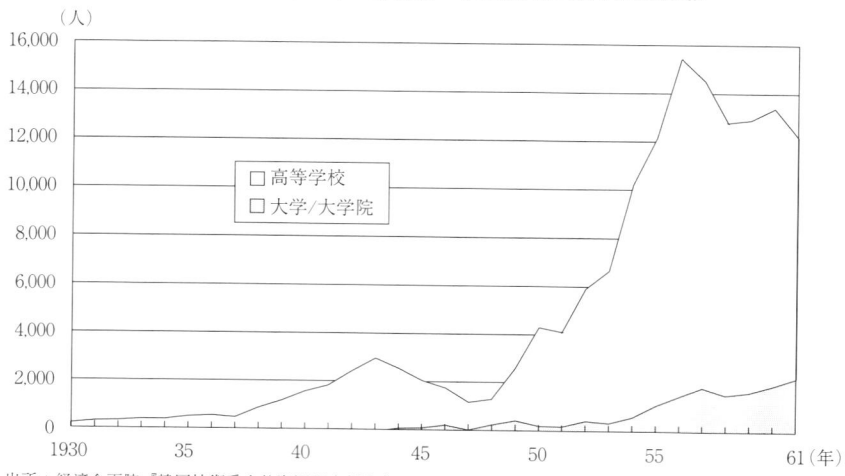

（人）

凡例：高等学校、大学/大学院

出所：経済企画院『韓国技術系人的資源調査報告書』1961年。

中学校在学生数が若干減少した後再び伸びている。この点は理工系卒業生の動向に類似している。

理工系卒業生は植民地期において卒業生の数が最も多かった1943年の水準を49年に上回り、その後急増した（図5-2）。留意すべきことは、同調査は調査当時に働いていた従業員の卒業年度を調査したものであり、実際の卒業者数は遡れば遡るほど過小に評価されている可能性が高い点である。一方、高等学校卒業者と大学および大学院卒業者は、それぞれ57年および58年から減少している。そのような傾向を示したのは、GDPの傾向と連動したためと考えられる[13]。すなわち、対前年度比についてみると、56年のGDP成長率はマイナス1.3％を示しており、57年には7.6％へと回復するが、58年からは継続して低下し、63年になってようやく9.1％に回復している。産業部門別理工系卒業生の推移は、全体の推移と類似しているが、40年代後半においては機械と土木部門を中心に増加していた（図5-3）。50年代半ばにおいては電気部門の卒業生が激増し、40年代後半と同様に機械と土木部門の卒業生が増加した[14]。

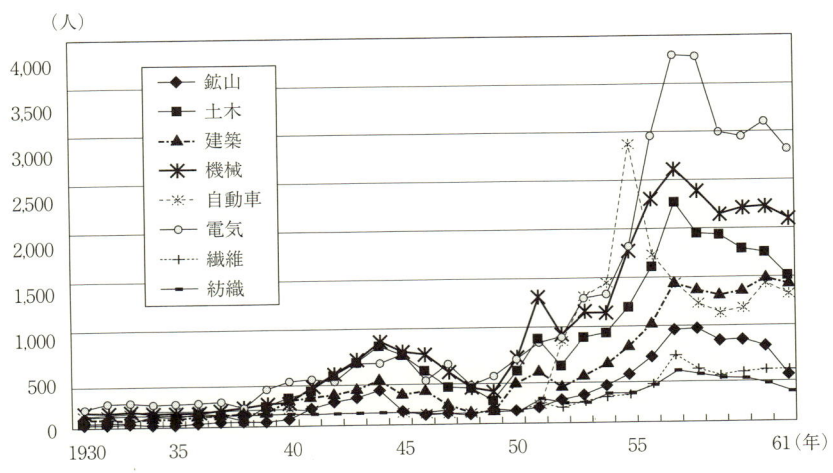

図5-3 植民地期と解放後の部門別理工系卒業生推移

出所：図5-2に同じ。

(2) 養成政策

1) 基本政策と運営主体

　軍政庁は、1945年12月29日に「アメリカへの留学生派遣と国内における練習生養成」のための技術教育指導委員会（以下、委員会）の設置を軍政庁鉱工局指令第2号を通じて指示した[15]。委員会は理事長、理事2名（表5-1）、そしてソウル大学校文理科大学長李泰圭を含んだ委員3名で構成された。商務部長であった呉楨洙は理事長を兼任していた。呉は、アメリカのMITを卒業し、植民地期から会社運営に携わり、50年代以降にも企業活動を行っていた。朴東吉理事は、東京大学を卒業し、中央工業研究所と並ぶ2大国策研究所の一つである地質鉱山研究所長の資格で理事を務めた。朴は、植民地期に京城鉱山専門学校教授と中央試験所の技師を勤め、委員会理事を終えた後は学界を中心に活動した。植民地期に朴理事より先に中央試験所の技師を勤めた安東赫理事は、九州大学を卒業し、委員会の目的を具体化する財団法人工業技術教育振興会規約、工業技術者検定試験実施要綱、実務技術者養成要綱の草案を作るなど、委

表5-1　技術教育指導委員会理事の略歴

姓名	呉楨洙		安東赫		朴東吉	
職	理事長（商務部長）		理事（中央工業研究所長）		理事（地質鉱山研究所長）	
生年	1899年生まれ		1906年生まれ		1897年生まれ	
学歴	アメリカMIT卒業		九州大学応用化学科卒業		東京大学理学部卒業	
主要経歴	1939年	満州穀物株式会社社長	1938年	朝鮮総督府中央試験所技師兼京城高等工業学校教授	1937年	京城鉱山専門学校教授
	1948年	国際連合韓国協会代表	1953年	商工部長官	1938年	京城鉱山専門学校専修課長兼京城高等工業学校講師
	1949年	大韓交易公社理事	－	UNESCO韓国委員会委員	1941年	朝鮮総督府中央試験所技師
	1951年	大韓貿易振興株式会社社長	1961年	高麗大名誉理学博士	1946年	大韓鉱業会顧問
	1960年	逓信部長官（5～6月）	－	漢陽大工科大学教授	1946年	大韓地質学会会長
	1960年	商工部長官（6～7月）	－	大韓化学会会長	1947年	ソウル大工科大学教授
			－	学術院副会長	1949年	中央地質鉱物研究所長
					1951年	文教部科学技術教育委員会委員

出所：韓国歴史情報統合システム（http://www.koreanhistory.or.kr）。

第5章 人的資源と技術革新

員会において中心的な役割を担った。安は、解放後に技術養成の世論を呼び起こす活動だけではなく[16]、植民地期から化学工業を中心に科学技術を紹介する講演会活動にも積極的であった[17]。そして、中央工業研究所の所長と委員会の理事を務めた後は、商工部長官を経て学界を中心に活動した。

　委員会は、解放後の技術者養成政策に関する重要な案件を決定した。第2回（1946年2月1日）理事会においては養成政策の指針になる財団法人工業技術教育振興会規約（以下、規約）草案が提示された。振興会の目的は、1. 海外への留学生および研究生の派遣、2. 国内理工系学校在学生への授業料給付および貸与、3. 国内工業技術教育機関の運営および助成、4. 国家的科学研究に対する助成および賞の授与であった。振興会の事業費および経費は、国家補助金および下付金、寄付による金品および権利、財産より発生した収益などが充てられた。理事長は、以前と同じく軍政庁商務部長が兼任し、常務理事、理事、監査、評議員は軍政長官が任命した。

　以上のように解放直後の養成政策は、軍政庁の指示によって始められた。しかし、政策を運営する実質的な主体は、植民地期から技術養成関連活動を務めてきた韓国人であり、中央工業研究所と国立ソウル大学校を二大柱とした養成システムがそのまま活用された。

2）実態
派遣
　アメリカへの留学生・養成生の派遣に関する政策は、早くも第1回（1946年1月16日）理事会で議論された。理事会は、ソウル大と工業専門学校の工業関連各学科にアメリカ人教授各1名を招聘する件とともに、アメリカへの留学生と養成生の選抜方法、そして試験日時、試験科目、場所に関して議論した[18]。最終的に理事会は、留学生と養成生の選抜割合を7対3とするとともに、留学生の選抜基準・修学基準を定めた。修学基準は、専門学校卒業者の場合はアメリカの工業大学の1年生から、大学卒業者はアメリカの大学の3年生あるいは4年生から修学させることとした。このような技術教育のための派遣は、委員会の予算で送られた初期の派遣と援助予算で送られた50年代の派遣と分けら

れるが、その具体的内容は次のようである。

　初期の派遣のための選抜試験の科目は、英語、数学、物理学の筆記試験、口答試験、身体検査であった。第一次合格者の中で官費留学は 10 名（志願者 96 名）、私費留学は 14 名（志願者 11 名）であった。官費研修は 10 名（56 名）、私費研修は 1 名（志願者 4 名）であった。私費留学生の合格者数が受験生数より多いのは、官費受験者が私費留学生に志望を変更して合格しているためである。

　1950 年代における最大規模の援助資金である ICA 資金による派遣実績について調べてみよう。ICA 援助は、53 年からアメリカ・ワシントンの国際協力処（International Cooperation Administration ICA）と駐韓米経済協力派遣団

表 5-2　ICA 技術援助資金による海外派遣実績

(千ドル)

年	1955		1956		1957		1958	
	人数	金額	人数	金額	人数	金額	人数	金額
農業/自然資原	20	72	24	85	35	181	73	270
鉱工業	91	425	74	354	67	303	116	401
交通	33	118	26	111	32	131	20	92
保健衛生	5	29	11	52	10	61	21	112
教育	68	429	50	346	49	251	20	70
公共行政	31	137	43	225	65	337	73	346
社会厚生/住宅	3	14	−	−	9	40	50	120
その他	−	−	5	17	10	62	15	115
計	251	1,224	233	1,190	277	1,366	388	1,526
	1959		1960		1961		計	
	人数	金額	人数	金額	人数	金額	人数	金額
農業/自然資原	55	241	44	174	51	96	302	1,119
鉱工業	77	361	63	330	80	123	568	2,297
交通	22	104	16	83	12	49	161	688
保健衛生	23	118	19	89	9	17	98	478
教育	18	97	13	76	19	90	237	1,359
公共行政	34	208	56	225	38	73	340	1,551
社会厚生/住宅	31	98	13	55	7	13	113	340
その他	12	89	2	15	5	15	49	313
計	272	1,316	226	1,047	221	476	1,868	8,145

出所：洪性囿『韓国経済とアメリカ援助』博英社、1962 年、78 頁。
注：その他の 1956 年には労働部門を含む。

(United States Operations Mission to the Republic of Korea USOM)との2つの機関により運営された[19]。55年から61年の人員と金額は、58年がやや多いが、おおよそ毎年二百数十人、約120万ドルであった（表5-2）。部門別にみると、鉱工業部門が最も多く、次いで公共行政、農業および自然資源、教育、交通、社会厚生および住宅、保健衛生部門の順であった。総派遣費用は、ICA援助全体金額17億3,835万8,000ドル（施設財4億8,485万8,000ドル、原資財12億5,350万ドル）に比べると少額であったが、施設財援助と結びつけて派遣したという点からすると技術蓄積の成果を過小評価することはできない。このように派遣された技術者候補達は、50年代後半には帰国し始め技術蓄積に大きな役割を果たすようになった[20]。

検定試験

　検定試験に関する具体的な議論は、第2回理事会から始まった[21]。そして、「満州、北支、日本に留学した学生」が、検定試験を通って補充教育を受けると、同委員会が証書を授与することを決めた。また、工業専門学校甲乙卒業程度の試験を通った者は、補充教育を受けなくても証書を受けることとし、工業専門学校甲乙1、2年修学程度の試験を通った者、あるいは工場で勤務経験を有する者は、1、2年間の補充教育を受けると証書を受けることとした。なお、国内の「工業に従事する者あるいは従事しようとする者」に対する検定試験は、第3回（1946年2月11日）理事会で、毎年2回実施する工業技術者検定試験の際に実施することになった。工業学校卒業程度の資格を与える試験の水準は、修業年限4年の工業学校卒業程度であり、受験可能者は、国民学校卒業者であり、専門職場で3年以上勤務した者であった。工業専門学校卒業程度の資格を与える試験の水準は、修業年限3年の工業専門学校卒業程度であり、その受験可能者は、中学校あるいは授業年限4年以上の工業学校卒業者であり、専門職場で3年以上勤務した者あるいは工業学校卒業程度の検定試験を合格した者であった。工業大学卒業程度の資格を与える試験の水準は、修業年限4年の工業大学卒業程度であり、受験可能者は、工業専門学校の卒業者であり、専門職場で3年以上勤務した者あるいは工業専門学校卒業程度の検定試験に合格した者

表 5-3 第1回工業技術者検定試験結果 (1946 年 2 月)

		化学	機械	電気	土木	建築	鉱山	冶金	地質	計
工業専門学校 卒業程度	志願者	2	3	6	5	0	2	0	1	19
	合格者	2	1	4	4	0	1	0	1	13
	合格率	100.0	33.3	66.7	80.0	—	50.0	—	100.0	68.4
工業学校 卒業程度	志願者	2	7	31	7	0	1	1	0	49
	合格者	0	3	8	3	0	1	0	0	15
	合格率	0.0	42.9	25.8	42.9	—	100.0	0.0	—	30.6

出所：南朝鮮過渡政府商務部『商工行政年報』1947 年度版、259 頁。
注：合格者数は、一科目以上合格した者の数。

であった。

検定試験は、多様な学歴および経験の所有者に統一的な観点から資格を与え体系的に技術者を供給するために実施されたもので、第1回試験は 1946 年 9 月 16 日から 21 日にかけて行われた。合格者数は限られていたが、最も不足していた電気部門の合格者が多く、土木や機械がそれに続いた（表5-3）[22]。なお、上級レベルの工業専門学校卒業程度の志願者は工業学校卒業程度の志願者より少なかったが、合格率は高かった。

短期養成

短期養成政策は、熟練労働者の中で素質のある者に対して短期間訓練を施し、中間レベルの技術保有者として養成することを目的とした[23]。この政策は、第 9 回（1946 年 9 月 19 日）理事会で議論され、第 10 回（9 日 26 日）理事会で実務技術者養成要綱として具体化された。この要綱は、「国民学校を卒業した者で鉱山および工場事業場において 3 年以上勤務し心身および才能が優秀であると認められ道知事およびソウル市長が推薦する者」を対象として各科目別に 30 名を募集し、養成期間は 47 年 2 月 1 日から 3 月 31 までとした[24]。教育場所と養成科目は、中央工業研究所（染色、紡織、機械工作、「電導」、陶磁器、製紙、機関操作、木工/塗工）、京城電気（電気工作）、地質鉱山研究所（採鉱、選鉱、冶金）であった。

この短期養成は、紡織部門においては 1 ヵ月間の中学教育を実施しており、

残りの5ヵ月間には実習を行った（表5-4）。機械部門においては教材の支給と食料補助金の特典を与えた。各部門別の教育人数は、当時最大の生産割合を占めていた綿紡織および綿織布の270人を含めて紡織部門が446人であり、機械工作および鋳物の各120人を含む機械部門が400人であった。教育場所は、機械部門の場合はソウルと仁川に限定されたが、紡織部門では学術教育や実習教育ともソウル大および中央工業研究所をはじめ各地の主要工場が活用された。

表5-4　短期技術養成所の運営実態

		紡織	機械
入所資格			18〜30歳の中学校3年終了あるいは国民学校卒業者で機械工場経験3年以上あり重要機械工場責任者の推薦を受けた者
期間		6ヵ月：学術（中学教育）1ヵ月/実習5ヵ月	6ヵ月
予算		9,087,800ウォン	8,987,500ウォン
特典			食料補助（月2,000ウォン）、教材支給
経過		受付開始（1947年10月）→入所生選考委員および講師委嘱→教材/原稿収集→選考試験（11月）→選抜（志願者818名の中493名合格）→開講（12月1日）	ソウル地区養成所：開所式（1947年11月17日）→開講（11月20日）仁川地区養成所：開所式（1947年11月26日）→開講（11月27日）
養成科/（人数）		綿紡績/綿織布（270）、絹織布（74）、メリヤス（50）、染色加工整理（36）、麻紡（15）、毛紡（15）、絹紡績（6）：総計446名	機械工作（120）、鋳物（120）、熱処理（40）、工具（40）、研磨（40）、圧延（20）、新鉄（20）：総計400名
場所	学術	機関：ソウル大工科大学、中央工業研究所　工場：高麗紡織/永登浦、大韓紡織/永登浦、東洋紡織/京城、京城紡織/永登浦、東洋紡織/仁川、朝鮮紡織/釜山、朝鮮製麻/仁川、朝鮮毛織/密陽	ソウル：有恒分所、鑿巖機分所、重機分所　仁川：朝鮮機械分所、朝鮮鋼業分所
	実習	機関：ソウル大工科大学、中央工業研究所　工場：大邱紡績、高麗紡織永登浦/春川/全州、大田呉羽、大韓紡織/永登浦、東洋紡織京城/仁川、京城紡績/永登浦、京城紡織/議政府、朝鮮紡織/釜山、東洋製絲紡織/京城、木浦織物、ソウイル絹織/水原、朝鮮物水原/安養、朝鮮製麻/仁川、朝鮮毛織/密陽、東亜綿業/釜山	

出所：表5-3に同じ、168〜169頁、188〜190頁。

以上のように解放後の養成政策は、専門学校卒業以上の者をアメリカへ派遣し、専門学校卒業以下の多様な学校教育を受けた者を検定試験を通じて一元的に管理し、短期養成を通じて熟練労働者を中間レベルの技術者に転換させようとする明確な方針に基づいて進められた[25]。このような養成政策は、1949年に技術教育院が新設されたために管轄部署が文教部へ移管され、包括的・安定的に実施されるようになった[26]。

3．技術革新

(1) 援助と技術導入

1) 部門別援助導入額の推移

1950年代の韓国における技術革新は、以上で考察した人的資源の形成に支えられていた。まず、部門別援助導入額の変化を通じて援助の性格を考察してみよう。当時の援助が、施設財部門より原資財部門に集中していたことは良く知られている。このような事実は図5-4および図5-5の実質総導入額の比較からも確認できる。しかし、原資財部門の中身をみると、従来の認識とは異なる様子が確認できる。

食料品と農業用供給品などで構成されている農業物資は、解放直後と朝鮮戦争期において高い割合を占めていたが1953年以降には激減している（図5-4）。一方、原料および半製品は、50年代半ばまで増加しており、原資財部門でも工業部門の再建に必要な種目が継続して増加し、55年以降は、農業物資を上回っている。

施設財部門では、鉄道が大半を占めている交通部門と1950年代後半において最大割合を占めていた電力および製造加工を含む鉱工業部門で導入額が急増しているが、50年代後半には急減に転じている（図5-5）。

2) 技術導入

植民地期においては主に日本から技術が導入されたが、1950年代において

図 5-4 原資材部門別援助導入実績

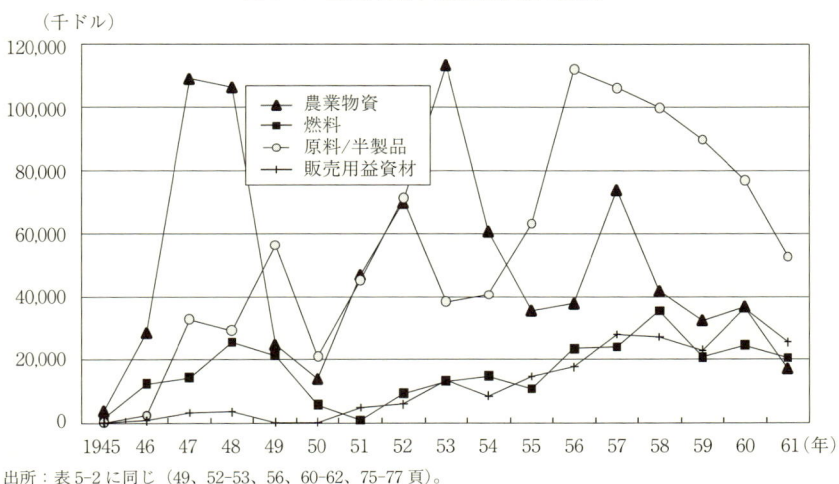

(千ドル)

凡例:
- ▲ 農業物資
- ■ 燃料
- ○ 原料/半製品
- + 販売用益資材

出所:表 5-2 に同じ (49、52-53、56、60-62、75-77 頁)。
注:ICA 区分を基準にして GARIOA、ECA、SEC、CRIK、UNKURA 実績を再合算。略号は表 2-5 参照。

図 5-5 施設財別援助導入実績

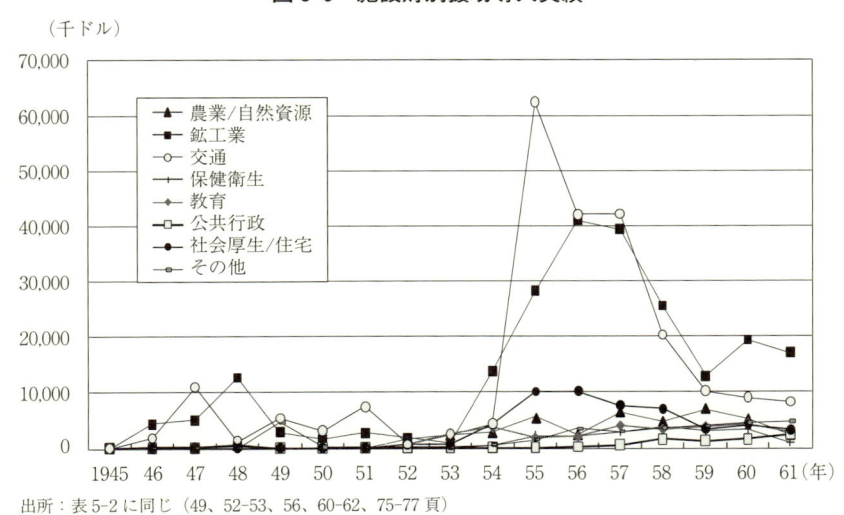

(千ドル)

凡例:
- ▲ 農業/自然資源
- ■ 鉱工業
- ○ 交通
- + 保健衛生
- ◆ 教育
- □ 公共行政
- ● 社会厚生/住宅
- ○ その他

出所:表 5-2 に同じ (49、52-53、56、60-62、75-77 頁)。
注:ICA 区分を基準にして GARIOA、ECA、SEC、CRIK、UNKURA 実績を合算。略号は表 2-5 参照。

はどのように変化したのだろうか。その全体像は、公刊資料が存在しないため当時の新聞記事に基づいて確認するしかない[27]。

当時の技術導入は、大半がアメリカからであり、1950年代後半から西ドイツ、日本が増加している。そのほかでは、台湾、オーストリア、フランスから各1件にとどまった[28]。

アメリカからの技術導入は、電力施設の復旧過程で始まった。代表的な事例は、1948年5月14日に北朝鮮から送電が中断された後の復旧に求められる。工兵隊技師、Duquesne 電力会社技師、Connecticut 電力会社技師、Detroit Edison 電力会社元技師、水力および地理学者、Kansas Pioneer 炭鉱会社社長、Philadelphia 陸軍埠頭局長で構成されたアメリカの「技師級」の7名が、5～6週間の視察予定で6月23日に韓国を訪問し、電力供給者である民間電気会社関係者および電力需要者の代表である商工会議所の代表と面談した。彼らは各地域を訪問し、発電状況および火力発電所建設のための諸条件を調査した[29]。解放直後から始まったアメリカからの技術導入は、援助過程において顕著になった。以下では、忠州肥料工場の建設にそくしてその具体像を明らかにしよう。

(2) 基幹産業の技術革新

韓国政府は、1950年代後半の基幹産業としてエネルギー（電力および炭鉱）、建築と農業増産のためのセメント産業、ガラス産業、肥料産業を選定した[30]。以下では肥料産業とセメント産業において援助に基づく設備投資を通じて促進された技術革新の経過とその成果について考察してみよう。

1) 肥料

忠州肥料工場の建設経緯

肥料は、植民地期における総生産量の90％を占めていた朝鮮窒素肥料株式会社興南肥料工場が北朝鮮地域にあり、解放後は韓国への供給が中断されたため、工場建設がより切実なものとなった。

忠州肥料工場の建設費は、国内27億5,000万ファン（圜）[31]と援助3,474万9,000ドルで調達された。忠州肥料工場の建設は、1953年にUNKRA（United

Nations Korean Reconstruction Agency 国連韓国再建団）を通じて援助資金 100 万ドルが確保され、アメリカ会社 C. C. C.（Chemical Construction Corporation）に建設敷地の選定を含む技術予備調査を委嘱することから始まった。忠州地域を工場の対象地として選定した理由は、工業用水、電力、原料炭の確保と製品の輸送も容易な地域であったためであった[32]。同工場の建設は、援助機構 FOA を通じて 54 年度援助資金 2,300 万ドルが確保されてから本格化した。これ以降、アメリカ国立研究院（NRC）に技術検討を依頼し、建設業者として McGraw-Hydrocarbon 社を選定した。選定基準は、第一に、製造方法の適否、第二に、建設能力の有無、第三に、同種工場建設経験の有無であった。韓国政府と McGraw-Hydrocarbon 社との主な契約内容は、固定窒素 45％以上の要素肥料 1 日 250 トンの生産能力の工場を 30 ヵ月以内に設計および建設し、技術訓練および試運転を通じて性能も保証することであった。

　しかし同工場は、計画期間内に建設されず、5 回にわたって契約の内容および期間を改訂した。その主な理由は、韓国政府が韓国産無煙炭を使えるように発電所燃料装置の取替えを要求したためであったが、そのために技術検討期間 6 ヵ月と追加資金の承認期間 8 ヵ月が必要となった。また、施設財を含む建設費および賃金上昇などの理由で建設費は当初の 2 倍まで増額され、最終的に建設期間は 21 ヵ月延ばされた[33]。

　建設期間が延長され、建設費も増額された理由は、以上のほかに、次のような構造的理由もあった。第一に、工事費の支払方法が固定報酬および実費弁償であり、第二に、損失賠償を請求できる条項が契約書に明記されておらず、第三に、韓国政府が援助機構の推薦した会社を過信したためであった。このような試行錯誤にもかかわらず、忠州肥料工場は肥料の輸入代替を成功させ、60 年代における韓国の主力産業である化学産業の基幹工場になった[34]。

技術の導入と普及

　工場建設がほぼ完了し、試運転の段階になると、技術者の確保が喫緊の問題となった[35]。工場建設を主管した商工部は、最初に工科大学卒業生 65 名を募集した。彼らを国内で訓練した後、アメリカとスイスにそれぞれ 26 名と 18 名

を化学工学、化学、機械、保安などの分野を中心に1958年8月から翌年5月まで派遣した。彼らが教育を終えて帰国すると技術社員として採用した。同時期に発電所運転のためのタービン運転工、発電技能工、計器工、その他機械整備工、電気工などを募集して技術訓練を行った。第2次募集は、58年末にアメリカをはじめ海外の工科大学で学んだ韓国留学生を対象とし7名を採用した。以上の過程で確保された技術者は、第1工場の単独運転を可能にしただけではなく、第3工場および第4工場の建設にも参加した。このような功績が認められた彼らは、各工場の中堅幹部まで昇進した。なお注目すべき点は、彼らが湖南肥料、韓国肥料など他の新設化学工場に多数転出し、技術普及において重要な役割を担っていた点である。

忠州肥料工場は、工場稼動の軌道に乗った後にも1962年12月に、経済開発5ヵ年計画の一環として新設される各化学工場へ供給される技能工を養成するための技術養成所を設立した。この養成所は、翌年3月に最初の56名の入所生を受け入れるなど、60年代における化学技術普及の重要な役割を担うことになった。

2) セメント

設備投資

セメントは、戦争後の再建において各種産業施設、住宅、橋梁、道路、水利施設を建設する際の必需原材料としてとくに重要であった。解放後のセメントの国内供給は、南地域に残された唯一の工場である小野田セメント三陟工場の払い下げを受けて運営されていた東洋セメント株式会社からのものが全てであった。したがって、肥料産業と同様にセメント産業において既存工場設備の補修および増設、工場新設が切実に要求される状況であった。幸いに原料である石灰石は豊富で、解放後に有煙炭から無煙炭への燃料の輸入代替はほぼ達成されていた[36]。解放後に新設され大韓洋灰株式会社に払い下げられた聞慶セメント工場は、1955年11月に建設費25億2,281万2,000ファンおよび899万2,000ドルでデンマークの建設会社によって建設工事が進められ、57年から生産を開始した[37]。ここでは、設備投資を通じた技術革新の効果が明確に確認で

表5-5 セメント工業の技術革新と自給率上昇

(千トン、%)

年	国内消費量	国内生産量 東洋	国内生産量 大韓	自給率	技術革新内容	資金元
1942	37					
1943	85					
1944	55					
1945	16					
1946	11	6		52.3		
1947	22	27		121.5	補修	
1948	29	22		77.7		
1949	12	25		221.1		
1950	7	7		102.1		
1951	24	12		49.9		
1952	52	36		69.9		
1953	106	44		41.5		
1954	74	62		84.2	補修	UNKRA 55万ドル
1955	189	56		29.8		
1956	61	46		75.2		
1957	285	78	14	32.2		
1958	604	91	205	49.0		
1959	399	127	231	89.7	補修	67万ドル+5億ウォン
1960	489	197	251	91.8		
1961	592	230	293	88.5	補修/増設	DLF 61万ドル/ICA 12万ドル/その他43万ドル

出所：韓国生産性本部生産性研究所『韓国工業の技術革新と労働力構造の変化：セメント工業を中心に』韓国生産性本部、1962年、8、12、16、37、75頁。
注：1) 技術革新内容および資金元は東洋セメントの場合。
　　2) 1959年の補修はキルン1台、1961年の補修は原料粉砕機2台、同年の増設はセメント粉砕機2台、キルン1台、石炭粉砕機1台。

きる東洋セメントの事例を中心に調査した韓国生産性本部の調査を活用する。この調査は、調査班を東洋セメントと大韓洋灰に滞在させ、設備投資が行われた59年と前年度、そして61年と前年度の変化を検討した[38]。

　セメントの需要は、解放直後には安定していないが、本格的な再建が始まる1950年代後半から比較的安定的に伸びている（表5-5）。東洋セメントの生産は、54年にUNKRA資金を受けて設備投資を行いほぼ解放前の水準に到達し、59年の国内および国外資金による補修と61年の複数の援助資金による補修および増設によって戦前水準を上回るようになった。大韓洋灰の生産は、53年

と54年に14万ドルおよび525万ドルのUNKRA資金を受けて20万トンの規模で建設され、57年から東洋セメントの生産を上回るようになった。以上のような両社の供給拡大は、50年代後半に需要が拡大するなかで自給率上昇に大きく貢献した。

生産性向上

　セメント産業は装置産業であり、設備投資による生産性向上の効果が明確に表れる。セメント生産の主な工程は、原料である石灰石の運搬および粉砕、回転炉での焼成、包装に分けられる。セメント生産の技術革新は、焼成工程への設備投資、すなわちキルンの補修および増設により効果を高められる。以下では東洋セメントにおいてキルンが補修および増設された1959年および61年とそれぞれの前年との変化について考察する。

　焼成工程で作られたクリンカの1959年の生産高は19万1,176トンで、前年度と比べて110％の増産を実現した（表5-6）[39]。従業員1人当たり生産高は59年には611トンで、前年度と比べて260％の労働生産性の向上を実現した。労働生産性の上昇率が増産率より高いのは、従業員を設備拡大に比例して増員しなくても対応できたためであった。なおクリンカのトン当たりの労働時間は、職員の場合に5.3時間で前年度より48％減少しており、工員の場合は8.9時間で前年度より66％減少した。工員より職員の減少率が低かったのは、設備投資により管理機能が増大したためであった。61年の労働生産性向上の効果が59年より低いのは、59年の場合は補修による設備投資であったため技術革新の効果が短期間で表れたが、61年の場合は増設であったため技術革新の効果が調査した時点において実現されていなかったためと考えられる。

　以上のように基幹産業の一つであったセメント産業は、援助資金を中心に設備投資を行った結果、労働生産性向上を実現する技術革新に成功し、自給率を上げ、輸入代替にも成功したのである。

表 5-6 技術革新の効果（東洋セメント）

技術革新内容	年	補修		増設	
		1958	1959	1961	1962
クリンカ生産高（千トン）		91	191	221	360
クリンカトン当労働時間	職員	10.1	5.3	5.4	4.2
	工具	26.4	8.9	8.5	8.2

出所：表5-5に同じ、76〜77頁。

4．雇用と技術

(1) 雇用構造の変化

1) 規模別

　以上で考察した人的資源の形成に支えられた技術革新は、各企業における技術職の構成を大きく変化させた。1961年の50人以下中小企業における大半の技術職は、10年以上の経歴を有していた（表5-7）。卒業直後に入社したとすると、彼らは51年以前に入社したことになる。解放後に学校教育を受けた学生は、中小企業の技術職の中で約30％に過ぎなかった。しかし技術職が大半を占める建設およびサービス部門と鉱石および採石部門を除く他の部門においては、解放後に学校教育を受けたと予想される技術職の割合が50％を越えることに注目すべきである。なお、大企業における技術職の約60％が51年以降の卒業者であると推定される。すなわち、60年代初頭の大企業における技術職の大半が、解放後に学校教育を受けた者で構成されていたと言える。とりわけ紡織/衣類および皮革類製造部門と皮革/ゴム/化学/非金属鉱物製造部門において、解放前世代から解放後世代への技術職の代替が急激に進んだことを確認できる。

2) 世代交代

　以上で考察した技術職における世代交代を機械産業部門を中心に詳細に調べ

表 5-7　規模別業種別技術職従事者の経験年数構成（1961 年現在）

（％、名）

	大企業				中小企業			
	5年以下	5～9年	10年以上	計	5年以下	5～9年	10年以上	計
鉱業・採石	48.5	15.9	35.5	439	20.0	20.0	60.0	25
食料/飲料・タバコ製造	57.6	20.8	21.5	144	29.4	35.3	35.3	85
紡織/衣類・皮革類製造	62.1	17.6	20.3	404	52.0	28.0	20.0	125
木材/家具/紙類製造・印刷出版	57.1	19.6	23.2	112	50.0	12.5	37.5	40
皮革/ゴム/化学/非金属鉱物製造	72.8	11.5	15.7	478	43.4	18.9	37.7	265
金属製品製造	52.4	7.3	40.4	275	31.0	16.7	52.4	210
その他製造	80.0	6.7	13.3	30	33.3	16.7	50.0	30
建設・サービス	35.7	13.6	50.7	1,879	9.4	8.0	82.6	1,750
計	47.8	14.0	38.2	3,761	18.6	12.1	69.4	2,530

出所：図 5-2 に同じ。
注：中小企業は従業員 50 名以下。

てみよう。ここで使用される資料は、1965 年 8 月 31 日現在で機械製造業、電気機械器具製造業、輸送用機械器具製造業の中から選んだ従業者規模 200 人以上の事業所 22 ヵ所、100 から 199 人規模 28 ヵ所、100 人未満規模 95 ヵ所を対象にして、調査員が直接に技術職従事者を調査したものである[40]。65 年の機械関連企業における大半の技術職は、解放後に教育を受けた者であった（表 5-8）。経験年数 21 年以上の従事者は、解放前に教育を受けた後、実務経験を積んだ者である。経験年数 16 年から 20 年までの従事者では一部の者が解放前に教育を受けて解放後に経験を積み始めたと想定される。経験年数 16 年以上の従事者を解放前の教育の影響を受けた者として扱うと、技術者は 90.3％、技術工は 73.5％、技能工は 94.6％が解放後に学校教育を受けて経験を積んできた者になる。

　解放前に教育を受け、経験も積んだ技術職が、数は少ないが重要な役割を担っていたことを否定できないにしても、解放後の人的資源の形成と技術革新を通じて、解放以後に教育を受け経験を積んだ技術職へ世代交代が進んだことを確認ができる。

表 5-8　職階別職種別技術職従事者の経験年数構成（1965 年 8 月 31 日現在）

(%、名)

		1年未満	1～2年	3～5年	6～10年	11～15年	16～20年	21年以上	計
技術者	電気	13.2	39.5	25.7	11.4	3.0	2.4	4.8	167
	機械	15.4	19.8	28.7	14.9	7.8	3.6	9.8	449
	金属	9.5	31.0	40.5	13.1	3.6	2.4	-	84
	船舶	16.7	13.0	42.6	13.0	10.2	2.8	1.9	108
	その他	10.0	35.0	20.0	20.0	7.5	2.5	5.0	40
	計	14.3	24.6	30.7	14.0	6.7	3.1	6.6	848
技術工	電気	5.6	3.1	53.1	21.9	3.8	3.8	8.8	160
	機械	2.0	2.8	39.1	19.0	8.7	11.1	17.3	601
	その他	1.3	3.9	31.2	15.6	7.8	14.3	26.0	77
	計	2.6	3.0	41.1	19.2	7.6	10.0	16.5	838
技能工	電気	19.9	27.8	24.8	10.4	5.9	4.3	6.9	903
	金属機械	9.6	18.9	26.5	20.4	9.9	5.7	9.0	7,300
	金属材料	7.2	18.9	25.1	20.6	10.1	5.7	12.5	2,393
	その他	10.9	23.3	22.5	15.3	11.5	5.8	10.7	1,917
	計	10.1	20.2	25.5	18.9	9.9	5.6	9.8	12,513

出所：韓国産業技術開発本部『(経済企画院委嘱) 機械工業技術実態調査総合報告書』1965 年、102～103 頁。

(2) 技術蓄積

1) 特許の増加

　特許制度は、形成の経路が異なる各種の技術を一つの体系として公認するプロセスである。したがって発明および実用特許件数の推移は、技術革新とその基盤になる人的資源の形成の成果、すなわち技術蓄積を測定する有用な指標になる。

　1946 年 1 月 22 日に軍政法令第 44 号により特許院が設けられ、同年 10 月 5 日の名称変更（特許局となる）と所属変更（商務部所属へ）を経て、翌 47 年から特許出願の受付が開始された[41]。47 年から 58 年までの発明特許出願に対する登録率は 15％であった。無審査主義を採択しているイタリア（84.4％）、フランス（90.5％）より低いのは当然であるとしても、審査主義を採択しているアメリカ（57.3％）、イギリス（49.0％）、ドイツ（32.6％）、日本（30.4％）よりもはるかに低調であった。

表 5-9 解放後の発明および実用特許出願許可の部門別推移

年	発明								実用							
	機械		電気		化学		出願計	登録計	機械		電気		化学		出願計	登録計
	出願	登録	出願	登録	出願	登録			出願	登録	出願	登録	出願	登録		
1947	110	0	35	0	91	0	236	0	195	0	40	0	5	0	240	0
1948	103	0	9	0	57	4	169	4	151	2	7	0	8	1	166	3
1949	136	5	22	0	75	2	233	7	207	9	8	1	14	0	229	10
1950	73	2	3	1	50	2	126	5	109	6	7	0	7	0	123	6
1951	12	0	4	0	14	0	30	0	28	1	0	0	1	0	29	1
1952	60	4	2	0	29	17	91	21	67	13	0	1	2	0	69	14
1953	46	3	2	1	28	4	76	8	142	19	3	0	7	1	152	20
1954	71	14	5	0	56	15	132	29	167	28	5	1	3	2	175	31
1955	80	14	9	0	67	38	156	52	260	70	4	2	17	1	281	73
1956	140	31	8	3	139	47	287	81	450	123	17	6	27	6	494	135
1957	194	19	20	1	255	38	469	58	690	108	31	6	37	9	758	123
1958	243	32	25	0	287	86	555	119	973	163	79	7	53	7	1,105	177

出所：商務部特許局『特許年報』合本版（1946～1958）、1959 年。

図 5-6 植民地期と解放後の発明および実用特許件数の推移

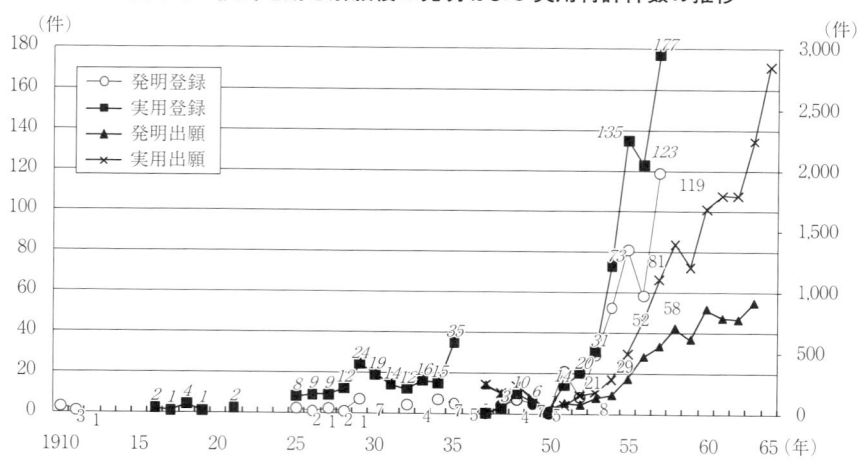

出所：商務部特許局（1959 年、326～332、348～349 頁）特許庁（http://www.kipo.go.kr/）。

注：1）植民地期は韓国人の特許登録件数。
　　2）1947～58 年総発明特許 384 件の中で外国人特許は 22 件。
　　3）発明出願と実用出願の件数は右軸。

各年度別の実績を調べてみると、最初年度は源泉技術に近い発明特許が236件、実生活に応用した実用特許が240件受け付けられたにも関わらず、1件も登録されなかった（表5-9）。それ以降、登録件数は一定ではなかったが、1952年から徐々に増加し、登録率も伸びた[42]。部門別にみると、発明特許は、化学部門が一番多く、機械部門がこれに次ぎ、電気部門は低調であった。実用特許は、機械部門における登録件数が圧倒的に多く、電気や化学部門は低調であった。

　続いて発明および実用特許件数の推移を植民地期と比べてみよう。植民地期における韓国人の実用特許は、1935年に35件で最高件数を記録するが、解放後の55年になるとその水準を大きく上回るようになる（図5-6）。発明登録および実用登録の59年以降の推移が確認できないため、発明出願および実用出

表5-10　職階別職種別技術職従事者の技術水準（1965年現在）

(人)

		特許	資格免許	国外訓練
技術者	電気	8	27	37
	機械	30	8	36
	金属	6	0	1
	輸送用機械	1	14	20
	その他	2	12	3
	計	47	61	97
技術工	電気	0	3	3
	機械	4	2	1
	金属	1	1	0
	輸送用機械	1	11	1
	その他	0	10	1
	計	6	27	6
技能工	電気	1	0	0
	機械	11	0	0
	金属	0	0	0
	輸送用機械	0	0	2
	その他	0	2	0
	計	12	2	2

出所：表5-8に同じ、104～105頁。

表 5-11　職階別職種別技術職従事者の学歴構成（1965年現在）

(%、人)

		大卒以上	初大卒	高卒	中卒	その他	計
技術者	電気	95.2	−	2.4	1.8	0.6	167
	機械	89.5	1.3	4.2	2.4	2.4	449
	金属	97.6	1.2	−	1.2	−	84
	船舶	99.1	−	0.9	−	−	108
	その他	95.0	2.5	2.5	−	−	40
	計	92.9	0.9	2.9	1.8	1.4	848
技術工	電気	−	20.0	78.1	−	1.9	160
	機械	0.2	12.0	76.9	2.3	8.7	601
	その他	−	13.0	70.1	−	16.9	77
	計	0.1	13.6	76.5	1.7	8.1	838
技能工	電気	0.4	0.9	24.9	36.1	37.7	903
	金属機械	0.2	0.4	15.9	35.9	47.6	7,300
	金属材料	0.0	0.4	8.8	28.3	62.8	2,393
	その他	0.4	0.5	14.7	30.0	54.4	1,917
	計	0.2	0.4	15.0	33.6	50.8	12,513

出所：表5-8に同じ、99～100頁。

願の推移をみると、60年代前半においても特許獲得の努力が続いており、技術革新とその基盤になる人的資源形成の成果が継続していたと評価できる。

　それでは誰が特許を獲得しようとしていたのだろうか。全ての出願者に関する情報はないが、1965年現在に技術職の中で技術者は5.5%、技術工および技能工も多くはないが特許を保有していた（表5-10）。その背景にはほとんどの技術者が大学を卒業しており、大半の技術工が高卒以上で半分の技能工も中卒以上という学歴の高さがあった（表5-11）。彼らは、特許だけではなく、資格免許をも保有し、国外訓練の経験も積むなど、技術蓄積に貢献していたと考えられる。

2）輸入代替

　技術蓄積を測定するもう一つの主要な指標が輸入代替である。すなわち各産業において輸入代替がどの程度進んでいるのかを基準にして、技術蓄積の水準

を評価することができる。

　機械産業の各企業で保有している解放前に製造された機械の中では周知のように日本製がほとんどであった（図5-7）。1940年代後半に保有するようになった機械も大半が日本製であった。しかし韓国製も、40年代後半から伸びており、50年代前半には日本製機械に匹敵するようになり、50年代後半には日本製を逆転し、60年代前半には3倍以上になっている[43]。ただし公式的な経済交流が再開する65年前においても日本製機械の輸入が増加している点は注目すべきである。アメリカ製は、50年代前半より徐々に伸び、ドイツ製は50年代後半から急増しており、機械輸入相手先の多様化が進んでいた。機械類の輸入においては解放直後の施設の復旧におけるアメリカの高い貢献とは異なる様子を見せている。

　各機械の技術水準を考慮せずに機械台数だけを基準にする限り、機械製造業の輸入代替は解放直後から進み、1960年代前半に各企業が保有した機械類では60％以上を韓国製が占めるようになった事実を確認できる。

図5-7　各企業の保有機械類製造年別国別割合（1965年現在）
（％、台）

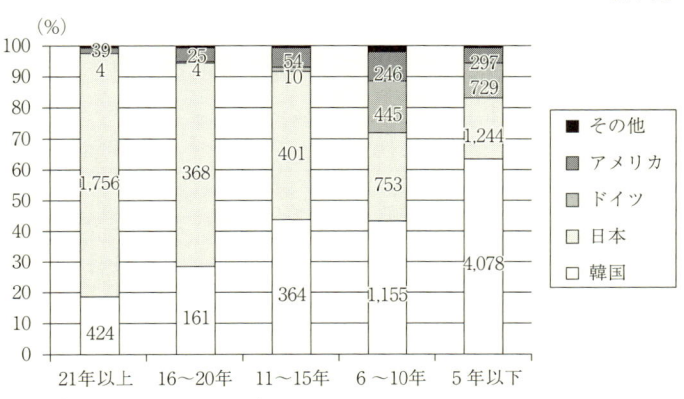

製造年	韓国	日本	ドイツ	アメリカ	その他
21年以上	424	1,756		4	39
16〜20年	161	368		4	25
11〜15年	364	401		10	54
6〜10年	1,155	753	445	246	
5年以下	4,078	1,244	729	297	

出所：表5-8に同じ、123〜125頁。

5．おわりに

　以上で考察したように解放後から1950年代において米軍政の下で行われた韓国の人的資源政策は、比較的体系的に進められ、引揚げによって生じた日本人技術職の空白を埋めつつ、設備投資に促進されて技術革新の基盤を作り上げた。

　人的資源形成の最重要政策であった学校教育は、韓国人指導層の意見を参照しながら解放直後から米軍政庁の計画の下で進められた。学校再開や教科書配布と教育再編の成果は、各種の学校在学生数の増加から確認された。なお、理工系卒業生数は1950年代後半には不景気で減少するものの、49年には43年の水準を上回るようになった。

　解放直後の人的資源政策は、米軍政庁の下で行われたが、その体系的実施を担った者は、植民地期において技術と行政能力を備えた韓国人であった。とりわけ養成政策は、第一に、高級技術者の養成のために海外派遣を進めた点、第二に、植民地期に満州、日本、朝鮮内において多用な経路を通じて習得した技術を検定試験を通じて統一的な基準から評価・判定した点、第三に、国立研究所と各大学および工場が連携しながら短期養成を行ったことなどから判断して、体系的な政策であったと評価できる。

　人的資源の形成に支えられた技術革新は、援助による設備投資により促進された。援助は、消費財中心に行われたことは間違いないが、50年代後半において原料および半製品と鉱工業を中心とした施設財部門の割合が高かった点を見逃すことはできない。すなわち、原料および半製品の援助は経済再建に寄与し、施設財部門の援助によって技術導入が行われた。

　技術革新の成果は、基幹産業の事例から確認できた。肥料とセメントは、食糧増産と施設再建のために必需物資であった。忠州肥料工場は、形成されつつあった人的資源を活用して、導入された設備の運営に成功した。それは他の会社の設立と運営に必要な人材の養成にも重要な役割を果たした。東洋セメント三陟工場は、設備の補修および増設後に明確な技術革新の効果を確認でき、大

韓洋灰聞慶セメント工場の新設稼動と合わせてセメントの国内自給率の上昇に貢献した。

人的資源の形成と設備投資に促進された技術革新は、雇用構造を変化させ、技術蓄積に貢献した。解放後に教育を受け経験を積んだ技術職は1960年代初頭の中小企業においては少なかったが、大企業においては大半を占めており、60年代半ばには全ての企業において大半を占めるようになった。上位技術職は解放前に教育を受け経験を積んだ者が占めていたと予想されるが、解放後の人的資源の形成と技術革新により世代交代が急激に進んだことが確認できた。

人的資源の形成と技術革新は、技術蓄積を進めた。技術蓄積の指標になる特許の獲得は、他国と比べると高い水準ではなかったが徐々に上昇しており、1950年代半ばに植民地期の最高水準に達した。もう一つの技術蓄積の指標である機械の輸入代替は、解放直後から進んでおり、50年代後半には各企業の設備機械において韓国製の割合が日本製を逆転するようになった。

以上で考察したように解放直後から人的資源の形成が進み、1950年代後半からは設備投資に促進された技術革新も成果を挙げた。60年代以降の韓国の本格的な経済発展の基盤はこの時期に準備されていたのである。

* 本章の作成に当たり、コメントや日本語の修正をしてくださった、加瀬和俊教授や沢井実教授に感謝する。

注
1) 植民地期における技術者の状況に関して一番信頼できる資料は、1939年現在専門学校卒業以上の技術者を網羅した『朝鮮技術家名簿』(朝鮮工業協会、1939年)である。この調査によると、総技術者6,775名の中日本人技術者が5,720名と全体の84.4％を占めていた(金秉觀「日帝下朝鮮人技術者の形成過程と存在形態」(忠南大学校大学院経済学科博士学位論文、1996年、131頁)。
2) 尾高煌之助「引揚者と戦争直後の労働力」(東京大学社会科学研究所編『社会科学研究』48巻1号、1996年)。
3) 湊照宏『近代台湾の電力産業：植民地工業化と資本市場』お茶の水書房、2011年。
4) 森田芳夫・長田かな子編『朝鮮終戦の記録』資料編第三巻、巌南堂書店、1980年。
5) 徐文錫「解放前後大規模綿紡織工場の高級技術者」(檀国大学校東洋学研究所『東洋学』40、2006年。

6) 韓駿相「アメリカの文化浸透と韓国教育：米軍政期教育的矛盾解体のための研究課題」(朴玄採ほか『解放前後史の認識 3』ハンギルシャ、1987年)、申相俊『米国軍政期の南韓行政体制』韓国福祉行政研究所、1997年、韓国職業能力開発院『職業教育訓練100年史』1998年。
7) 前掲『米国軍政期の南韓行政体制』396頁、以下同様。
8) この委員会は、当初の目標を達成したと判断されて、1946年5月に解散した(同上、397頁)。
9) 同上、397頁。
10) 金成洙は学務局長の顧問になったが、1945年12月18日に兪億兼が学務局の韓国人局長に任命され、朝鮮教育委員会に復帰した。彼は、45年10月5日に委嘱された11名の軍政長官顧問会の座長にもなった(同上、397頁)。
11) 同上、398～408頁、以下同様。
12) 経済企画院『韓国技術系人的資源調査報告書』経済企画院、1961年。
13) 韓国銀行(http://ecos.bok.or.kr)。
14) このような事実は、5人以上の産業別および製造業雇用者数の推移からも確認できる。詳細は、宣在源「植民地工業化と有業率減少：1930・1940年国勢調査の検証と解放後との比較」(『経済史学』第49号、2010年)を参照されたい。
15) 軍政庁商務部『技術教育指導委員会年報』朝鮮工業図書出版社、1946年度版、以下同様。
16) 安東赫「工業技術非常対策の樹立」『朝鮮経済』1-3、1946年。
17) 『東亜日報』1933年10月18日、33年10月24日、34年4月19日、34年11月27日、36年3月7日(http://www.koreanhistory.or.kr 以下で引用する新聞資料はこのサイトから検索した)。このような講演のほかにも「五感の科学」、「科学『デー』の由来」など科学概念を普及するためのものも多数発表した(『東亜日報』1939年3月5日、39年4月18日)。一方彼は、新規制に変わった徽文高の第1期優等卒業生5人の中で1人であった(『東亜日報』1923年3月20日)。
18) 前掲『技術教育指導委員会年報』、以下同様。
19) 洪性囿『韓国経済とアメリカ援助』博英社、1962年、43頁。
20) たとえば、アメリカで技術教育を受けて帰国した電気技術者などの派遣技術者に関する新聞報道を容易に見つけれる(『東亜日報』1956年2月7日)。
21) 前掲『技術教育指導委員会年報』。
22) 他にも通信無線士検定試験の施行(『東亜日報』1950年4月24日)などが確認できる。
23) 朴文圭・安東赫・朴キョンス「朝鮮経済建設の諸問題」(『朝鮮経済』1-5、1946年、15頁)。
24) 後述するように養成期間は、要綱とは異なり実際には6ヵ月であった。

25) このような技術者養成政策以外にも技術向上のための出版物の発行を進めた。第一に、官庁、各会社、工場、鉱山事業場の著名な技術者に技術向上に必要な意見と経験などを執筆させて出版した。第二に、機械、紡織、化学製品など約200種類に対して従業員および学生に参考になるよう実際の制作方法の解説書を刊行した。第三に、工業局、鉱務局、土木部などへ依頼し、「現場出張復命書」などの収集を通じて工場、鉱山、事業場に関する内容を掲載し、各業界間の長所を交換し外国の工場および鉱山に対する情報も紹介することを計画した（前掲『技術教育指導委員会年報』19頁）。
26) 技術教育院の設置は、技術教育委員会の安東赫理事と後に副委員長になる李喜承の主張にも助けられて強力に進められた（安東赫「科学技術に対する緊急対策」『白民』 4 – 5、1948年、李喜承「経済建設と技術教育」『民聲』 5 – 5、1949年）。結局、技術教育院は、大統領令（1949年3月12日）で新設され、農業を除く全ての部門に必要な技術者を短期間で養成するという従来の養成政策の目的を継承した。すなわち、技術教育院の職制に「技術教育院は学校、研究所、工場、その他の生産機関から申し込みがある場合に技術院養成所を付設し生産に必要な技術者に直接に技術を教育」し、「技術院養成所を付設した機関から申し込みがある場合には、人件費、在所生の食費、消耗品および施設の修繕維持に必要な経費を補助」するという条項が明記されている。この教育院は、商工、文教、国防、通信、財務、内務各部関連の技術者4,200余名を養成するために1949年度予算として1億8,000余万ウォンを申し込んだ。米国経済協力処（ECA）もこの教育院に対して高い関心を示しており、全幅の援助を計画中であると報道されていた（『ソウル新聞』1949年3月12日、『連合新聞』1949年3月12日および13日）。
27) 技術導入の各国別導入状況については、韓国歴史情報統合システム（http://www.koreanhistory.or.kr）においてキーワード「技術」で検索した結果2,995件の記事により確認できる。
28) 国別技術導入の状況を件数で整理することは、記事の内容が重なることも多く意味がないと判断したため、ここではその傾向を説明することにとどめる。
29) 韓国産業銀行調査部『韓国産業経済10年史』1955年、244頁、『東亜日報』1948年6月24日、29日、7月1日、13日、20日。
30) 金ソンジョ「1950年代基幹産業工場の建設と資本家の成長」（延世大学校大学院史学科碩士学位論文、2002年、19～26頁、以下同様。
31) 1953年2月15日から62年6月9日までに韓国で使われた通貨単位。
32) 商工部『忠州肥料工場建設の経緯および現況』1957年、以下同様。
33) 忠州肥料株式会社『忠肥10年史』1968年、81～88頁、以下同様。
34) この評価に関しては、李大根（『解放後：1950年代の経済』三星経済研究所、2002年、513頁）を参照している。1960年代における韓国経済の主力産業として成長した化学産業に関する分析は、山田三郎編（『韓国工業化の課題』アジア経済研究所、1971年、141～219頁）を参照されたい。

35) 前掲『忠肥10年史』112頁、以下同様。
36) 経済企画院『科学技術白書』経済企画院、1962年、283頁。
37) 前掲「1950年代基幹産業工場の建設と資本家の成長」19〜26頁。
38) 韓国生産性本部生産性研究所『韓国工業の技術革新と労働力構造の変化：セメント工業を中心に』韓国生産性本部、1962年、6頁。
39) 前掲『韓国工業の技術革新と労働力構造の変化』71〜80頁、以下同様。
40) 韓国産業技術開発本部『(経済企画院委嘱) 機械工業技術実態調査総合報告書』韓国産業技術開発本部、1965年、85頁。ここで技術職とは、13歳以上で6ヵ月以上の熟練を要する技術職種において精神的ないし肉体的労働を行っている全ての者を指している。なお、技術者とは、旧制専門学校、高等工業学校、高等農業学校、高等水産学校卒業者を含む理工系大学卒業者と政府機関から公認された同等以上の者、そして同等の技術能力を認められた者である。技術工とは、理工系初級大学あるいは理工系大学2年以上の修了者あるいは理工系高等学校卒業者として3年以上該当の技術専門分野に従事する者と、政府機関から公認された同等以上の資格を有して調査時点で現に該当の技術分野に従事する者である。技能工とは、技術者と技術工以外に熟練工、半熟練工、見習工など6ヵ月以上の習得を要する技術職種に従事する全ての技術職従事者である。
41) 商務部特許局『特許年報』合本版（1946〜1958年）1959年、11頁、経済企画院、前掲『科学技術白書』167〜169頁、以下同様。
42) 解放後、発明特許第1号（硫化染料製造法）の取得者は、前述した安東赫であった（前掲『特許年俸』209頁）。
43) ここで考慮すべきことは、機械の修理および改造した価値が製造元の価値より大きくなった場合に製造国と変えた点である（前掲『機械工業技術実態調査総合報告書』86頁）。なお使用年数は、他企業で使用された年数も加算して合計で示した。

第Ⅲ部

市場と企業

第6章　綿紡織業

徐文錫

1. はじめに

　日本帝国を中心に編成されていた朝鮮半島の経済構造は1945年8月15日に解体された。新しい政治・経済の主体が形成されるには時間が必要であった。韓国人たちはその空白を埋めようと努めたが、自力でその構造を解体させたわけではなかったので、新しい主体を形成しようとする試みは困難を極めた。

　その空白を埋めたのは米軍政であった。米軍は北緯38度以南の韓半島を占領し、軍政を実施した。米軍政の基本目標は、韓国の状況を安定させ、アメリカ流の資本主義を移植させることにあり、韓国人は自ら所有していた工場と、日本人の所有していた工場の生産を再開した。

　一方、ソ連が占領していた北緯38度以北の地域では社会主義に基づいた体制が樹立され、韓半島は資本主義体制と社会主義体制がぶつかる最前線となり、朝鮮戦争の結果、韓半島は大きな戦災を被った。その後、韓国はアメリカをはじめとする国際連合の援助を受けて復興を進め1950年代半ば頃に、主要産業の再建を達成した。

　本章の目的は、解放後から1950年代における綿紡織業の再建過程を具体的に分析することである。この時期に関する従来の研究は、植民地期に日本人の所有であった帰属企業の払い下げと関連してその特恵的な性格を強調するか、あるいは植民地期との連続と断絶を見い出すことに重点が置かれていた[1]。それに対して本章では朝鮮戦争からの復興過程も含めて植民地期の遺産がどのように転換され、綿紡織業が再建されるのかを分析する。

　本章は、解放直後の韓国経済の成長要因を植民地支配あるいは援助といった

外部的な要因のみによって説明してきた通説とは異なり、成長要因を韓国の内部から説明しようとする立場に立ち、従来の「外因論」に対して「内因論」を主張する。

綿紡織業を取り上げる理由は、この産業が植民地経済体制の遺産に対する韓国人の主体的な対応を以下の点で最も典型的に示しているからである。

①植民地期に日本人の投資によって本格的に発展した産業である。

②植民地期の遺産である帰属企業のほとんどを占めていた。

③大規模な設備を保有していた大工場を中心に構成され、解放以降1950年代までの変化を最も典型的に表している。

以下、第2節では解放直後に綿紡織設備がどのように再建されたのかを検討し、第3節では、その設備が朝鮮戦争によって破壊された後、再び復旧される過程を考察する。

2. 解放直後における綿紡織工場の運営状況

(1) 解放直後の状況

解放直後、多くの引き揚げ者によって、人口が増加し、綿織物の需要は急増したが、輸入はできず、価格は急騰した。生産さえすれば大きな利益が期待できた[2]。

一方で国内の供給条件はどうだったか。植民地期から綿紡織以外の繊維関連工場は北韓地域にも存在していたが、大規模な綿紡織工場は南韓地域に集中していた[3]。その主要工場の紡績機と織機は、表6-1の通りである。

紡績機3万錘、織機1,000台以上の大規模工場は東洋紡績の京城工場と仁川工場、朝鮮紡織釜山工場、鐘淵紡績の全南工場と京城工場の3社5工場であった。その他、韓国人所有の京城紡織も2.5万錘の紡織機と約900台の織機を保有していた。全国では25万錘余りの紡績機と8,600台余りの織機が工場に設置され、設置紡績機の約5分の1、設置織機の10分の1が未設置の状態であった[4]。

しかも、設置された設備を利用して工場を稼動するにはさまざまな困難があった。まず、政治的な混乱とイデオロギーの対立によって工場の正常的な運営が妨げられた。また、日本人技術者の引き揚げによって工場を運営する技術者が不足していた。植民地期の日本人所有の綿紡織工場では日本人によって経営と技術が独占され、韓国人はそれに従うにすぎなかった。

さらに、原綿が非常に不足していた。当時の綿紡織工場の製品は混紡でなく、純綿糸や純綿織物がほとんどであったため、生産の再開には豊富な原綿が不可欠であったが、国内でそれを調達することはできなかった。植民地期には原綿

表6-1 解放直後における主要工場の設備現況

工場別	紡績機（錘）			織機（台）		
	設置設備 (A)	未設置設備 (B)	全設備に占める比重(%)	設置設備 (C)	未設置設備 (D)	全設備に占める比重(%)
郡是紡績（大邱）	19,928	15,672	10.6	0	408	4.2
大日本紡績（京城）	0	0	0.0	417	0	4.3
大和紡績（倉洞）	0	0	0.0	150	0	1.6
東洋紡績（京城）	45,328	0	13.4	1,440	231	17.4
東洋紡績（仁川）	35,088	0	10.4	1,292	0	13.4
朝鮮紡織（釜山）	40,000	10,304	14.9	1,264	49	13.7
朝鮮棉花（木浦）	0	0	0.0	86	0	0.9
朝鮮製麻（仁川）	4,480	0	1.3	0	0	0.0
鐘淵紡績（全南）	35,104	3,264	11.4	1,440	70	15.7
鐘淵紡績（京城）	48,320	1,400	14.7	1,525	0	15.9
所属不明	0	48,224	14.3	0	211	2.2
小計	228,248	78,864	91.0	7,614	969	89.3
京城紡織（京城）	25,600	4,600	9.0	896	0	9.3
松高実業（開城）	0	0	0.0	130	0	1.4
小計	25,600	4,600	9.0	1,026	0	10.7
合計	253,848	83,464	100.0	8,640	969	100.0
総計	337,312		100.0	9,609		100

出所：大韓紡織協会『紡協創立十周年記念誌』1957年、I-12～13頁より作成。
注：1）「未設置設備」には設置中のものを含む。
　　2）原資料に記載のなかった以下の工場は次のような事情によるものと思われる。呉羽紡績大田工場と鐘淵紡績春川工場は設置中、朝鮮紡織大邱分工場はメリヤス織物、朝鮮麻紡績全州工場は麻紡織物を生産。
　　3）韓国人所有の京城紡織と松高実業は便宜上分離した。
　　4）所属不明は日本人所有と見なした。

を強制的に集めたが、集荷システムが崩壊し、集荷の主体も存在していなかった。休業状態にあった56の綿紡織工場を調査した資料によると、休業の原因として原料不足を挙げたのが46工場にも達していた[5]。その他、植民地期に日本からの移入に頼っていた機料品[6]の不足や電力不足も隘路となった。

(2) 解放後の生産再開

1) 生産再開の基盤

まず、原棉の問題は短期的には輸入に依存するしかなかったが、個別工場レベルでそれを実施することは不可能であった。長期的な解決策としては、国内での棉花栽培面積の拡大、棉花収集の増強が考えられるが、当時の食糧難では棉花の栽培面積の拡大は現実的ではなかった。結局、この問題は1947年から米軍のGARIOA (Government and Relief in Occupied Areas) 資金による原棉輸入によって解決し、生産が再開された[7]。

機料品も、国内では生産が不可能だったため、輸入に依存するしかなかった。これも1947年にGARIOA資金によって少量の輸入が可能となり、操業中断の危機を乗り越えることができた[8]。そして、49年に23万ドルの政府保有外貨と53万ドルのECA (Economic Cooperation Administration) 援助資金が割当てられてから本格的な生産が行われるようになった。その他、一部ではあるものの、民間貿易を通じて喫緊の機料品が輸入された[9]。

電力については、自前の発電設備を保有していた朝鮮紡織などでは問題は軽微であったが、ほかの工場では北韓からの送電が中止となった1948年からは深刻化した。次第に電力問題は解消するものの、紡織工場の操業にはこの電力問題がつきまとった。

2) 韓国人技術者と熟練工の確保

生産再開の隘路は、以上のような物的側面だけでなく、工場の所有と経営の主体の欠如という人的問題も存在した。とりわけ、旧日本人所有の工場では、引き揚げた日本人の空白を埋めることが急務となった。

旧日本人所有工場は敵産と指定されて国家管理下に置かれたものの、工場の

運営を担う技術者の空白が問題となった。当時工場にいた韓国人は生産現場の職工、とくに女工がほとんどであり、工場の工程全般に関する知識と技術に欠けていた。

　植民地期の大規模な日本人所有の綿紡織工場では、朝鮮人技術者だけでなく、朝鮮で高等教育を受けた日本人技術者も採用していなかった。朝鮮で繊維工業分野の最高で唯一の教育機関である京城高等工業学校を出た朝鮮人・日本人技術者は官庁に就職するしかなかった。綿紡織業の最盛期であった1930年代末に京城紡織を除き、大規模な工場で朝鮮人技術者を雇用していたのは東洋紡績仁川工場しかなく、しかも徐廷翼という名古屋高工出身の1名に過ぎなかった[10]。他方、植民地期から朝鮮人所有であった京城紡織では主に朝鮮人技術者によって運営されていた。その技術者には、京城高工紡織学科だけでなく、日本に留学したものも含まれていた。彼らが、解放直後の技術的な空白を埋めざる得なかったのであるが、とくに京城紡織が「満州」に設立した南満紡績の技術者が、日本人所有の大工場で大きな役割を果たした[11]。

　ただし、熟練工の問題は技術者の場合とは異なっていた。1930年代の工場では職工・女工のほとんどを朝鮮人で賄っていたが、その過程で設備運用に関する技能が蓄積していった。設備の補填など高級な技術を習得することはできなかったものの、設備の作動・運用に関するものは充分なレベルに達していた。これらの熟練工がこの時期の生産再開に大きな役割を果たすことになった。実際、53年の調査によると、「技能者」と言われた熟練工のほとんどは解放以前から工場で働いた経験があったという[12]。

3）設備の整備

　こうして熟練工を中心に設備の整備が行われた。一部の工場では解放直後に日本人の放火やサボタージュによって設備の相当な部分が失われ、前述のように日本からの疎開設備の一部は工場まで届かず、駅の周辺で放置されたままであった。これらのものを含めて、先述の未設置設備のうち、紡績機の半分以上（4万8,224錘）、織機の5分の1（211台）はその所属が不明であった[13]。しかし、1949年には設置紡績機は解放直後より5万錘余り増加した30万4,522錘

となった。当時は海外からの設備の輸入がなかったので、この増加分はすでに国内に存在していた設備の整備によるものであった。

このような過程を、企業別にまとめたのが表6-2である。郡是紡績の場合、日本人の放火によってすべての紡績機が消失したが[14]、1947年以降整備され、49年には戦前水準までには至らなかったものの、相当の設備を保有するようになった。他の企業の場合でも47年以降設備の増設が相次いだが、それはその頃から生産が本格化したからであった。呉羽紡績の場合、戦前にはなかった設備を47年から設置しはじめている。金星紡織は解放後新たに参入した企業であるが、設備は永登浦駅周辺に放置されていた所有者不明のものであった[15]。

こうして整備された設備の水準を植民地期のそれと比較してみよう。朝鮮の綿紡織工場は1910年代に設立されはじめ、30年代半ばから生産が急増し、38年にピークに達した。そのときに20万錘を超えた紡機は43年まで21万台前後で横ばいになった後、44年からは日本からの疎開設備の流入によって25万台を超えるようになった（図6-1）。その水準が解放直後にも維持された。ところが、47年から49年まで増設が行われた結果、49年のそれは30万錘を超えた。すなわち、解放直後の混乱が早期に収束され、49年には戦前の水準を陵駕するようになったのである。

一方、織機の場合はどうだったのであろうか。同じく、企業別に推移をまとめたのが表6-3である。まず、紡績機と同様に1947年からの増設が目立つ。47年には657台が増設されたが、その多くは郡是紡績、京城紡織、鐘淵紡績であった。郡是紡績大邱工場の408台は解放当時保有していた未設置分を整備したものである。鐘淵紡績春川工場の200台は京城工場から移設によるものである。京城紡織の231台は、近くに立地していた東洋紡績京城工場の未設置分と推定される[16]。また、東洋紡績京城工場の減少分300台のうち一部は、鐘淵紡績春川工場に移設された。

1948年の増設は朝鮮紡織の55台に留まり、郡是紡績で408台、鐘淵紡績で200台がそれぞれ減少した。前者は工場の火災、後者は「敵徒の放火」によるものであった。49年には鐘淵紡績と金星紡織で増設が行われた。鐘淵紡績の場合、被害にあったものを再建し、京城工場から追加分を移設した。金星紡織

表 6-2　主要工場における紡績設備の推移

(錘)

社名（工場）		1945 年	1946 年	1947 年	1948 年	1949 年	増減
郡是紡績（大邱）	合計	19,928	0	3,200	10,000	12,000	
	増減	0	-19,928	3,200	6,800	2,000	-7,928
大日本紡績（京城）	合計	0	0	8,190	8,200	8,656	
	増減	0	0	8,190	10	456	8,656
大和紡績（倉洞）	合計	0	0	0	0	0	
	増減	0	0	0	0	0	0
東洋紡績（京城）	合計	45,328	45,328	45,328	45,328	45,328	
	増減	0	0	0	0	0	0
東洋紡績（仁川）	合計	35,088	35,088	35,088	35,088	35,088	
	増減	0	0	0	0	0	0
呉羽紡績（大田）	合計	0	0	5,376	10,712	15,848	
	増減	0	0	5,376	5,336	5,136	15,848
帝国製麻（仁川）	合計	4,480	4,480	4,480	4,480	4,480	
	増減	0	0	0	0	0	0
朝鮮紡織（釜山）	合計	40,000	40,000	50,304	51,024	50,304	
	増減	0	0	10,304	720	-720	10,304
鐘淵紡績（京城）	合計	48,320	48,320	49,720	49,720	49,720	
	増減	0	0	1,400	0	0	1,400
鐘淵紡績（全南）	合計	35,104	35,104	38,368	38,368	38,368	
	増減	0	0	3,264	0	0	3,264
鐘淵紡績（春川）	合計	0	0	5,136	5,136	5,564	
	増減	0	0	5,136	0	428	5,564
金星紡織（安養）	合計	0	0	0	0	8,966	
	増減	0	0	0	0	8,966	8,966
三護紡織（大邱）	合計	0	0	0	0	0	
	増減	0	0	0	0	0	0
小計（帰属設備）	合計	228,248	208,320	245,190	258,056	274,322	
	増減	0	-19,928	36,870	12,866	16,266	46,074
京城紡織（京城）	合計	25,600	25,600	30,200	30,200	30,200	
	増減	0	0	4,600	0	0	4,600
総計	合計	253,848	233,920	275,390	288,256	304,522	
	増減	0	-19,928	41,470	12,866	16,266	50,674

出所：大韓紡織協会『紡協創立十周年記念誌』1957 年、大韓紡織協会『繊維年報』各年版。
注：京城紡織（京城）は韓国人所有工場であり、便宜上分離した。

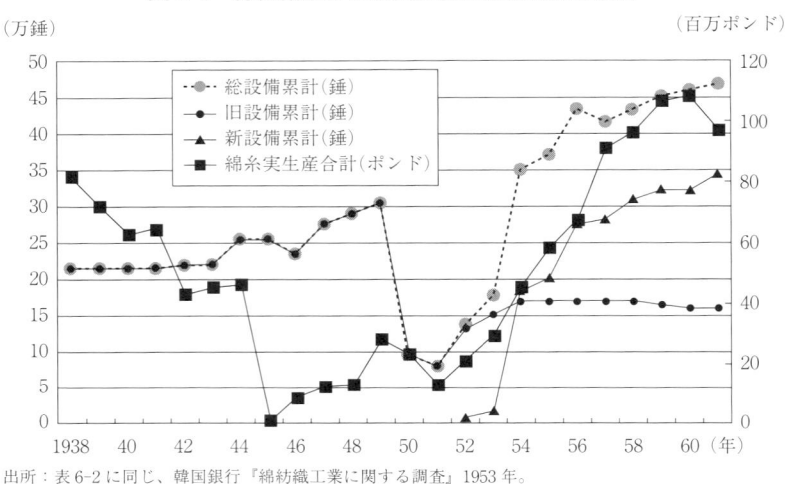

図 6-1　綿紡織業界の紡機設備と綿糸生産の推移

（凡例）
- 総設備累計(錘)
- 旧設備累計(錘)
- 新設備累計(錘)
- 綿糸実生産合計(ポンド)

出所：表 6-2 に同じ、韓国銀行『綿紡織工業に関する調査』1953 年。

は紡機同様に永登浦駅に放置されていた織機の払い下げを受けて整備したものである[17]。

　こうした織機は戦前に比べていかなる水準だったのであろうか。先述したように、戦前綿紡織工業のピークは 1938 年であり、当時の紡機は 7,806 台であった。この水準が 40 年初め頃まで維持されたが、44 年に日本からの疎開設備が移入され、8,016 台に増加した。そして、解放直後には 8,640 台の織機が存在していた。したがって、49 年の織機設置台数（8,970 台）は解放直後に比べて約 4％増加に留まっていたことになる。

　以上のように、解放から 1949 年までに、紡績機の場合 5.8 万錘が新たに設置される一方で 8,000 錘が減少して 5 万錘が増設された。また、織機は 969 台が新たに設置される一方で約 600 台が消失し 330 台が増加した。結果的にこの時期には、解放以前の遺産を再整備しつつ設備を増設して本格的に自立的な生産を再開しようとする段階だったと言える。

表 6-3 主要工場における織布設備の推移

社名（工場）		1945 年	1946 年	1947 年	1948 年	1949 年	増減
郡是紡績（大邱）	合計	0	0	408	0	0	
	増減	0	0	408	-408	0	0
大日本紡績（京城）	合計	417	417	413	413	413	
	増減	0	0	-4	0	0	-4
大和紡績（倉洞）	合計	150	150	148	148	148	
	増減	0	0	-2	0	0	-2
東洋紡績（京城）	合計	1,440	1,440	1,140	1,140	1,140	
	増減	0	0	-300	0	0	-300
東洋紡績（仁川）	合計	1,292	1,292	1,280	1,280	1,280	
	増減	0	0	-12	0	0	-12
朝鮮紡織（釜山）	合計	1,264	1,264	1,258	1,313	1,313	
	増減	0	0	-6	55	0	49
朝鮮棉花（木浦）	合計	86	86	158	158	158	
	増減	0	0	72	0	0	72
鐘淵紡績（全南）	合計	1,440	1,440	1,510	1,510	1,510	
	増減	0	0	70	0	0	70
鐘淵紡績（京城）	合計	1,525	1,525	1,525	1,525	1,525	
	増減	0	0	0	0	0	0
鐘淵紡績（春川）	合計	0	0	200	0	176	
	増減	0	0	200	-200	176	176
金星紡織（安養）	合計	0	0	0	0	50	
	増減	0	0	0	0	50	50
小計（帰属設備）	合計	7,614	7,614	8,040	7,487	7,713	
	増減	0	0	426	-553	226	99
京城紡織（京城）	合計	896	896	1,127	1,127	1,127	
	増減	0	0	231	0	0	231
松高実業（開城）	合計	130	130	130	130	130	
	増減	0	0	0	0	0	0
総計	合計	8,640	8,640	9,297	8,744	8,970	
	増減	0	0	657	-553	226	330

出所：表 6-2 に同じ。
注：京城紡織（京城）と松高実業（開城）は韓国人所有工場であり、便宜上分離した。

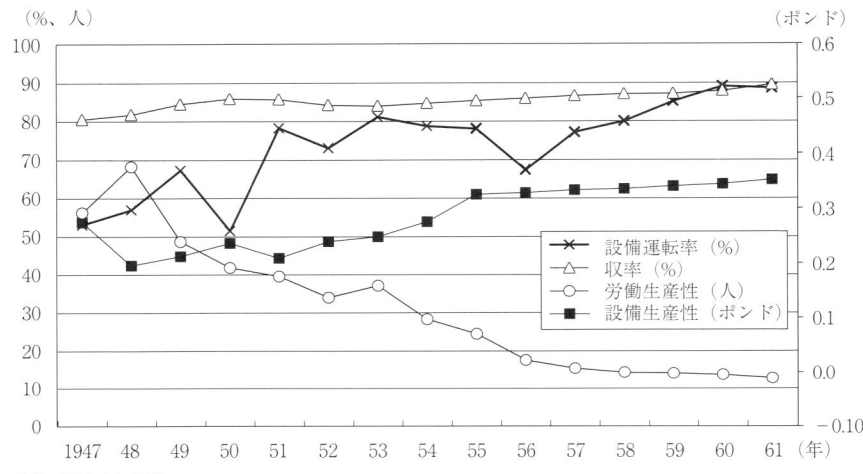

図 6-2　紡績部門の生産性の推移

出所：図 6-1 に同じ。
注：設備生産性とは紡績1錘が8時間に20番手の綿糸を生産する量、労働生産性とは20番手の綿糸、1梱を生産するのに必要な人数。

4）生産再開

　綿紡織業は解放後の韓国で最も早く生産を開始した部門であった。まず、紡績部門を見ると図 6-1 および図 6-2 の通りである。1945年12月までに、京城紡織、鐘淵紡績、大和紡績、朝鮮製麻が操業を開始した。もっとも綿糸生産量は44年の4,600万ポンドの70分の1にすぎない60万ポンドであり、運転率も44年の88.4％に比べて20分の1水準の4.3％であった。このように生産が急減したのは、先述したように、当時の政治的な混乱と日本人の引き揚げのためであった。46年に入ってほとんどの工場が生産を開始し、設備運転率も37.6％に上昇し、綿糸生産量も約900万ポンドに増加した。

　1947年からは本格的に綿糸生産が行われるようになった。綿糸生産量も1,000万ポンドを超え、設備運転率も51.3％と上昇した。設備生産性を表す、紡績機1錘が8時間に20番手の綿糸を生産する量も0.28ポンドとなり、50年代半ばの水準に近づいた。もっとも、労働生産性を現す、20番手の綿布1梱を生産するのに必要な人員は56.2人と前年の52.5人に比べて悪化し、技術問

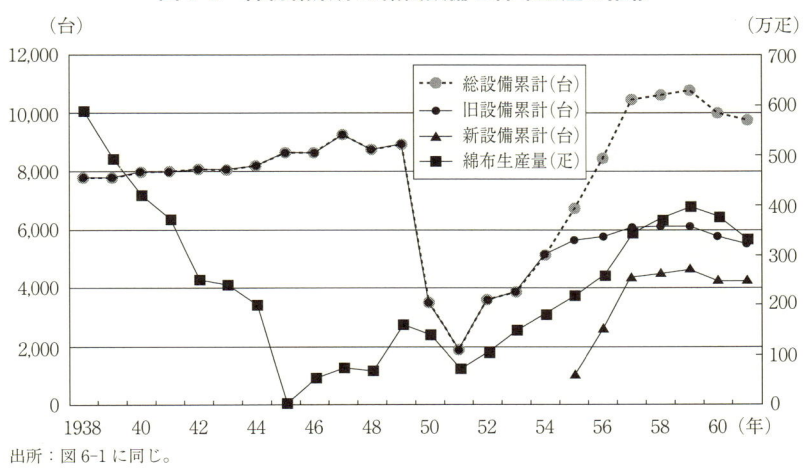

図 6-3　綿紡織業界の織機設備と綿布生産の推移

（台）　　　　　　　　　　　　　　　　　　　　　　　　　　　　　（万疋）

凡例：
- 総設備累計（台）
- 旧設備累計（台）
- 新設備累計（台）
- 綿布生産量（疋）

出所：図 6-1 に同じ。

題が隘路となっていることがうかがわれる。原料生産性を現す収率も 80.5％であり、50 年代の水準よりは低かった。

　1948 年には電力不足という状況に直面した。もっとも、自前の発電設備を保有していた工場で、2 交代など操業時間を増やしてより大きな利潤の確保に努めたため、全体的に生産は減少しなかった。もっとも設備・労働生産性はとも下落した。しかし、収率は前年の 80.5％から 81.7％に上昇した。

　1949 年には全般的に生産性が上昇し、生産量も増大した。この 49 年の水準を戦前のピークだった 38 年と比較してみると、設備は 21.4 万錘から 30.5 万錘と増加したが、綿糸生産量は 8,200 万ポンから 2,800 万ポンドと 3 分の 1 であった。もっとも、42 年以降の生産が 4,500 万ポンドだったことを考えると、この時期は戦前の 60％まで回復したと見ることができる。

　次に、織布部門を見ると、図 6-3 および図 6-4 の通りである。1947 年には、労働生産性を示す広幅の綿布 1 疋を生産するのに必要な人員は 1.64 人、設備運転率 54.5％、収率 86.4％、設備生産性を示す織機 1 台が 8 時間に広幅の綿布を生産する量は 20.1 ヤードであった。48 年には収率と運転率は少し上昇したが、設備生産性は 17.6 ヤードに減少し、労働生産性も 2.04 人と悪化した。紡

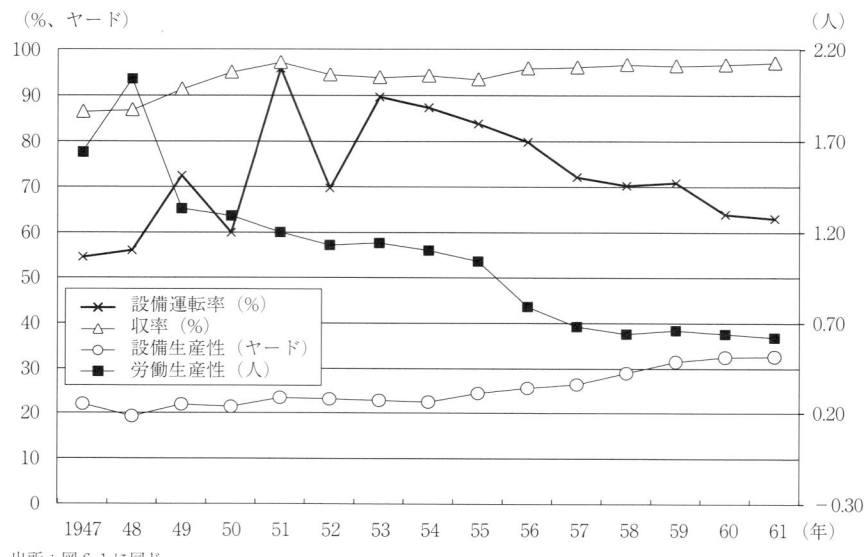

図 6-4 織布部門の生産性推移

(%、ヤード) (人)

凡例:
- 設備運転率（％）
- 収率（％）
- 設備生産性（ヤード）
- 労働生産性（人）

出所：図6-1に同じ。
注：設備生産性とは織機1台が8時間に広幅の綿布を生産した量、労働生産性とは広幅の綿布1疋を生産するのに必要な人員を意味する。

績部門同様に電力不足による影響であった。

　しかし、1949年には全般的に効率が上昇し、労働生産性も1.33人に改善し、運転率74.4％、収率91.3％、設備生産性も20.0ヤードとそれぞれ上昇した。この時期の生産を38年のそれと比較すると、設備は7,806台から8,970台と増加したが、生産量は590万疋から160万疋と戦前の3分の1であった。もっとも、42年以前の200万疋と比較すると、戦前の約80％に達したことになる。38年の運転率が96.2％、49年のそれが74.4％だったことを考えると、この時期の生産効率が相当高かったことを示している。

　この点をより長期的に表しているのが図6-5である。これは、単純に保有設備当たり生産量を示したものである[18]。これによると、解放直後には戦前より生産効率が著しく下落したが、49年以降の急激な上昇が明らかである。解放から48年までの低迷は、先述したような政治的な混乱によるものであり、と

図 6-5 紡機と織機の生産能率の推移

(ポンド、疋)

凡例:
- 1台当たり年間綿布生産量（疋）
- 1錘当たり年間綿糸生産量（ポンド）

出所：図 6-1 に同じ。

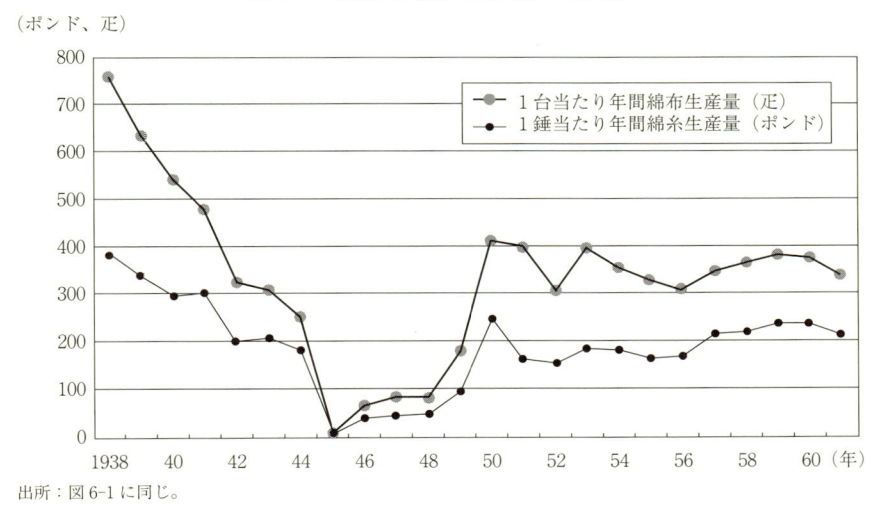

りわけ 47 年からの北朝鮮の送電中止が大きく影響した。しかし、49 年からは、これらの困難を乗り越えて綿紡織産業が再建された。

(3) 京城紡織の事例

　京城紡織は戦前に朝鮮人により設立・運営されていた唯一の企業であった。したがって、解放後にも左右のイデオロギー対立に関連した紛争を除くと、日本人所有工場のような混乱はなかった。1920 年代からの工場運営の経験が活かされ、長い現場経験と高度な能力を兼ね備えていた技術者と経験豊富な熟練工が存在していた。

　この技術者と熟練工は京城紡織だけでなく、他の工場の設備整備や生産再開にも大きな役割を果たした。とりわけ、京城紡織が満州に 1939 年に設立した南満紡績の技術者たちは、帰国してから各社の工場再建に寄与した。当時の状況を京城紡織社史は以下のように記している。

　　わが社では技術者と熟練工の不足に苦しんでいた第一紡績（旧東洋紡績京城

工場)からの要請もあって、南満紡績の引き揚げ技術者、従業員を大勢そこに派遣した。これによって第一紡績は最も困難な問題を解決することができ、わが社もこれまで道義的な責任を感じていた大きな問題(南満紡績の従業員にはもともと京城紡織に勤務していたか、京城紡織が新たに募集して派遣した者が多数含まれており、引き揚げ後、彼らを再雇用する責任を感じていた——引用者)の一つを解決することができ、3者ともに喜ばしいこととなった。〈中略〉南満紡績の技術者が第一紡績に大勢移動したほかにも、わが社出身の技術者は解放後各紡績会社が操業を再開する際に中枢的な役割を果たした[19]。

南満紡績からは45年9月から11月初めまでに3次に渡って引き揚げられた。その規模は、技術者・女工1,000人、労務者・家族400~500人であった[20]。

表6-4 京城紡織(南満紡績)技術者の移動状況(1949年)

在職団体		在職者	
団体名	所在地	職位	姓名
第一紡績公社(敵産旧東洋紡績)	ソウル本社	取締役	崔光源ほか3人
	永登浦工場	工場長	孟光鎬ほか4人
	仁川工場	工場長	孟光鎬ほか2人
	安養工場	工場長	孟光鎬ほか1人
高麗紡織(敵産旧鍾淵紡績)	永登浦	技術課長	尹吉重ほか1人
全南紡織(敵産旧鍾淵紡績)	光州	工場長	金福述ほか1人
全州紡織(敵産旧鍾淵紡績)	全州	常務取締役	金顯玉ほか1人
大韓紡織(敵産旧日本紡績)	永登浦	工場長	黄正道ほか2人
朝鮮製麻(敵産)		工場長	孫晋顯
朝鮮紡織(敵産)		繰綿工場長	金永乃
大田紡織(敵産旧呉羽紡績)	大田	管理人工場長	金鍾奎
大邱紡織(敵産旧郡是紡績)	大邱	社長・技術者	崔士烈
金星紡織(敵産旧朝鮮織物)	安養	社長・技術者	崔士烈
大亞紡織(敵産旧大和紡績)	倉洞	社長・技術者	安應鎬ほか2人
春川紡織(敵産旧鍾淵紡績)	春川	工場長	李亨永
三省製絲(敵産旧片倉製絲)	全州	常務取締役	金大永
商工部	ソウル	工業局長	柳漢相
商工部	ソウル	紡織課長	金奎善ほか2人

出所:反民族行為特別調査委員会資料「金季洙」、「思見德化願書」より作成。
注:第一紡績公社の場合、その他、全職員296人のうち主要職員51人、工員のうち主なもののほとんどを占める。

そのうち、他の工場で活動することになる人々のリストは表6-4の通りである。ここからは、彼らが各工場の核心的な地位に就いたことはもとより、商工部にも進出したことが注目される。

3. 朝鮮戦争期における綿紡織工場の運営

(1) 戦争の被害

綿紡織業は戦争によって大きな被害を被った代表的な産業である。ほとんどの工場が大きな敷地を保有していたが、軍用に転用された工場は、爆撃の主なターゲットとなったからである。

個別工場の設備資料に基づいた被害の程度は（表6-5）の通りである。紡績機は73.8％、織機は79％の被害を被ったことになる。1949年の紡機数は30万4,522錘であったが、50年には20万9,930錘、そして51年には1万4,798錘減少した結果、79,794錘が残ったのである。

もっとも、個別工場レベルでは紡績機錘が増加した場合もあった。朝鮮紡織大邱工場（旧 郡是紡績大邱工場）と三護紡織大邱工場がそれである。戦災を逃れるために疎開した設備を買い入れたためである[21]。前者が5,600錘、後者は4,282錘を増設した。

一方、織機の場合、49年に8,970台を保有していたが、50年に5,483台、51年に1,604台減少して1,883台のみが残った。高麗紡織ソウル工場（1,525台）、全南紡織公社光州工場（1,510台）、東洋紡績公社仁川工場（1,280台）、第一紡績公社（1,140台）などが比較的大きな被害を被った。業界全体としては全保有台数の79％に当たる6,861台が被害を受けたのである。

しかし、織機の場合でも設備を増設した工場が存在した。朝鮮紡織釜山工場は釜山に疎開されていた184台の織機を増設し、朝鮮紡織大邱工場も386台増加した。

こうして、朝鮮戦争によって綿紡織産業は設備の約80％に被害を受けたのである。これは、それまでの植民地期の設備のほとんどを喪失したことを意味

表6-5 綿紡織業界の戦災状況

旧社名	新社名	工場	紡機 (錘)				織機 (台)			
			1949年	1950年	1951年	被害率(%)	1949年	1950年	1951年	被害率(%)
郡是紡績	朝鮮紡織	大邱	12,000	14,800	15,600	−30.0	0	204	386	−
大日本紡績	全南紡織	ソウル	8,656	0	0	100.0	413	0	0	100.0
大和紡績	大亜紡織	倉洞	0	0	0		148	0	0	100.0
東洋紡績	第一紡績	ソウル	45,328	0	0	100.0	1,140	0	0	100.0
東洋紡績	東洋紡績公社	仁川	35,088	20,088	0	100.0	1,280	166	0	100.0
朝鮮紡織	朝鮮紡織	釜山	50,304	50,304	50,304	0	1,313	1,313	1,497	−14.0
朝鮮棉花	大韓綿業公社	木浦	0	0	0		158	0	0	100.0
鐘淵紡績	全南紡織公社	光州	38,368	0	5,000	87.0	1,510	1,132	0	100.0
鐘淵紡績	高麗紡織公社	ソウル	49,720	0	0	100.0	1,525	0	0	100.0
鐘淵紡績	高麗紡織公社	春川	5,564	0	0	100.0	176	0	0	100.0
呉羽紡績	大田紡織公社	大田	15,848	0	0	100.0	0	0	0	
	金星紡織	安養	8,966	0	0	100.0	50	0	0	100.0
	三護紡織	大邱	0	4,800	4,282	−	0	0	0	
帝国製麻	東洋紡績公社	鶴翼	4,480	0	0	100.0	0	0	0	
	東亜紡織	釜山	0	0	4,608	−	0	0	0	
小計 (帰属設備)			274,322	89,992	79,794	70.9	7,713	2,815	1,883	75.6
京城紡織	京城紡織	ソウル	30,200	4,600	0	100.0	1,127	672	0	100.0
松高実業	松高実業	開城	0	0	0		130	0	0	100.0
合計			304,522	94,592	79,794	73.8	8,970	3,487	1,883	79.0

出所：表6-2に同じ。

する。設備だけでなく、工場も破壊され、戦前からの生産システムをそのまま維持することが不可能になったのである。したがって、その後はそれまでの遺産を継承することだけでは生産再開ができなくなった。既存の工場の生産システムを再建しうる、あるいは新しいシステムを開発しうる技術体系[22]や、それを運営する技術者が生産再開に欠かせなくなった。こうしたシステムと人力を確保することができた企業は再建が可能となり、そうでなかった企業は復旧ができなかった。

(2) 戦災復旧と生産再開

1) 戦災復旧の基盤

朝鮮戦争中に大きな打撃を受けた綿紡織業であったが、その復旧は他の産業に比べて早かった。それは需要が最も大きいという産業の特性によるものであった[23]。問屋は前払金を払ってでも商品を購入しようと競争した。同一の設備

第6章　綿紡織業　173

を複数保有していたため、既存の設備を分解して再び組み立てることができたという要因もあった。こうして再生された設備の性能には問題がないわけではなかったが、それによって戦災復旧が早められた。

2）技術者・熟練工の活躍

　戦災復旧のためには資本と技術が欠かせなかった。ほとんどの綿紡織工場は帰属企業として管理された後に1951年から55年間に民間に払い下げられた。払い下げられた企業では新所有者による復旧が進められた。所有者の資金力によって復旧の速度や度合いが決められ、払下げの時期が早かった企業の方が復旧が早かった[24]。

　技術者の有無も復旧に重要な要因であった。設備の再生は単に部品の交替以上の意味を持っていた。戦争以前の整備は、設備が正常に稼動している状況で行われた。しかし、戦災は主に爆撃と火災によるものであったため、機械だけでなく建物も被害を被った。したがって、個別設備を再生することだけでなく、工程全体を整備しなければならなかった。

　当時の工場はモーターによる動力伝達方式でなく、ベルトによる方式であった。したがって、工程全般をコントロールしなければ生産の再開は不可能であった。さらに、高速回転・高速往復運動をする繊維機械の特性上、これを正常に稼動するために高いレベルの技術が求められた。熟練工だけではこれに対応できず、工程全般に対する理論と現場経験を兼ね備えた高級技術者が必要であった。

　彼らは中央工業研究所、協会技術課などで研究を進める一方で、海外視察と外国技術者の招聘を通じて海外の先進技術を習得した。さらに、既存の研究成果を共有し、伝播するために大韓繊維工業研究会、大韓紡織協会などを通じて組織的な活動を展開した。たとえば、業界内で中間・高級技術者を養成し、テキストなどの出版活動を行った。また、京城高等工業学校紡織学科を中心に国立ソウル大学校紡織学科を創設し、韓国の繊維産業の技術水準を高めるのに決定的に寄与した[25]。

　京城紡織の場合、以上の条件を最も備えていた。朝鮮人による企業であり、

戦前からの高級技術者が存在していた。南満紡績の技術者も戦災復旧に大きな役割を果たした。

それに比べて旧日本人所有企業の場合、技術者問題が深刻であった。さらに、一部は経営の意思が弱いものに払い下げられ、設備を解体・処分して企業として存続できなくなる場合もあった。鐘淵紡績春川工場・京城工場、東洋紡績京城工場、大和紡績倉洞工場、朝鮮棉花がそれである。大日本紡績京城工場、東洋紡績仁川工場、鐘淵紡績光州工場、呉羽紡績大田工場、金星紡織安養工場、帝国製麻仁川工場は設備の復旧が遅れた上で、一部の設備を処分した[26]。

3) 設備の再生と新規設備の導入

戦争によって大きな打撃を受けた紡績機械は、1952年から再建された。54年頃には約17万錘の再生設備を設置した。この再生設備は戦前からあるいは解放直後に設置されたものの、この規模は21万錘であった戦前の81％、49年水準の約半分に当たるものであった。

これら再生設備の効率は非常に悪かった。再生に必要な機料品が十分に供給できず、必要な部品は内部で製造せざるを得なかった。それにもかかわらず、これら設備はその後も使用されつづけた。これは市場での需要が大きかったためという側面もあるが、需要が停滞する50年代後半にもそうだったのは原棉の割当方式が主な要因であった。すなわち、割当基準として設備規模が用いられたため、こうした効率の悪い再生設備も温存されたのである。いずれにしても、これら設備を利用したこの時期の生産効率は低くならざるを得なかった。

1952年からは外国製新規紡績機が導入され、55年には20万錘を超え、旧紡績機より多くなった。52年度のUNKRA資金280万ドルによって5万5,400錘の紡績機が53年12月に導入された。また、政府保有ドルで1万9,568錘が導入され、その内1,000錘が53年に大邱メリヤスに設置された[27]。こうして、紡績業界は54年には17万錘の再生機械と約20万錘の新規機械を保有し、戦前の規模を遥かに超えるようになった。

一方、織機の場合も52年から設備の再生が行われたが、その規模は同年1,600台余り、53年300台余り、54年1,300台余りであった。54年には5,180

台を保有するようになった。

　1955年からは新規織機が輸入されはじめ、50年代のピークである59年には新規設備が4,653台に達した。もっとも、その台数は、紡機の場合とは異なり、戦前からの旧設備よりは少なかった。

4）生産再開

　戦争中の綿製品生産は、戦火が及ばなかった釜山の朝鮮紡織釜山工場と大邱工場、大邱の三護紡織が担った。そのうち、朝鮮紡織釜山工場が圧倒的な比重を占めた。

　紡績部門の場合、1949年に2,816万ポンドだった綿糸生産量は50年2,327万ポンド、51年1,305万ポンドを記録した。そのうち、朝鮮紡織釜山工場は、49年480万ポンドと全体の17％だったが、50年には729万ポンド31％、51年974万ポンド75％を占めた。一方、織布部門は49年に160万疋だったが、50年に75万疋に急減した。そのうち、朝鮮紡織釜山工場は49年に25万疋と全体の16％だったが、50年には63万疋と85％にも達した。

　綿紡織の生産は51年に最低を記録した後、徐々に増加しはじめた。52年には朝鮮紡織釜山工場以外の設備が軌道に乗らなかったために、運転率は前年の78.2％から73.1％とむしろ下落した。しかし、53年には先述したように設備の再生が本格化し、運転率は81.1％に上昇した。ところが、その後新規設備が導入されはじめ、運転率は再び下落した。戦災復旧が一段落する56年には急速な設備増設によって綿製品の消費がそれを追いつかない状況となった。そのため不況に陥った業界は57年に綿糸・綿布の輸入禁止を求める一方で軍への納入や、輸出によって活路を模索しなければならなくなった[28]。

　設備生産性は51年に0.21ポンドだったが、52年には0.24ポンドを超え、50年代半ばには0.33ポンドを維持した。労働生産性も53年37.12人を記録した後、減少し続けて61年には12.77人まで改善した。収率も53年83.94％から61年の89.51％と向上した。戦災復旧後に綿紡績業のあらゆる生産性は向上したのである。

　織布部門においても同様の現象が見られた。設備効率性は51年以降伸び悩

んだが、55年から新設備の導入によって上昇した。運転率も戦争の影響で50年に急落したが、一部工場だけの運営という側面もあって51年には大きく上昇した。その後、各工場の生産開始によって再び下落したが、設備再生が完了して本格的な稼動が行われる53年から新設備が導入される55年までは上昇した。収率も52年から55年まで93～94％で停滞したが、56年からは持続的に上昇した。労働生産性も56年から1人以下に改善した（前掲図6-4参照）。

こうした水準を戦前と比較すると（前掲図6-5参照）、戦前のピークである1938年水準には遠く及ばないが、戦時期の42年以降の水準に比べると、紡績と織布ともに戦争後にはその水準を回復している。

(3) 京城紡織の事例

ソウル永登浦地域の工場がほとんど壊滅的な被害を受けたのに対して、京城紡織の被害は軽微であった。紡績工場はほとんど消失したものの、織布設備は被害を免れたのである。京城紡織の社史は以下のように記している。

> わが社の永登浦工場は焼け跡の紡績工場と生き残った織布工場が並存していた。永登浦地域の紡織工場はほとんどが戦災を受け、韓永紡織、高麗紡織、第一紡績などが大破した[29]

こうした状況の下で京城紡織では復旧作業の責任者に陳在洪を任命し、工場の再建に取り組んだ。1951年3月20日先発隊が釜山からソウルに出発したが、水原までしか列車を利用することができず、そこから永登浦までは歩かざるを得なかった。しかも、到着してみると、工場はイギリス軍工兵隊が駐屯しており再建作業は不可能であった。4月20日も陳在洪と金丙運[30]を中心とする再建調査団を派遣したが、警備職員をおいて引き上げざるを得なかった。9月頃には駐韓国際連合軍民事処（UNCAC）が、「工場内の機械類のうち、修理して再生できるものはない」という理由で再建作業を許可しなかった。各方面への陳情の末、11月28日にイギリス軍が工場を明け渡し、ようやく再建作業に着手することができた。

そして、まず工場内部を清掃し、部署を再編成した後、部品製造のための鋳物工場を建設して機械の解体や組立を開始した[31]。

12月末には燃え残りの混打綿機、疏綿練造機を解体した後に再び組み立てて織布第3工場の跡に移設しはじめた。〈中略〉戦災を免れた織機さえも保存状態は悪く、すべての機械を手入れしなければ使用に耐えられなかった[32]。

再建作業の責任者だった金丙運工場長は「焼け跡から混ざっている機械の残骸を選り」、「友邦各国の紡績工場に書信を出して機械の修理や復旧に必要な技術書籍をお願いした」[33]という。

4．おわりに

　解放直後に韓国経済はすべての産業の生産が途絶するほどの大きな衝撃を受けた。それは、日本帝国主義圏との関連のなかで行われていた植民地経済体制が、植民地本国の敗戦によって崩壊した結果であった。
　綿紡織業においてもほとんどの工場で生産が中断された。植民地期に工場の運営を担っていた日本人技術者が帰国し、韓国人技術者たちは、工場を正常的に運営できなかった。
　技術者の空白は京城紡織と南満紡績の出身者によって補われた。また、解放までに設置されていなかった疎開設備を設置し、各工場は植民地期より多くの設備を保有するようになった。そして、1947年から生産が本格的な軌道に乗り、49年にはある程度の再建に成功した。
　こうした成果は1950年の朝鮮戦争で水泡に帰した。戦災によって設備の80％が消失したのである。その結果、綿紡織業では植民地からの物的資産を喪失した。
　その後、戦災からの再建がはじまったが、それは設備の再生が中心であった。各工場では焼け跡から使用可能な設備を選び、その部品を解体・組立することによって設備を再生させ、生産を再開した。しかも、その過程で設備は増設さ

れ、生産効率も向上した。その結果、1950年代半ば頃には設備の生産効率が戦時期の水準にまで回復した。再生設備であったため、効率には限界があったものの、国内消費を充たしうる程度にまでは再建されたのである。

　このような再建は技術者の貢献に負うところが多い。かれらは組織的に研究し、研究成果を共有するための活動も展開した。業界内で技能工だけでなく技術者を養成するためにテキストを刊行し、教育機関の設立をリードした。

　結論的に言えば、韓国綿紡織産業の再建は韓国人技術者によって植民地経済の遺産である旧設備を整備し、戦災設備を再生する過程の中で行われた。その1950年代の経験が60年代以降韓国経済成長の基盤になった。

（監訳：呂寅満）

注
1）代表的なものとしては、金基元『米軍政期の経済構造』プルンサン、1990年、李大根「解放後における帰属事業体の実態とその処理過程」安秉直ほか『近代朝鮮の経済構造』比峰出版社、1990年、同「政府樹立後における帰属事業体の実態とその処理過程」中村哲・安秉直編『近代朝鮮工業化の研究』一朝閣、1993年、孔堤郁『1950年代韓国の資本家研究』白山書堂、1993年を取り上げることができる。
2）大韓紡織協会『繊維年報』1997年、86～88頁。
3）北朝鮮に存在していた唯一の工場は松高実業である。この工場は開城松都高等普通学校の実習場からはじまり、高級織物を生産していた。北緯38度線の南に所在していたため、解放当時には南韓に属していた。
4）もっとも、このデータは大韓紡織協会に所属していた工場に限られており、そのほかの工場分は含まれていない。なお、1940年代に日本から設備の移駐が行われたが、最終目的地まで到達せずに、駅などに放置されていたものも含まれていない。さらに、中小零細工場には近代的な設備がないため、その設備も含まれていない。
5）南朝鮮過渡政府中央経済調査会『南朝鮮産業労働力及賃金調査』1946年、190頁。
6）紡績機械に用いられる付属資材を指す。一般機械付属品や生産補助資材とは異なり、設備付属品と消耗品の性格を併せ持つ。金属機料品、修理機料品、紡績機料品、織布機料品、編織機料品などに分類される。
7）大韓紡織協会『紡協創立十周年記念誌』1957年、33～34頁。
8）前掲『繊維年報』83頁。
9）前掲『紡協創立十周年記念誌』25～26頁。
10）徐文錫「日本帝国主義下における高級繊維技術者の養成と社会進出に関する研究」

(『経済史学』第 34 号）2003 年。
11) 徐文錫「解放前後における大規模綿紡織工場の高級技術者に関する研究」『東洋学』（檀国大学東洋学研究所）第 40 輯、2006 年、同「日本帝国主義下の大規模綿紡織工場における朝鮮人高級技術者に関する研究」（『経営史学』第 31 号、2003 年）、同「解放直後の繊維業界における高級技術者の活動に関する研究」（『経営史学』第 41 号、2006 年）。
12) 大韓紡織協会『紡織技術者及び技能者名簿』1954 年。
13) 前掲『紡協創立十周年記念誌』12〜13 頁。
14) 韓国銀行『綿紡織工業に関する調査』1953 年、478 頁。
15) 黄明水「省谷と金星紡織」（『経営史学』第 2 輯、1987 年）121〜122 頁。
16) 京城紡織の社史には、1943 年に「織機も再び 224 台を増設」（222 頁）とされ、織布と売糸の生産・出荷実績にも 1943 年 6 月の第 33 期から織機数は 224 台が増えて 1,080 台とされている。もっとも、大韓紡織協会の『繊維年報』には 1946 年までの同社の織機台数は 896 台であり、47 年に 231 台が増設され 1,127 台となったとされる。
17) 前掲『紡協創立十周年記念誌』11〜12 頁。
18) 実際の生産量は、生産と関わるあらゆる条件によって決定される。たとえば、同一の設備水準の下でも、運転可能な設備の数、運転時間、製品（平均番手）などによって生産量は異なる。したがって、設備当たり生産量をもって生産効率を測することには慎重であるべきであろう。
19) 京城紡織『京城紡織五十年』1969 年、119〜120 頁。
20) 同上、118〜119 頁。
21) 京城紡織の場合、議政府工場の機械類と製糸器を「大邱に移し、後で永登浦工場の再建のための資金」となったという（同上、134〜135 頁）。また、「避難時に釜山に 224 台を持っていて処分した」という（同 138 頁）。
22) 技術体系とは、高級技術者を中心に中間技術者と熟練工とが有機的につながったシステムを指す。代表的な例としては、京城紡織が紡績工場を新設する際に、朝鮮紡織で働いていた京城高工出身の技術者である金奎善と熟練工たちを一緒にスカウトしたケースがある（徐文錫「解放直後におけるソウルの大規模綿紡織工場の運営と人力の実態に関する研究」『経営史学』第 42 号、2006 年、205〜206 頁）。
23) 太番手の綿糸を主に生産していた全南紡織の場合、「販売量が工場所在地の光州地域の需要も充たし得ない実情」だったという（全紡株式会社『全紡三十年』1984 年、143 頁。
24) 徐文錫、前掲「帰属綿紡織企業体の変遷に関する研究」檀国大学博士学位論文、1997 年、107、142 頁。
25) 徐文錫、前掲「解放直後の繊維業界における高級技術者の活動に関する研究」。
26) 徐文錫、前掲「解放直後におけるソウルの大規模綿紡織工場の運営と人力の実態に関

する研究」。
27) この工場はもともと朝鮮紡織大邱分工場であったが、49年から大邱メリヤス、55年から内外紡績となった（徐文錫、前掲「帰属綿紡織企業体の変遷に関する研究」116～117、156頁）。この工場で初めて海外から導入した設備については、輸入元から派遣された技術者によって技術の伝授が行われた。なお、この時期には大学繊維工学科出の高級技術者が技術的な主導権を握り、それ以前までとは異なっていた（徐文錫、前掲「解放直後の繊維業界における高級技術者の活動に関する研究」107～108頁）。
28) 前掲『紡協創立十周年記念誌』122～128頁。
29) 前掲「京城紡織五十年」130頁。
30) 2人は京城高工紡織学科を卒業して京城紡織で活躍した、当時最高レベルの技術者であった。いずれも永登浦工場長を歴任した。彼らについて詳しくは、前掲「日本帝国主義下における大規模綿紡織工場の朝鮮人高級技術者に関する研究」、前掲「解放前後における大規模綿紡織工場の高級技術者」を参照。
31) 前掲「京城紡織五十年」132～135頁。
32) 同上、136～138頁。
33) 同上、138頁。

第7章　計画造船と大韓造船公社

裵 錫 満

1．はじめに

　本章は、1950年代の造船業に対する育成政策を検討する。この時期には海上運送力の不足が深刻になり、その解決のために造船業が育成された。さらに、多くの日本船舶が韓国の海上輸送に利用されていたことも、国内企業の育成政策の背景になった。

　また、南北の体制間競争においてもその育成政策は不可避と考えられた。周知のように植民地期における朝鮮の重化学工業化は、北朝鮮に集中した。朝鮮半島南部にあった主な重工業は、京仁地域の金属・機械工業、三陟の化学工業、釜山の造船工業などであり、また、大工場として挙げられるものは、仁川の朝鮮機械製作所、三陟の小野田セメント三陟工場、そして釜山影島にあった朝鮮重工業株式会社程度であった[1]。北朝鮮との対立の中で李承晩政権としては、これらの重化学工業施設を再建・拡充することが急務であった。

　こうした状況の下で、李承晩政権は旧日本人所有の帰属造船所をベースに、造船業の育成を図った。その方法は、太平洋戦争期の戦時計画造船方式に倣った[2]。戦後の日本でも計画造船は実施されていたが、戦前のそれとは政策の介入の面で違いがあった。戦後の計画造船は海運業や造船業の市場状況を睨みながら進められ、政策の介入は限られていた。それに比べて、この時期の韓国の計画造船は、造船業や海運業界の現実を考慮するというよりも、不足している船舶を急速に拡充するという政策目標が優先した。そして、政府による一方的な政策が進められ、船舶の需要と供給量はもとより、船価に至るまで全面的な国家管理が行われた。したがって、李政権の計画造船は太平洋戦争期の戦時計

画造船により近いと考えられる。

本章では、こうした造船業の育成政策とその帰結を分析する。産業政策史の観点からこの時期の造船業を分析した先行研究は少なく、これによって、研究史の空白をある程度埋めることになると思われる[3]。

本章の構成は以下の通りである。第1節では、造船業育成政策の背景を当時の海運の状況と日本船舶の出没の影響を中心に検討し、第2節ではその解決方法とされた計画造船の内容を分析する。第3節では、大韓造船公社の設立と帰属造船所の払い下げなど、造船所の整備過程をみる。第4節では、こうした育成政策の結果を検討する。以上の分析を踏まえて、結論では、対象とする時期を前後の植民地期や朴正熙政権期の政策と比較しながら政策の歴史的な意味について考えてみたい。

2. 造船業育成政策の背景

(1) 船腹量拡充の必要

朝鮮の船腹量は、日本と大陸間の物流の増加に伴って1930年代に急増した。30年現在で朝鮮総督府に登録された船舶は889隻7万7,862トンであったが、45年には汽船855隻10万9,732トン、帆船2,181隻17万7,090トンの合計3,036隻28万6,822トンであった。しかし、これは登録簿上の記録であり、実際に解放直後の南韓に残っていた船舶は407隻3万2,600トンにすぎなかった。しかも、そのうち3分の2の257隻2万1,920トンは使用不能の状態であった[4]。詳細は不明であるが、当時北朝鮮にも同程度の船舶があったとすれば、韓半島の船腹量は6万5,000トン程度となり、これは20年の水準に後退したことを意味した[5]。こうした船腹量の減少は、戦争による喪失のほか、一部は戦後日本人の引き揚げに利用されたのち、売却されたことによるものであった[6]。

植民地期朝鮮の最大の海運会社であった朝鮮郵船株式会社の場合、1939年には汽船26隻5万3,767トンを保有していたが、解放直後には修理のために

仁川港に係留されていた1,631トンの釜山号だけが残されていた。この船舶が解放当時、南韓に残っていた唯一の1,000トン級以上の鋼船だった[7]。朝鮮重工業が戦時計画造船によって建造していた戦時標準船D型（2,000トン級の天光丸と大冶丸）は未完成のままであった[8]。

　しかし、このような船腹量の急減がただちに海上運送の問題をもたらしたわけではなかった。解放直後には日本との断絶によって海上運送量も急減したからである。当時の沿岸海運の輸送量は植民地期の4分の1にすぎなかった[9]。一方で、米軍政は第二次世界大戦で使われていた上陸艇（LST）などの軍艦を貨物船に改造して韓国の沿岸海運に投入し、また日本にあった朝鮮郵船の所有船の返還を求めていた。これらの措置によって拡充された船舶は4万1,363トンに達した[10]。

　一方で、経済が安定するにつれて増える沿岸輸送に対処し、外航海運のすべてを外国船に委ねる状況を改善すべきであるという認識も生まれた。米軍政が補充した船舶は老朽船で、軍艦を改造したものだけに効率が悪かった。したがって、1948年に発足した李承晩政権にとって、船腹の拡充は緊急課題の一つとなった。

(2) 日本船舶による輸送に対する反感

　李政権が船腹量の拡充や造船業の育成を推進したもう一つの理由は、日本船舶が韓国の港に出入りしたことによる国民感情の問題であった。援助物資の輸送には日本の船舶が使われていた。当時の援助物資のほとんどは、釜山港から入っていたが[11]、1946年に釜山港に入港した711隻の外国船のうち523隻が日本船舶であった。47年も9月までに釜山港に入港した16隻のうち11隻が日本船舶であった[12]。日本の船舶は援助物資を下ろした後、当時の米軍政と連合軍最高司令部（SCAP）の間に行われた政府貿易物資を積んで出港した[13]。援助物資の輸送を主に日本の船舶が担当した理由は、多くの援助物資が日本で購入されたためであった。こうした状況は、48年の政府樹立後も変わらなかった[14]。

　李政権はこの状況に不満をもち、海運業と造船業の育成の必要性を強く認識

するようになった。しかし、民間の海運業の資本力は弱く、巨額の投資をすることは短期的には困難であった[15]。

　朝鮮戦争期にこの問題は世論から改めて非難されることになった。この期間には、それまでの援助物資に加え、軍需物資も日本から調達された[16]。米軍は日韓航路だけでなく韓国沿岸航路にまで日本船と船員・技術者を投入することになり、軍需・援助物資の輸送のために陸軍海上輸送部（Military Sea Transportation Service）を組織し、日本船舶にその輸送を委任した。戦争勃発から数ヵ月間の委託は、貨物船69隻、34万トンに達した[17]。さらに、これとは別に日韓航路では日本郵船、大阪商船といった日本の主要海運業者がSCAPに日韓定期航路の開設を申請し、相次いで就航した。日韓航路をめぐって、日本の海運会社間の競争は次第に激しくなり、日韓航路に就航していた17社が「韓水会」を組織して配船を調整するようになった[18]。韓国の主な港に出入する外国船の70％が日本船になった[19]。

　これと関連してさらに大きな問題になったのは、日本の船舶が韓国の沿岸輸送にまで進出したことであった。具体的には、小型の木造貨物船（機帆船）と曳船を合わせて200隻、船員1,500人、その他国連軍所属船舶に乗船していた日本人船員500人、国連軍施設で海上救助作業に従事する日本人技術者400人の存在であった[20]。国連軍の指揮によるものとはいえ、日章旗を掲げた船と日本人が韓国沿岸の小さな港に頻繁に出入りすることは、世論を大きく刺激し、日本船舶の追放運動が起こった[21]。

　こうして、1952年9月に韓国政府は国連軍側と日本船排除のための「日船代置」交渉に入る一方で、1ヵ月後の10月には「第1次計画造船」を発表した。その目的は、①日本船の代替、②海洋主権線の死守、③外国船の導入防止、④国内造船業の自立、⑤沿岸輸送の円滑化、⑥海上輸送能力の向上[22]であり、日本船舶の往来がこの計画の直接的な契機だったことがわかる。

　この計画は日本を中心に東北アジアを再編しようとする当時のアメリカの戦略に対する李政権の反発を示すものであり、1952年1月の李承晩ラインと軌を一にする措置でもあった。李政権の対日強硬姿勢はその後も強化され、55年の対日貿易の中止でピークに達した。こうした観点から見ると、計画造船に

対する李政権の関心は非常に強かったと考えられる。

3．計画造船の内容と実施過程

　計画造船に関する最初の案は1949年に企画処が作成した「産業復興5ヵ年計画（1949〜53）」であった。主な内容は漁船325隻、貨物船276隻を建造し、まず49年度には漁船35隻と貨物船26隻を建造するために2億650万ウォン（圜）の建造資金を49年の政府予算に盛り込むというものであった[23]。しかし、この計画は朝鮮戦争の勃発で実現しなかった。

　1952年10月に交通部が作成した「第1次計画造船」は、1年計画であり、建造200隻（2万トン—貨物船100トン級100隻、艀船100トン級100隻）、修理100隻（1万トン）であった。53年3月には漁船の建造が追加されたが、その内訳は10トン以上の動力漁船82隻1,930トン、10トン未満の無動力船（帆船）1,805トンだった[24]。以上の計画はやや応急措置だったため、交通部は53年に改めて54〜58年に12万400トン（そのうち4万8,000トンは鋼船）の新船建造を目標とする「5ヵ年造船計画」を作成した。同計画には、造船会社5社を選定した施設の拡充や、先進国の技術者の招聘、国内技術者の留学などの内容が含まれていた[25]。

　しかし、これらの計画はいずれも計画どおりに進まなかった。原因は輸入に頼らざる得ない資材の調達であったが、根本的には資本調達の問題であった。第1次計画造船の場合、外資177万ドルに国内資金330億ウォン——見返り資金を1ドル当たり60ウォンで換算——を割り当てるという方針が1953年2月に決定され、4月に外資購買処に資材の仕入の指示が出された。必要資材の規格や単価の交渉に時間がかかり、ようやく54年6月になって、主に米国から資材が供給されることになった。しかしこの時までに国内資金は用意できなかった。さらに、計画が遅延している間に為替レートは1ドル当たり180ウォンに急落した[26]。この問題は、大韓造船工業協会の陳情で、外資に対する見返り資金を既存の1ドル60ウォンの為替レートで算出したものの、計画の遅れと購入資材の購入費が予想より高かったため、当初3億3,000万ファン（圜）[27]を

予定していた国内資金が54年には10億ファンを超えた。そこで、資材を輸入したにもかかわらず、国内資金の不足で通関できないという事態に直面した。結局、計画造船が実際に始まるのは、産業復興国債の発行によって国内の資金問題がある程度解決された55年7月であった。そして、5ヵ年造船計画の期間も55年から59年に変更され[28]、第1次造船計画は立案から施行までに3年近くがかかった。

1955年から計画が実行されることになった背景には、同年1月に設立された海務庁と密接な関係がある。海務庁は、諸官庁に分散されていた海事行政を統合して一元的に担当するために設立されたが[29]、その目的の一つが計画造船をより強力に実行することにあった。しかし、計画1年目の55年度の実績は低調であった。計画された1万4,000トンのうち、56年6月現在までの建造量は1,550トンにすぎなかった。これに対して海務庁は、従来の5ヵ年造船計画のうち、すでに開始された1年目の計画は期間を延長して計画通り推進することとし、2年目以降の計画を中止した。その代わりに、新たに57〜61年間の5ヵ年計画を作成した。それは「造船5ヵ年計画」と「老朽船代替5ヵ年計画」に分かれ、前者は国内の船腹量の量的増加を、後者はその質的向上を目的とした。老朽船代替船舶の対象は、鋼船の場合、船齢30年以上の船舶のうち所定の検査基準に不合格となったもの、木造船の場合、20トン以上の船舶のうち船齢が20年以上のものであった。この対象となった船舶は、鋼船が14隻8,947トン、木造船が434隻2万5,562トンの合計3万4,509トンであった[30]。

表7-1　海務庁の造船5ヵ年計画の概要

(トン)

年		1957	1958	1959	1960	1961	合計
船舶建造能力		28,000	33,000	40,000	45,000	56,000	
造船5ヵ年計画	沿岸用	18,000	18,000	22,000	28,000	30,000	116,000
	外航船	0	0	8,000	10,000	19,000	37,000
老朽船代替			13,000	8,000	7,000	7,000	35,000
合計		18,000	31,000	38,000	45,000	56,000	188,000
外航船輸入		31,000	35,000	27,000	25,000	0	118,000

出所：海運港湾庁『草稿韓国海運港湾史(上)』1979年、956〜957頁。

計画は5年間で15万3,000トンの船舶建造、老朽船代替3万5,000トンの合計18万8,000トンの船舶を建造するというものであった。その具体的な内訳および年度別推進事項をまとめたのが表7-1である。

老朽船代替の場合、第1年度には建造計画がないが、その理由は海務庁設立前に交通部が推進していた計画造船のうちすでに建造に着手していた4,500トンが完成するからであった[31]。沿岸で使用する貨物船、漁船、艀船等は基本的に国内で建造し、大型鋼船が必要な外航船の場合、1958年までは輸入に頼り、59年から鋼船建造に着手し最終年度には国内ですべてを建造して輸入を代替するという計画だった[32]。59年から国内建造に着手する外航船は、できる限り早期に実施する方針であった。船舶登録の必要のない20トン未満の小型船――主に漁船――については海務庁水産局が別途3万トン規模の計画造船を推進することとし、計画には含まなかった[33]。5年間で18万8,000トンの船舶を建造するために大量の資材を外国から輸入する予定であった。目標とした船舶建造量を達成するために必要な建造能力は最終的に5万6,000トンとし、そのための施設拡充と技術者1,400人の養成を計画した[34]。

所要資金額は老朽船代替資金88億ファンを含めて850億ファンであったが、そこには6,500万ドルの外資が1ドル500ファンの換算率で含まれていた。外資6,500万ドルは国際協助処（ICA）の援助資金と政府保有ドルで充当し、国内資金は韓国産業銀行の国債発行と見返り資金を財源とするもので、従来の交通部の調達方法と大きな違いはなかった。これは結局、交通部が経験した同じ困難に直面する可能性があったということを意味する。

計画造船はまず海務庁（設立前は交通部）が長期船計画を作成することから始まる。この計画は閣議を経て政府案として決定され、国会の同意を得て確定した。そして必要な資金に援助資金や見返り資金が含まれる場合には、別途に合同経済委員会（CEB）との協議とICA本部の承認が必要になった[35]。こうして計画が承認されると、海務庁は1年単位で船舶を発注する一方、輸入が必要な資材について外資購買処を通してその購入を指示した[36]。船舶の建造は政府が実需要者への割当てる形で行われた[37]。貨物船のうち鋼船は旧朝鮮重工業を国有化した大韓造船公社に割当てられ、木造船も旧朝鮮造船工業組合の後身で

ある大韓造船工業協会を通じて傘下の造船会社に割当てられた。木造船を各造船所に割当てる当初基準は不明であるが、建造能力のない小型造船所への割当てが問題になったため、後に建造能力別割当てに変更された[38]。

　漁船の場合はやや複雑な仕組みであった。1954年までは水産協会を通じて水産業者に割当てられたが、その後は水産業者と造船業者が競争するようになった[39]。この過程で大韓造船工業協会は政府と傘下の造船所の仲介者となり、傘下の造船所を代表して政府と単独で契約を締結する場合もあった。船舶の発注とともに必要な資材も輸入資材を含めて各造船所に割当てられた。

　建造資金は船主と造船所に政府から支給されたが、時期と事業別に若干の違いがあった。交通部の第1次計画造船の場合は建造費の65％の融資[40]、海務庁の老朽船代替事業の場合は70％[41]、造船奨励法が公布された1958年以降には80％の政府融資が[42]、それぞれ計画された。船舶建造に対する政府補助金は海務庁の5ヵ年計画では20％[43]、造船奨励法では最大40％までと規定されていたが、李政権期には予算不足で実現しなかった[44]。計画造船に必要な資金は、外資の場合は政府保有ドルと援助資金を供給し、国内資金は援助物資の見返り資金と国債の発行を通じて調達するという計画であった。また資金の支出に関する実務は主に韓国産業銀行が担当した。

　計画造船の対象船舶は「標準船型」として設計された。1953年に交通部海運局の傘下に設置された「船舶標準規格調査会」がその設計を担当した。標準船型の対象は150トンと100トン級の貨物船、100トンと70トンの艀船の4種であった[45]。標準船型を設計した理由は規格統一、工期短縮、資材の節約、生産性の向上などによる量産を図るためであった。

　船舶の建造価格も政府によって客船、貨物船、漁船別に、そして規模別に決定された。たとえば、30トン級の客船は1トン当たり30万ファンで総船価900万ファン、30トン級の貨物船は20万ファン・600万ファンであった[46]。譲渡価格は建造価格よりも低価格に決定されたが、そこから発生する赤字は船舶建造奨励費のような国家補助金で埋められた。これは植民地期に行われた戦時計画造船の仕組みと基本的に同じであった。建造価格には造船所の利潤も一定の割合で含まれていた[47]。

政府から計画造船を割当てられた造船所は、建造に必要な資金を自前で準備しなければならなかった。自己資金に相当する金額を指定銀行に預け置き、政府融資への担保——融資額の50％——を設定すると、政府から予定された金額の融資が行われて船舶建造に取り掛かることができた。計画造船用として割当てられた資材は、他の用途に転用したり、他のところに販売したりすることはできなかった[48]。

このように、計画造船は、国家が運送力強化のために専門の担当機関を通して長期的な造船計画を立案し、造船所ごとに建造量を割当てて、必要な資材と資金をも政府によって供給される構造であり、戦時計画造船の仕組みをそのまま継承したものだった[49]。

なお、この時期には船舶管理法に基づいて国家命令による造船、船舶建造承認制、造船業者の免許制、技術者の国家登録義務化等によって造船業に対する統制が行われる一方で、民間の船舶輸入も国家によって割当てられたため[50]、造船の需要と供給についても国家による直接統制が行われた。また、朝鮮総督府が造船と海運を統制のために国策会社として設立した朝鮮重工業と朝鮮郵船は、李政権期には国有化されて国家が直接に経営するようになった。この両社が造船と海運業界に占める比重が絶対的であったことを考えると、両社の国営化が造船と海運業の国家経営を意味するといっても過言ではない。

この時期の計画造船が戦時計画造船と異なる点がないわけではない。朝鮮総督府が全国に散在していた中小造船所を一元的に統制するために設立した朝鮮造船工業組合のような統制団体がなかったこと[51]、船舶の譲渡を受ける船主については政府が決定しなかったこと、資金源が米国の援助資金であったこと、などである。このなかで、需要者を市場に依存し、所要資金を援助資金に依存するという点が、後述するように、計画造船の失敗の主な要因となった。

4. 大韓造船公社の設立と帰属造船所の払下げ

(1) 米軍政による帰属造船所の接収と管理

　植民地朝鮮において造船業の成長が本格化するのは戦時期に入ってからのことである。とくに太平洋戦争期の戦時計画造船が重要な契機となった。太平洋戦争期の運送力は帝国の死活にかかわる問題だったため、日本は戦時計画造船に総力を注いだが、植民地朝鮮の造船業もそこに組み込まれた。そして、大規模な造船所の新設、既存の造船所の拡張、零細造船所の統合整備などが行われた。その結果、戦況の変化に伴う再生産条件の制約による限界があったとはいえ、植民地における造船業は一定の成長を遂げた。

　解放当時の造船施設のうち、鋼船の建造が可能な造船所としては朝鮮重工業株式会社が唯一であった。同社は1937年に朝鮮総督府の慫慂によって東洋拓殖と三菱重工業の出資により資本金300万円で設立された。戦時計画造船に参加することによって規模が急速に拡大し、45年には資本金1,500万円、従業員1,700人で最大2万トンの建造能力を保有していた[52]。朝鮮重工業の拡張に必要な資本は東洋拓殖と朝鮮殖産銀行を通じて供給された。太平洋戦争期には、戦時計画造船の一環として産業設備営団が発注したD型戦時標準船（2,000トン級）5隻、F型（500トン級）4隻を建造し、その他軍と朝鮮総督府所有の各種雑船の建造と修理を行っていた。建造のピークは約1万トンを記録した44年であった[53]。

　朝鮮重工業を除くと、植民地の造船所はすべて小型木造船を建造していた。太平洋戦争期に朝鮮総督府が独自に実施した計画造船（乙造船）のために年間6,000トンの建造能力を持つ朝鮮造船工業株式会社が元山（ウォンサン）に設立された。その他、地域ごとに零細な造船所を統合整備して規模を拡張したが、これらの造船所は100～200トンの木造船を建造し、その木造船に装着する100馬力前後の焼玉エンジンの生産能力を保有していた[54]。

　敗戦による日本人の引き揚げの後、日本人の所有していた造船所は帰属財産

第 7 章　計画造船と大韓造船公社　191

として米軍政に接収された。解放当時に韓国には 56 事業者が存在していた[55]。これらは、京畿道 6、慶尚南道 25、慶尚北道 8、全羅南道 6、全羅北道 1、忠清南道 1、江原道 9 に分布していた[56]。慶尚南道に事業者が多いのは、植民地期に造船業が最も発達していた釜山(プサン)が含まれているからである。このうち、5 つの造船所が朝鮮人所有で、51ヵ所が日本人所有だった[57]。そのうち、米軍政による接収が確認されるのは 41 事業者であり、これを地域別に示したのが表 7-2 である。

ソウルにあったのは朝鮮造船工業株式会社の本社事務所であり、工場は北朝鮮の元山と清津(チョンジン)にあった。このため、これを除く 40 造船所が接収された。接収が確認できない 11 事業者は解放後の混乱で消滅した可能性が高い。朝鮮唯一の鋼船造船所だった朝鮮重工業と太平洋戦争期の整備統合によって設立された主な造船所は、ほとんど米軍政によって接収されたことが確認できる[58]。

接収された旧日本人所有の造船所は米軍政が任命した管理人によって管理・運営された。もっとも、実際の生産活動はほとんど行われなかった。根本的な原因は、植民地期に資本と技術、鉄鋼・木材等の主要原料をすべて日本に依存していたが、解放によってこれらの生産条件が途絶えたからである。たとえば、朝鮮重工業の場合、日本人の経営者と技術者が引き揚げると、2 人の朝鮮人技術者[59]と 300 人の労働者だけが残された[60]。解放直前の朝鮮重工業の技術者は 179 人で、上級技術者が 39 人、下級技術者が 140 人であった[61]。戦時徴用と解放後の帰郷によって 1,700 人に達していた労働者も 300 人にまで減った[62]。残った労働者は同社の技能工養成所を出た熟練労働者と思われ、解放後の技術的な空白を埋めるのに重要な役割を果たした。しかし、その限界も明らかであった。

木造船の造船所も状況は同じだった。「優秀な中堅以上の技術者のうち船大

表 7-2　米軍政が接収した日本人所有の造船所の地域別分布

江原	慶南	慶北	釜山	ソウル	仁川	全南	全北	合計
2	11	4	11	1	2	9	1	41

出所：財務部『法人台帳』年度不明、国税庁『法人株式台帳（国有財産）』1966 年、朝鮮銀行調査部『経済年鑑』1949 年版から作成。

工は家具製造へ、鋳物工は鍋釜の製造へ転身し、機械工は零細鉄工所の経営をはじめるなど、造船業にかかわる技術環境は弱化していった」[63]という指摘はこの時期の状況を端的に表している。

解放による再生産条件の断絶以外にもいくつかの特別な要因が造船所の正常な稼働を困難にした。まず、米軍政が帰属企業体の生産活動を積極的に支援せず、一貫して消極的な管理にとどまっていた点である。その理由は米国が日本の海外財産を連合国に対する戦争賠償用に使うべきだという原則に基づいて対日賠償の具体案が決定するまで、現在の状態を維持するという立場を取っていたためである。朝鮮重工業の施設のうち機械工場等の陸上施設は米軍政商務部が管理し、船渠・船台等の海上施設は運輸部が管理するという二元的管理体系や[64]、1946年に工場稼動のための沈没船引揚げ・修理計画が米軍監督官によって頓挫させられたこと[65]等からも米軍政の基本方針を窺うことができる。

また、工場内の対立が深刻であった。対立はさまざまな構図から発生したが、労働者と管理人（米軍政）の対立、管理権をめぐる争奪戦、労働者間の左右イデオロギー対立等である。その結果、管理人は頻繁に交代し、生産活動の制約要因となった。米軍政によって接収された40の造船所のうち、払下げまでに管理人の変動状況が確認できる造船所は29ヵ所に上った。そのうち最初に任命された管理人が払下げを受けた例は13ヵ所のみで、16の造船所では少なくとも1回以上管理人が交代した[66]。

工場の稼動そのものが困難な状況だったため、船舶建造実績は極めて少なかった。年平均建造実績は200トン前後に過ぎなかったのである[67]。日本が残した在庫資材を流用した小型木造船の建造がわずかに行われた以外に建造はなく、主に簡単な修理と整備需要によって現状を凌いでいた。

(2) 朝鮮重工業の国営化と帰属造船所の払下げ

米軍政によって接収された帰属財産は、1948年の政府成立により韓国政府に帰属することになった。これは同年9月11日に「韓米財政および財産に関する協定」に基づくものであった。韓国政府は49年に「帰属財産処理法」を制定し、これに基づいて諸産業の主要な帰属企業体を国営とし、それ以外を民

間に払下げた。帰属企業体の民間への払下げは朝鮮戦争の勃発により一時遅延したが、51年から本格化して50年代末までにおおよそ完了した。

　ここでひとつ注目されるのは、帰属企業体のなかで国営化された企業が非常に多かったことである。大規模な資本が投資される重化学工業のように、当時の脆弱な民間資本では担当しきれない業種だけでなく、綿紡績工業のような軽工業の帰属企業体も多数が含まれ、56企業が国営化された[68]。これは、当時の韓国政府の経済政策を反映したものであった。解放直後の熾烈な左右対立の中で、左右両陣営ともに重要産業の国有化と国家主導の計画経済が自立経済の構築と工業建設を実現する唯一の方法だということに意見が一致していた。その理由は先進資本主義国での修正資本主義の潮流、ソ連の新経済政策（NEP）の成功等による時代的雰囲気、植民地支配の影響で民間資本の未成熟、援助に依存する場合に独占資本の進出による従属と搾取の恐れなどにあった。こうした状況では、国家主導による方法しかないという事実を右派も否定することができなかったことになる[69]。

　国家の主導する計画経済の構想は、制憲憲法の経済関連条項、経済計画を立案する企画処の設置、産業5ヵ年計画等に反映された。李政権の初期の経済政策は修正資本主義、社会主義的発展の展望を内包しない国家資本主義等、第二次世界大戦後の新生独立諸国がモデル・ケースとした「第三の道」と総称される多様な経済体制として解釈されうるが、李政権の初代農地局長だった姜辰国(カンジングク)の発言からもわかるように、そこにはかつて日本の戦時経済システムの要素も含まれていた[70]。

　こうした状況だったので、重工業で基幹産業的な造船業に対して国家主導の育成政策を採ることには国内に異論はなかった。そして、その方法も造船業を再び国家統制の下に置き、計画造船を実施することであった。したがって、唯一の鋼船造船所であり、当時国内でそれ以外の全造船能力の合計に匹敵する造船能力を持っていた朝鮮重工業を国営化したのである。

　1950年1月に朝鮮重工業は国営化され、資本金3億ウォンの大韓造船公社として再出発した。一方、植民地期に国策会社として設立されて、海運を独占し、朝鮮重工業に船舶を発注していた朝鮮郵船株式会社も国営化され、大韓海

運公社(資本金5億ウォン)となった。両社とも資本金の80%を政府が出資し、払込資本金の3倍までの社債発行、営業損失の政府補填、政府株への無配当(払込資本利益率が10%に達しない場合)と民間株への年10%の利益配当保証、社債と民間利益配当への政府保証、各種免税特権等、政府系企業としての特権が与えられた[71]。朝鮮重工業と朝鮮郵船が韓国の造船と海運において絶対的な比重を占めていたことを考えると、これは造船業と海運業の国家経営とすることを意味した。これは植民地期に朝鮮総督府が資本を投下し、日本の独占資本を呼び込んで経営させた国策会社だった朝鮮郵船と朝鮮重工業の体制[72]よりも形式的にはより強力な国策的な性格を持つものであった。

造船業の国家統制のための行政措置も整備され、1950年3月には商工部管轄だった造船行政が交通部海運局に移管されることにより、植民地期末期の海陸運送の一元的統制のために整備された交通局体制へと回帰した[73]。同時に「船舶管理法」が法律第177号として公布されて造船業は再び国家の統制下に置かれるようになった。政府は造船業者に対して船舶製造に必要な命令を発令でき(第6条)、船舶製造順位の変更、材料または艤装品の取得の調整、その他船舶の製造に関する命令を発することが可能になった(第7条)。50年12月には「船舶管理法施行細則」が大統領令第425号として公布されて造船業者の免許制が実施された。それによって、総トン数20トン以上(総トン数20トン未満でも長さ15メートル以上の場合を含む)の船舶を建造する時には船舶発注者と連署で国の承認を受けなければならなくなった[74]。また、造船関連技術者と技能工の登録も義務化され、技術者の国家統制も行われた[75]。

他方、主に木造船を建造していた旧日本人経営の造船所に対する払下げは1951年から進められたが、接収された41の造船所のうち50年代末までに33ヵ所が民間に払下げられ、1ヵ所は国営(朝鮮重工業)、1ヵ所は解散した。残り6ヵ所は確認できない。こうした払い下げの状況を整理したのが表7-3であるが、払下げは主に既存の管理人など優先権を持つ縁故者に対して行われ、払下げ価格100万ファン以上の大規模な造船所は54年以降に払下げられた。払下げ代金の返済は小規模な造船所の場合は一括払いもあったが、おおよそ5〜10年間の長期分割返済であり、当時の激しいインフレを勘案すると相当な

表7-3 日本人所有の造船所の払下げ状況

造船所名	所在地	管理人 1947年	管理人 1949年	払下げ価格（ファン）	契約日	買収者	返済期間（年）	優先権	備考
統営造船有限会社	統営	白南奎		5,540,590	1954. 4.30	林鍾厚	8	優先	
巨済造船有限会社	統営	曹秉益		795,150	1954. 6.30	姜在福	8	優先	
欲知造船有限会社	統営			83,000	1956. 8	全在玉	一括払	優先	
鎮海造船株式会社	鎮海	宋錦石		2,523,900	1954. 5.27	安昌海	8	優先	
羅老島造船鉄工所	全南		洪雲輔	1,895,564	1954. 1.18	洪雲甫	5	優先	
沢鉄造船所	全南			61,167	1954. 3.20	李昇彦		第三者	
鹿洞造船所	全南		崔永福	8,000	1959. 6	崔永福	一括払		
荒島造船鉄工所	全南		李昇鎔						
仁川造船工業株式会社	仁川	李佑成	金在吉	2,577,000	1953.11. 4	高河□	5	第三者	
大仁造船有限会社	仁川	李鍾会	金成斗						
方魚津造船鉄工所	蔚山	張松植		30,691,790	1954.11. 8	鄭甲吉		優先	共同払下げ人崔基孫
村上造船所	蔚山			900,000	1954.11. 8	金東周	10	優先	共同払下げ人卞東允
蔚山造船有限会社	蔚山	李植伊							
麗水造船工業株式会社（韓国造船）	麗水	安一桓	安一桓	815,750	1955.12	韓国造船	5	優先	
宮崎造船所（麗運造船所）	麗水		金権宗	185,000	1954. 1.10	金権宗	5	優先	
平井造船所（自草造船所）	麗水		鄭用鎬	100,000	1954. 1.10	鄭用鎬	5	優先	
朝鮮船舶工業株式会社	ソウル				1948. 6.14	黄□開			
日出造船株式会社	釜山	金守秉	金守東	9,904,530	1955. 2.16	金守東	10	優先	共同払下げ人朴尚演、徐秀洪
中本造船鉄工所（朝陽造船）	釜山	朱錫漢	朱錫漢	3,720,000	1954. 5.31	朱錫漢	7	優先	
田中造船鉄工所（大洋造船鉄工）	釜山	鄭徳宝	鄭徳宝	2,900,000	1956. 6	朱斗洪	4	優先	
牧島造船鉄工所	釜山			1,210,000	1951. 9. 3	宋彬俊	5	優先	
朝鮮船舶工業株式会社	釜山	黄徳賛	黄徳賛	920,000	1951. 4.20	黄徳賛	10	優先	
釜山造船工業株式会社	釜山	朴坪奎	李相範	850,000	1950. 4.12	金在元	5	優先	
東亜造船株式会社	釜山	李基満	李基満	760,000	1951. 3. 6	呉在元	10	優先	共同払下げ人金棟文、金徳仁、鄭俊儀
共和造船所	釜山		朱錫煥						
慶南（造船）鉄工所	釜山	孫相鳳	尹南斗			尹南斗			
朝鮮重工業株式会社	釜山	文昌俊							国営企業大韓造船公社
釜山工作船株式会社	釜山		劉永福						
木浦造船鉄工株式会社 2	木浦		金容学	4,740,000	1956. 7	崔泳鎮	10	第三者	分離分の追加売却
木浦造船鉄工株式会社 1	木浦		金容学	4,640,700	1954. 3. 8	金容学	10	優先	
馬山造船株式会社	馬山	金斗喆		170,000	1951. 3.28	金斗喆	10	優先	
馬山造船鉄工有限会社	馬山								1963年に解散
鐘淵朝鮮造船株式会社（朝鮮造船）	群山	金丙夑	李鍾煥	1,116,502	1953. 2.27	姜斗南	一括払	優先	
九龍浦造船鉄工有限会社	慶北	梁泰坊	梁泰坊	2,350,000	1951. 9.24	梁泰坊	7		
浦項造船鉄工有限会社	慶北		李一雨	1,230,000	1951.12.29	河泰煥	7		
甘浦造船所	慶北		崔元植	191,000	1954. 3.20	金明鶴	5	優先	
江口造船鉄工有限会社	慶北		李相元	150,000	1951. 9.11	李相元	5	優先	
三千浦造船工業株式会社	慶南	千炳植		6,701,000	1957. 9	呉錦喜	10	第三者	
長承浦造船所	慶南	裵又柱		540,000	1957. 7	裵工柱	8	第三者	
大進造船株式会社	江原			483,049	1957. 7	田百達	5	第三者	再入札
朝鮮造船所	江原		李淳鳳						

出所：表7-2に同じ。

注：1) 会社名の（ ）内は解放後の社名変更。
　　2) 管理人は朝鮮与論通信社『慶尚南道人士録』1947年版、朝鮮商工興信社『朝鮮商工録：南朝鮮綜合版』1947年版から補充。判読不明な文字は□とした。羅老島造船鉄工所と長承浦造船所のケースは、管理人と買収者が同一である可能性があるが原資料のままとした。

優遇措置であった。最高の払下げ価格を記録したのは、29年に林兼商店が蔚山(ウルサン)の方魚津(パンオジン)に設立した方魚津造船鉄工株式会社だった。太平洋戦争期に計画造船のために強制的に統廃合された造船所の中には再び分割されて払下げられた造船所もあった。木浦造船鉄工株式会社、釜山の朝鮮船舶工業株式会社(朝鮮船舶工業と慶南鉄工所に分割)がその例である[76]。払下げを受けた人物についての全体的な把握は困難だが、確認可能な事業者の中に植民地期に造船所を経営していた人物はいなかった[77]。植民地期の造船業は日本人によって独占されていたためであろう。

帰属企業体の払下げに際して政府の構想は、国営化した朝鮮重工業に計画造船の鋼船建造を一手に引き受けさせ、木造船の造船所に小型貨物船および漁船の建造を担当させようというものだった[78]。

5. 育成政策の帰結

(1) 計画造船の不振

では、こうした政策はどのような実績を上げたのであろうか。表7-4を見ると、1955年から61年までの7年間に韓国内で建造された船舶の総数は1,373隻2万7,921トンだった。このうち計画造船によるものは842隻2万258トンであり、隻数の60%、トン数の73%が計画造船によって建造されたことがわかる[79]。海務庁は57年から61年まで1万トン級の大型貨物船を含む18万8,000トンの船舶を建造する計画だったが、実際は計画造船を含む総建造実績が3万トンを下回る水準だった。年間建造実績を見ても海務庁の計画は毎年建造能力を拡張し、最終年度である61年には年5万6,000トンを建造する目標だったが、実際は4,000トン水準に留まっていた。計画造船の目的が沿岸海運に進出した日本船舶への代替だったにもかかわらず、同期間に建造された船舶は大部分が小型木造漁船であり、この船舶が隻数では全体の80%、トン数では全体の57%を占めていた。

海務庁の計画造船では、目標達成のために対象造船所の施設拡充も計画され、

表7-4　船舶建造実績の推移

年	旅客船 隻	旅客船 トン	貨物船 隻	貨物船 トン	漁船 隻	漁船 トン	その他 隻	その他 トン	合計 隻	合計 トン
1955					127	1,257	29	839	156	2,096
1956	1	141	4	240	173	2,175	54	1,547	232	4,103
1957	2	312	9	1,137	121	1,834	11	526	143	3,809
1958	9	571	8	1,187	167	1,701	24	1,131	208	4,590
1959	6	479	7	975	142	2,936	7	135	162	4,525
1960	5	318	5	318	129	3,003	30	585	169	4,224
1961	7	343	7	773	259	3,096	30	362	303	4,574
合計	30	2,164	40	4,630	1,118	16,002	185	5,125	1,373	27,921

出所:商工部『造船工業』1965年、37頁。

　計画開始年度の1957年の2万8,000トンの建造能力を最終年度の61年には5万6,000トンと、2倍に拡張しようとした。しかし、船台、船渠のような建造能力の向上のための施設拡張は同期間内に一度も行われなかった。54年に釜山の大鮮造船鉄工所に産業復興国債1億5,000万ファンを財源として3,800トン級の船舶の入渠修理が可能な船渠1基が建設されたのが唯一の例だった[80]。

　施設の拡充とともに1,400人の技術者の養成も計画されたが、表7-5のように技術者の数はむしろ減少した。1950年代に入ってからは、ソウル大学、韓国海洋大学、釜山水産大学の造船関連学科を卒業した新規の技術者たちが輩出され、大韓造船公社が52年から社内の技能工養成学校を運営している。それにもかかわらず、逆に造船技術者が減少したのは造船の不振によって既存の技術者たちが他の業種に移動し、新卒の技術者も造船所への就職を控えたためと

表7-5　全国造船技術者(技能工の含む)の増減推移

年	仁川	群山	木浦	麗水	済州	忠武	馬山	釜山	浦項	墨湖	清州	合計
1948												2,137
1953	93	59	84	61	22	110	18	990	56			1,493
1954	96	64	82	61	52	250	24	990	56			1,675
1958	80	43	81	60		108	18	937	19		22	1,368
1960	64	36	69	56	23	73	18	736	7	1		1,083

出所:朝鮮銀行調査部『経済年鑑』1949年、Ⅰ-100、交通部『統計年報』1954年、549~550頁、交通部海運局『海運十年略史』1955年、151頁、韓国産業銀行調査部『韓国の産業』2、1958年、249~250頁、海運港湾庁『韓国海運港湾史』1980年、387頁より作成。

考えられる。

　計画造船の不振は、造船所の経営難に直結した。まず、計画造船で鋼船建造を独占することになっていた大韓造船公社は、李政権が終わるまで500トン以上の鋼船を1隻も建造することができなかった。同社は1950年代に26隻の船舶を建造したが、すべて100トン前後の小型船舶であった。55年に建造した18隻も税関が発注した監視船や巡視船で20トン前後の小型船だった[81]（表7-6参照）。大韓造船公社が3,000トン級の船舶を建造することができる船台3基、3,000トンと7,500トン級船舶の入居修理ができる船渠などを保有していたことを考えると、事実上休業状態だったと見ることができる。

　仕事がない状況で、大韓造船公社の運営資金は主に政府の財政資金から調達された。財源は政府保証の韓国産業銀行の国債発行と見返り資金であった。1950年代に政府が同社に与えた運営資金は、前者が1億8,000万ファン、後者が7億6,000万ファンの合計9億4,000万ファンという巨額なものであった。また、56年に政府が国内の外航船修理の仕事を与えるために投入したICA援助資金200万ドルなど、設備投資に入った資金も17億ファンを超えた[82]。同社に融資していた韓国産業銀行が58年11月に国会財政経済委員会に提出した

表7-6　1950年代の大韓造船公社の生産実績

年	船舶建造(隻)	船舶修理(隻)	陸上工事(件)
1950	0	128	903
1951	1	234	155
1952	0	182	55
1953	0	54	16
1954	2	61	19
1955	18	41	0
1956	1	64	11
1957	0	62	10
1958	2	25	26
1959	2	33	66
1960	0	33	114
合計	26	917	1,375

出所：大韓造船公社『大韓造船公社30年史』1968年、159～160頁より作成。

「国有企業の融資状況」によると、それまでの貸出額は34億5,000万ファンに達していた[83]。同社の負債比率は1,000%を超えていた。設備資金用の政府融資の金利は3～13%水準で、当時の市場金利18%と比べると非常に低利であった。しかも、インフレ水準を考えるとこうした融資は大きな特恵であった。しかし、休業状態に近かった同社は貸付金の利息支払も困難な状況であった。損失金の中では利子の支払いが大きな比重を占めた。たとえば、61年上半期の場合、損失金1億3,000万ファンのうち利息支払いが1億ファンであった[84]。

こうなると、政府は同社に対して大規模な人員削減を指示し、その結果一時2,000人を超えた従業員は1959年には322人まで減った。残りの労働者も58年4月から給料を受けられなかった。12月には未払い賃金8ヵ月分の6,700万ファンの支払いを要求するストライキが起き[85]、政府が合同経済委員会と協議して緊急に未払い賃金を支払ったことにより事態を収束させた[86]。それを契機として、合同経済委員会は同社に経営陣の交代と経営改善を強く要求し、これに応じない場合はそれまで同社に投入した資金をすべて返すように迫った[87]。これに対して、李政権は委員会の要求どおり同社の経営陣を交代し、委員会も6億ファンの見返り資金を新たに同社に貸出しすることを承認した[88]。しかし、同社の経営はその後もまったく改善されなかった。操業率が低いなか、施設維持費や人件費のために政府の財政投資が再び行わなければいけない悪循環が繰り返されていたのである。

木造船所の経営実態も大韓造船公社と大差がなかった。1950年代の前半期には船舶建造の注文が少なくて稼働率が低かった。たとえば52年の場合、全109造船所の中で稼動中の造船所は30%にすぎなかった[89]。50年代の後半期には、政府の計画造船で老後漁船の代替需要があって前半期に比べて相対的に工場の稼働率が高くなったが、資金難のため経営構造を根本的に改善することはできなかった。次の朝鮮船舶工業㈱の事例は、このような50年代の木造船所の経営実態の一面をよく示している[90]。

朝鮮船舶工業は太平洋戦争期に朝鮮総督府の造船所の統合方針によって、1944年12月に釜山影島にあった3つの日本人造船所を統合して設立された。そして解放後は帰属財産として米軍政に接収され、植民地期にトタン工場を経

営していた黄徳賛が管理人に任命された。黄は、李政権の樹立後も管理人の地位を維持しており、51年に行われた造船所の払下げの時に管理人としての優先権が認められ、同造船所の所有主となった。払い下げ価格は表7-3に示したように92万ファンであり、返済条件は10年分割払いで最初の返済金は20万ファンだった。同造船所は最大500トン級の木船を建造することができる造船施設と、最大180馬力の焼玉エンジンを製作することができる機械工場を保有していた。56年までに、済州島の警察警備艇（40トン級）と麗水税関監視船（30トン級）をはじめ、漁船、客船など約30隻、300トンを建造した。

朝鮮船舶工業の技術者には常務取締役の孔錫鎔をはじめ3人がいた。しかし、彼らは造船工学に関する体系的な教育を受けたわけではなく、長期間にわたって現場で学習したいわゆる職人だった。造船設計はすべて孔が担当した。しかし、この程度の設備と技術でも当時必要とされる木船を建造するには大きな問題がなく、性能も輸入船舶と比べて大差はなかったという。

朝鮮船舶工業の経営上の最大問題は建造注文がないことと、造船資金が足りないということであった。当時、国内の水産業界と海運業界はともに資金難と経営悪化によって船舶発注が困難であった。こうした状況の中でも造船所の維持が可能だったのは、政府の計画造船による船舶建造の注文を受けたからであった。もっとも、計画造船による船舶建造も資金難で順調には進まなかった。同造船所は政府の計画造船に基づき、漁船4隻（50トン級、120馬力のエンジンを搭載）を割り当てられた。必要な造船資金の調達のために5,500万ファンの政府融資を申請し、1,850万ファンは自己資金で調達する計画であった。しかし、実際に政府融資は3,000万ファンにとどまり、融資金も規定によって自己資金の使用後にはじめて使用が認められた。しかし、自己資金の調達が難しかった同造船所は資金難に直面し、対策として市中銀行からの融資を求めたが営業成績の不振を理由に拒否された。結局、市中の高利貸からの資金調達を試みざるを得なくなり、造船を計画通りに進行することができなかった。

経営難に苦しんだいくつかの造船所では、他の用途に使用することができない規定にもかかわらず、計画造船用の資材を転用したり[91]、市中に流して問題となることもあった[92]。また、計画造船で割り当てられた船舶を建造しないま

ま、建造したと報告して国の支援金だけをだまし取る詐欺行為まで起こっていた[93]。計画そのものの不備とこれによる造船所の経営不振がこのような資本蓄積の「賎民性」[94]を表面化させた。

(2) 不振の原因

計画に比して、実績は低調であった。しかし、李政権にとって造船・海運業の育成は緊急課題であった。計画造船を推進する意志は、単発的な計画に終わらせず、海務庁を設立し、計画を変更しつつ継続したことからも、強固であったと窺える。不振の原因は、政府の推進意志とは別に、政策自体の問題や推進過程の問題であった。

第一に、海務庁が判断した国内造船市場の状況と、実際の造船市場の差が大きかったことである。これは海務庁が提示した計画造船に対する政府金融支援の条件に応じて船舶を建造する需要者がなかったことからも窺われる。前述したように、需要者が計画造船によって船舶を建造する場合、政府の支援比率は時期別、建造船型によって若干の違いはあったが、建造費総額の75％であった。融資条件は年利12％、7～8年分割払いであった[95]。この条件は当時の市中金利とインフレを考えると、かなりの好条件だった。しかし、海務庁の予想とは異なり、計画造船で船舶建造を希望する需要者は少なかった。計画造船によって船舶を建造した場合にも融資金の返済が延滞して担保として設定した船舶が差押えられ、競売にかけられる事態が発生した[96]。

支援条件を需要者の立場から見れば、総建造費の25％は自己資金で負担することを意味し、また、75％の政府融資金をもらうためには担保の設定が必要であることであった。しかし、計画造船の結果はこれらの条件が当時の需要者に新たに船舶を建造するチャンスとして受け入れられなかったことを示す。これは当時の造船市場が海務庁の判断よりも、はるかに困難な状況であったことを意味する。実際に朝鮮戦争が終わると、国内海運業界は非常に難しい状況に陥った。休戦とともに戦時特需が消え、海上輸送量が大幅に減少した。貿易量は、大部分を占める輸入が休戦後に3分の1まで縮小した[97]。日韓航路を中心とする外航海運の場合は、海務庁が計画造船を推進する重要なモチーフだった

が、外国船への依存が続いた。アメリカの自国海運業の保護政策などの原因があったが[98]、根本的には輸出量が輸入量の5％にすぎないという援助依存の経済構造だったため、海運業界の外航進出は競争力がなかった。すなわち、出港のときに載せる貨物がないので空船運航をしなければならなかったのである[99]。さらに、計画造船が本格化した1950年代の後半期は日韓貿易の中断によって海運業が大きな打撃を被った。日韓航路は50年2月に政府とSCAPとの協約により不定期航路が再び開通し、51年4月からは定期航路が開設された。朝鮮戦争を契機として米国の対韓援助物資が日本から供給されたために日韓航路の物流量は年々増え続け、韓国の海運業界にとって重要な市場だった。したがって、55年8月に政府の交易中止の措置によって海運業は甚大な打撃を被ったのである[100]。たとえば、ある海運業者は輸入した中古船を資金不足で引き受けることができない状況であった[101]。国内沿岸海運も同様の事情のうえ、休戦後に急速に整備された陸運との競争にも苦しんでいた。解放後から沿岸海運の主な運送品だった石炭が56年1月の「栄岩線」の開通によって鉄道輸送に取って代わられたのは、その代表的な事例である[102]。

　海運業界や水産業界等の船主側は計画造船が自己資金の負担を求めずに全額国家の支援によって実施させるべきと主張し、そのうち50％は造船奨励費の形で政府が補助することを要求した[103]。海務庁は56年に計画造船を本格的に推進するに当たり、総船舶建造費のうち80％の国家融資、20％の国庫補助（船舶奨励金）によってすべての建造費を国家が責任を持つことを骨子とする造船奨励法の草案をまとめ、同年3月の第32回閣議で同案が通過した[104]。しかし、問題はこれを実現させうる財源がなかった。2年も延期された造船奨励法は58年3月に建造費の最大40％までを国家が補助することを骨子として国会の同意を得て法律として成立したが、財源がなかったために李政権期には死文化してしまった。

　二つ目の問題は、計画造船が需要と供給のバランスを取らずに、供給者である造船業を中心に行われたという点である。海務庁は、海運や漁業なとの船舶需要業者と緊密な協議を行わずに一方的に年間に建造量を決定し、各造船所にそれを割り当て、それに必要な資材を供給した。造船所の立場では、発注者が

現れない状態での建造の開始を意味した。船舶建造中で需要者が現れれば問題はないが、現れなければ、前述の朝鮮船舶工業株式会社の事例のように、造船所は資金難に直面した。造船所の場合、発注のない状態でも建造を進めざるを得なかった理由は、計画造船の割り当てを受けたが建造責任を果たさなかった造船所に対しては規定によって政府からの金融支援や配分された造船機資材を返還しなければならなかったからである[105]。造船所の立場では、不況の中で計画造船からの脱落は造船事業の放棄を意味した。海務庁は発注者のない船舶の建造が問題になると、実際に発注契約を締結して政府から船舶建造の承認を得た造船所だけに融資する措置を採ったが、造船所が架空の発注者を作ったために本質的には解決できなかった[106]。

　三つ目の問題は、海務庁が計画造船に必要な資金の調達に失敗したことである。前述したように、海務庁は5ヵ年計画のために6,500万ドルの外資を含む総計850億ファンの資金を計画したが、計画造船の開始年度である1957年から60年までに投資された金額は、国内資金1億3,000万ファン、外資300万ドルにすぎなかった。交通部時代を含めて李政権期に計画造船の名目で投資された資金も、表7-7に示したように国内資金22億ファン、外資640万ドルにすぎなかった。

　資金難の最大原因は、主要財源として計画されていた援助資金と援助物資の販売代金である見返り資金の供給が計画通りに行われなかったことである。表7-7からもわかるように、実現された資金も外資は政府保有ドルが80％の割合を占め、国内資金も産業銀行が発行した産業復興国債が調達総額の70％を占めた。韓国銀行が全額を引き受ける産業復興国債は、インフレのために1958年にその発行が停止された。そのため、国内資金も見返り資金などの援助資金により頼らざるを得なくなったが、表7-7のように2回にわたるICA資金6億ファンの調達がすべてであった。

　計画造船に援助資金の使用が抑制されたのは、政府の計画造船構想が資金運用の決定権を持っていた米国の立場と相容れなかったためである[107]。李政権期の米国の対韓経済政策の基調は、インフレ抑制による経済の安定化にあり、そのために可能な限り財政を緊縮し、財政赤字を削減することであった。1958

表 7-7 李承晩政権期の計画造船に投資された資金の財源別現況

年度	財源	内資(ファン)	外資(ドル)
1955	政府保有ドル		2,710,000
	第4回産業復興国債	500,000,000	
	第7回産業復興国債	658,000,000	
1956	雪害復旧資金	86,900,000	
	第8回産業復興国債	323,316,000	
	ICA	466,839,200	500,000
1957	政府保有ドル		2,480,000
	ICA		500,000
1960	AID	132,829,600	215,000
	合計	2,167,884,800	6,405,000

出所：表7-4に同じ、34～35頁。

年に政府の財政投融資の柱であった産業復興国債の発行が停止されたのも、そのためであった。米国の政策は戦後経済復興を必要とした李政権からは受け入れがたいものであり、両国間の対立がしばしば表面化した。しかし、財政の絶対的な部分を米国からの援助に依存していた状況では、結局米国の立場を受け入れざるをえなかった[108]。

さらに、米国は経済における国家統制の解体を要求し、政府支出の削減のために国営化された帰属企業体の民営化を求めた。これに対して李政権は1954年の改憲に際して、制憲憲法で規定されていた国家計画経済および統制に関連する条項を削除し、国営企業体を民営化しはじめた[109]。大韓造船公社の場合、57年10月に大韓造船公社法が廃止されて同年12月に政府所有株式処理令が大統領令として公布され、株式会社に転換した。ただし、政府所有株式の民間売却が順調に進まなかったため、なお政府系企業に特有の性格を払拭できずにいた。そして、株式会社に転換した結果、それまでの政府支援資金が負債に計上され、経営は急速に悪化した[110]。

6．おわりに

解放後、韓国の工業は日本との断絶によって大きな打撃を受けたが、とくに

造船業は日本人が資本と技術を独占していたためにその打撃は深刻だった。これは米軍政の消極的な管理政策、工場内部での労使対立等の特殊要因とも結びついて増幅し、米軍政期に大部分の造船所は生産活動を停止していた。

　政府樹立の後、海上運送力の拡充のために国家主導の造船業の育成政策が実施されたが、その方法は太平洋戦争期の戦時計画造船システムに倣ったものであった。計画造船は日本が戦時期の運送力強化のために作ったシステムであり、国家が人為的に需要を創出するものだったため、国家資本の全面的なバックアップが不可欠であった。

　朝鮮戦争をきっかけとして生じた日本船舶の国内沿岸海運への進出に対応するために、李政権は計画造船を中心に造船業に対する育成政策に乗り出すことになるが、その実績は極めて不振であった。計画造船による建造実績は植民地期のそれの4分の1にも満たない年間4,000トンにすぎず、造船業の育成も成果をあげることができなかった。

　計画が失敗した原因は、海運業の状況に対する認識の不足、供給者（造船所）中心の政策だったことがあげられる。とくに、後者については、需要者である海運業界から「計画造船が需要に即しておらず、造船が先行し、需要がこれに従わなければならない状況が続いてきた」と批判され、「今後の計画造船は海運業界の意見を聴取し、適正な需要をまず確保する必要がある」と指摘された。船主が現れない状況で船舶を建造した造船業界からも、政府が「無理に造船所に造船を強要するために需要者がまったくおらず、業界の混乱は大きく、計画造船は失敗だった」と指摘された[111]。

　また、計画造船に必要な資金の調達が困難であったのも大きな原因であった。それはアメリカの対韓経済政策の基調が計画造船と相容れなかったからである。

　産業政策というものは最初から完全なものではなく、実行過程で修正されながら完成するものだとすれば、計画造船が失敗した3つの原因のうち、より根本的なのは計画された資金調達の失敗であると思われる。計画造船の需要者側と提供者側が海務庁の計画造船への不満を示しながらも、根本的な対策として要求したのは政府の支援強化だった。計画造船の実行過程で海務庁も既存の支援策が足りないことを認識したとみられる。海務庁が1956年から長時間の努

力で法制化した「造船奨励法」は、このような認識を裏付けている。しかし、この法律は李承晩政権期の計画造船には適用されなかった。その理由は財源がなかったからである。

　このように、李政権期に海上運送力の拡充と基幹産業としての造船業の育成を目標に推進された計画造船政策は失敗した。しかし、植民地期と朴正熙政権期を念頭に置いた場合、この時期のこの政策の産業政策史的な意味は小さくない。

　まず、植民地期と関連してみると、李承晩政権は反共と反日を政権維持のイデオロギー的根幹としていたが、産業政策との関連では、戦時計画造船と呼ばれる日本の増産システムを積極的に利用している。李承晩政権が反日政策を強化していく過程で、日本の戦時産業政策に注目したという皮肉な状況はなぜ可能だったのだろうか。それは、「限られた経済条件下で短期間に大量の船舶建造が必要であった」という状況設定が似ていたからだと思われる。朝鮮戦争中に「日船代置」のために、短期間に大量の船舶建造が必要な状況と産業基盤が弱いという厳しい条件は、太平洋戦争期の日本が戦時計画造船を推進していた状況と似ていた。

　李承晩政権の造船業の育成政策は、植民地期に日本人が経営していた造船所をベースに戦時計画造船という日本の軍需産業拡充のシステムを利用したという点で、植民地期と強い連続性を持っていた。これは、別の角度から見ると、李承晩政権の産業政策が、対日強硬一辺倒の政治姿勢とは異なり、日本の軍需産業拡充システムを利用する柔軟な姿勢を堅持していたという解釈も可能である。

　一方、李承晩政権の造船業育成政策は、朴正熙政権期の造船業育成政策と関連してより重要な意味を持つ。造船業が国家主導で育成しなければならない中核産業であるという政策基調が継承されたからである。植民地期との連続性は、システムの受容と応用に限られたものであったなら、朴正熙時代との連続性は内容的な連続性を意味した。造船業は、産業基盤が弱い状況にもかかわらず、朴正熙政権期の重点育成産業の対象から一度も除外されていない。重化学工業化のスタート時期である1970年に経済企画院が推進した「4大核心工場建設

計画」でも造船が含まれており、73年の本格的な重化学工業政策の推進過程で造船業は育成産業に選ばれた。そして、このような政策基調をもとに、李承晩政権期に推進された主な政策のほとんどが朴正熙政権に継承された。計画造船は経済開発計画の一環として推進され、問題になった資金問題は死文化していた造船奨励法を復活させて建造総額の40％補助および50％政府保証融資（年利5％、15年分割返済）が行われ、建造費の90％が支援されることになった[112]。計画造船に必要な資金は、韓日国交正常化の代価である「対日請求権無償援助資金」と対日商業借款等の日本からの資本導入により充当された[113]。65年には大韓造船学会に依頼して貨物船、客船、漁船といった船舶の規模別標準船型が決定され[114]、これに伴う標準船価も船体と機関とに分けて決定された[115]。計画造船によって建造された船舶の譲渡者もまた国が決定したが、漁船は農林部水産局、貨物船は交通部海運局が担当した[116]。

　もちろん、ここで述べた両時期の連続性はマクロ的な視点からのことである。両時期の政策基調が同一でない限り、政策の内容についてはより具体的な分析が必要であろう。

（訳：呂寅満）

注
1）朝鮮における戦時経済体制の構築に理論的な正当性を与えた鈴木武雄京城帝国大学教授も、敗戦直後、植民地期朝鮮半島の南部に発展した重化学工業に言及しながら、京仁地域の金属機械工業、三陟の化学工業とともに釜山の造船工業の重要性を指摘した（鈴木武雄「独立朝鮮経済の将来」大蔵省管理局『日本人の海外活動に関する歴史的調査』第11冊、朝鮮編第10分冊、1947年、168頁）。
2）太平洋戦争期の戦時計画造船について詳しくは、山崎志郎『戦時経済総動員体制の研究』日本経済評論社、2011年の第5章を参照。
3）1950年代の造船業については、植民地期に唯一の鋼船造船所だった朝鮮重工業株式会社を継承した大韓造船公社に対する以下のような事例研究がある。拙稿「1950年代大韓造船公社の資本蓄積の試みとその失敗の原因」（『釜山史学』25・26合集、釜山史学会、1994年）、金鎔基「1950年代韓国企業の経営管理と労働者：大韓造船公社の事例分析」（『大原社会問題研究所雑誌』469、大原社会問題研究所、1997年）、シン・ウォンチョル「企業内部労働市場の形成と展開：韓国造船業に関する事例研究」（ソウル大学校博士学位論文、2001年）。

4）朝鮮銀行調査部『朝鮮経済年報』1948年度版、Ⅰ-186頁。
5）『朝鮮総督府統計年報』によると、朝鮮の船腹量は第1次世界大戦期の好況に支えられ、1916年に初めて4万トンを超え、19年には5万トン、20年には6万トンとなった。
6）朝鮮重工業の従業員は1945年10月に自社の広進丸で日本に引揚げたが、日本でこの船を売却して退職金などに充当したという（拙稿「朝鮮重工業株式会社の戦時経営と解放後の再編過程」『歴史と境界』第60号、釜山慶南史学会、2006年、255頁）。
7）前掲『朝鮮経済年報』1948年度版、Ⅰ-186頁。
8）この2隻は後に完成され、朝鮮郵船の後身である大韓海運公社の所属船となった（前掲「朝鮮重工業株式会社の戦時経営と解放後の再編過程」232頁）。
9）交通部海運局『海運十年略史』1955年、251頁。
10）その内訳は、米軍船のLST型12隻（1万8,000トン）、Baltic型8隻（1万4,240トン）、日本からの返還船4隻（7,467トン）、その他2隻（1,656トン）であった（前掲『朝鮮経済年報』1948年度版、Ⅰ-186頁）。
11）たとえば1948年上半期の場合、援助物資の81％が釜山港に入ってきた（National Economic Board, *South Korean Interim Government Activities*, No. 33 [1948.6] p. 88）。
12）前掲『朝鮮経済年報』1948年度版、Ⅰ-133頁。
13）National Economic Board, *South Korean Interim Government Activities*, No. 30 (1948.3), p. 83.
14）『連合新聞』1949年6月9日。
15）実際、1949年2月末に李承晩大統領は江原道の墨湖、三陟などの石炭を沿岸の主要な港に輸送するために日本の船をチャーターして使用するよう指示した（『朝鮮日報』1949年3月8日）。
16）朝鮮戦争期に軍需物資は兵器用資材から食料品に至るまで、供給可能なすべてが日本から調達された。援助物資は、経済開発を念頭に置いていたそれまでの経済協助処（ECA）援助から戦時難民救護援助を目的とする韓国民間救護計画（CRIK）に代わった。そのほとんどが消費財であったが、それも日本で製造されていた。
17）三和良一『占領期の日本海運』日本経済評論社、1992年、177頁。
18）日本郵船株式会社『七十年史』1956年、527頁、日本の海運会社によって競争的に開設された日韓定期航路は韓国政府の反発によって1954年3月に廃止された。
19）前掲『貿易年鑑』1953年、V-4頁参照。
20）韓国銀行調査部『経済年鑑』1956年、Ⅰ-181頁、前掲『貿易年鑑』1953年、V-4頁参照。
21）『東亜日報』1952年9月25日、同9月27日。
22）大韓造船公社『大韓造船公社30年史』1968年、107頁。
23）年度別計画を見ると、1949年は漁船35隻・貨物船26隻、50年はいずれも70隻、51年は漁船100隻・貨物船80隻、52年漁船120隻・貨物船100隻だった。53年は未定だ

った。朝鮮殖産銀行調査部『殖銀調査月報』第 4 巻 4 号、136～142 頁、前掲『貿易年鑑』1955 年版、V-19 頁。
24) 前掲「朝鮮重工業株式会社の戦時経営と解放後の再編過程」171 頁、海運港湾庁『草稿韓国海運港湾史(上)』1979 年、831～832 頁を参照。
25) 前掲「朝鮮重工業株式会社の戦時経営と解放後の再編過程」171 頁。
26) 前掲『草稿韓国海運港湾史(上)』831～834 頁参照。
27) 1953 年 2 月 14 日の「通貨改革」によって 100 ウォンが 1 ファンとなった。
28) 『釜山日報』1956 年 6 月 22 日。
29) 1955 年 1 月に交通部海運局と商工部水産局を統合することを骨子とする海務庁の設立案が政府案として国会に提出された。これに対して当時国会議員で仁川海事局長を務めたことのある金載坤を中心とする 21 人の議員がより強力な「海務部新設案」を提出したが、結局政府案が国会を通過し、2 月 7 日に法律第 354 号（政府組織法改正）および大統領令 1010 号（海務庁職制）がそれぞれ施行された（前掲『草稿韓国海運港湾史(上)』950～951 頁）。海務庁は交通部の海事関連の業務すべてと商務部水産局の漁船関連業務、財務部の外航船出入事務、保健部の検疫、内務部の水上警備等海上関連の業務を総括した。
30) 『国際新報』1956 年 3 月 20 日。
31) 前掲『草稿韓国海運港湾史(上)』957 頁。
32) 国内で建造する外航船の規模は 1,500 トン級、2,000 トン級、1 万トン級とされた（『京郷新聞』1955 年 12 月 27 日）。
33) そのために海務庁水産局は、1956 年に 569 隻（3,120 トン）、1957 年 3,379 隻（1 万 1,722 トン）、1958 年 4,231 隻（1 万 4,557 トン）、1959 年 5,515 隻（1 万 8,890 トン）、1960 年 6,327 隻（2 万 2,100 トン）、5 年間で 2 万 21 隻（7 万 389 トン）を建造するという膨大な計画を立てた（ハン・ギュソル『漁業経済史から見た韓国漁業制度変遷の 100 年』善学社、2001 年、292 頁）。
34) 前掲『草稿韓国海運港湾史(上)』955～957 頁。
35) 『国際新報』1956 年 6 月 3 日。
36) 外資購買処の資材輸入は、政府が海外購入官を通じて直接に海外の供給元と契約するか、貿易業者に代行させる形によって行われた（『国際新報』1956 年 6 月 23 日）。
37) 必要な資材の大部分は援助資金によって輸入されたため、その販売は原則的には公売によって行われた。その場合、割当ては貿易業者に対して行われるのが一般的であったが、計画造船の場合は実需要者に割り当てられた。当時、援助資金による政府事業を実需要者への割当てではなく、公売を原則とした理由は通貨吸収による経済安定を維持しようとしたアメリカの思惑があったからである。
38) 『国際新報』1956 年 3 月 25 日、同 4 月 25 日。
39) 当時、漁船建造をめぐった造船業者と水産業者との対立は激しかったが、それは海務

庁にも反映された。すなわち、水産局は水産業者の利害を代表し、海運局は造船業者のそれを代表して互いに対立した（『国際新報』1956年2月3日、同6月3日、同1959年3月14日、『釜山日報』1956年7月13日）。
40）『国際新報』1956年3月9日。
41）同上、1956年3月20日。
42）『釜山日報』1960年9月21日。
43）『国際新報』1956年3月26日。
44）前掲『大韓造船公社30年史』153頁。
45）商工部『造船工業』1965年、36頁。標準船型の決定とともに、エンジンについても3種の焼玉エンジン（30、60、90馬力）が標準型として決められた。このエンジンは、植民時期に小型船舶で広く利用されていた内燃機関であり、解放後にもディーゼル・エンジンが一般化されるまで小型エンジンの主力として利用された。
46）『国際新報』1956年7月18日。
47）第1次造船計画の場合、330億ウォンの予算には建造造船所の利潤として16億ウォンが含まれており、5％の利潤が保証されていたことになる（前掲『草稿韓国海運港湾史（上）』831～832頁）。
48）『国際新報』1956年3月11日、同3月14日。
49）日本において戦時計画造船は戦後にも造船・海運業の復興のために継承されて長期間持続した。計画造船の担当は海軍から運輸省に変わり、資金の提供も産業設備営団から船舶工団あるいは日本開発銀行に変わるものの、政府の融資によって年度別に建造量目標を設定して計画的に推進するという本質には変わりがない（寺谷武明『造船業の復興と発展』日本経済評論社、1993年、103頁、129頁）。あえて違いがあったとすると、戦時計画造船は経済性よりも戦争に必要な船舶の大量生産を目的として国が一方的に推進したのに対し、戦後の計画造船は海運と造船業の復興という経済的な側面を重視しつつ、業界との緊密な協力を通じて計画を推進したということである。すなわち、政府の介入程度が戦時期より相対的に弱かったのである。李政権の計画造船の1次的な目的は、造船と海運という業界の復興という経済的側面よりは、日本船舶の代替に必要な船舶の緊急量産にあった。その際、韓国の造船と海運業の現実を考慮せず、国が一方的に推進する形を取ったため、政府の介入は非常に強かった。このような側面と計画の仕組みとを総合的に考えると、李政権の計画造船は日本の戦時計画造船により似ていたと言ってよい。
50）1953年までは政府企画処の割当てにより、民間が輸出代金として獲得したドル、政府保有ドルの払下げ、外貨貸付方式のいずれかによって輸入された。小型船舶は主に日本から、大型船舶は米国とノルウェイから輸入された（尹基善『韓国海運二十五年史』韓国海事補佐人協会、1973年、116頁）。計画造船の開始によって日本からの小型船舶の輸入が事実上禁止され（1954年2月に政府が政府保有ドルによる日本からの物資の

輸入を禁止する措置によるもの)、1960年までは外航用大型船舶を除く船舶の輸入はほとんど行われなかった。
51) 朝鮮造船工業組合は解放後に大韓造船工業協会に変更されたが、その業務内容はほとんど変わらなかった。もっとも、この協会は、国家権力を背景に傘下の造船所に対する強力な統制力を発揮する統制団体としての性格を有しておらず、造船業界の立場を政府に伝える同業団体としての性格が強くなった。この協会について詳しくは、韓国造船工業協同組合『造船組合四十年史』1988年を参考。
52) 主要施設は3,000トン級船台3基、500トン級船台2基、7,500トン級船渠1基、3,000トン級船渠1基であった。
53) 拙稿「朝鮮重工業株式会社の戦時経営と解放後の再編過程」(『歴史と境界』第60号、釜山慶南史学会、2006年)を参照。
54) 拙稿「太平洋戦争期における朝鮮総督府の木船量産計画の推進と造船工業の整備」(『経済史学』第41号、2006年)を参照。
55) 前掲『造船組合四十年史』76頁。
56) 前掲『大韓造船公社30年史』55頁。
57) 同上、56頁。
58) 財務部『法人台帳』を参照。
59) 朝鮮人技術者2人とは李成雨と金聖勲であり、李成雨は大阪工業専門学校、金聖勲は鉄道専門学校出身だった(金鎔基、前掲論文、5〜6頁)。
60) 『全国労働者新聞』1946年4月12日。
61) 朝鮮総督府『朝鮮に於ける日本人企業概要調書』No 5、1945年、5〜17頁。
62) 『全国労働者新聞』1946年4月12日。
63) 海洋経済研究所『海運界の現勢と展望』1948年、20〜21頁。
64) 『中外経済新報』1947年1月10日。
65) 1946年に先述した李成雨を中心に朝鮮重工業では、工場の再稼動のために解放前に沈没したドイツ船アネット号(3,500トン)を60万ウォンを投入して引揚げて修理する計画を立てた。修理に必要な資金は朝鮮銀行と交渉し900万ウォンの資金融資を受けることになったが、米軍監督官が反対して修理計画は水泡に帰し、工場の再稼動は失敗し、工場は再び休眠状態に陥ったという(『中外経済新報』1947年1月10日)。
66) 表7-3参照。
67) 前掲『造船工業』37頁。
68) 韓国銀行調査部「国公有企業の限界と自由私企業化」『韓銀調査月報』1954年6月号、調-60。
69) 拙稿「解放後における知識人層の新国家経済建設論」『地域と歴史』第7号、2000年を参照。
70) 解放直後に、姜辰国をはじめ尹行重、李貞求などの主に中間派の理論家は、日本の戦

時統制経済体制を独立国家の経済モデルとして構想していると疑われた（パン・ギジュン「解放政局期の中間派路線の経済思想：姜辰国の産業再建論と農業計画論を中心に）」（崔虎鎮博士教職50周年記念論文集刊行会『経済理論と韓国経済』博英社、1993年）182頁、前掲「解放後における知識人層の新国家経済建設論」110〜111頁）。
71) 前掲『大韓造船公社30年史』81〜87頁、前掲『草稿韓国海運港湾史（上）』805〜807頁。
72) 朝鮮郵船の経営権は日本郵船株式会社が持っていた。
73) 大統領令301、313号。ただし、漁船建造の所管は依然として商務部水産局にあった。
74) 前掲『造船工業』11頁。1951年末までに79の造船業者が登録されていた（前掲『大韓造船公社30年史』106頁）。
75) 交通部告示第250号として「造船技術者登録要綱」が制定、実施された（前掲『大韓造船公社30年史』107頁）。
76) 「釜山の商脈」34『国際新聞』1991年5月6日。
77) 朝鮮船舶工業株式会社の払下げを受けた黄德贊はトタン工場経営、釜山造船工業株式会社の払下げを受けた金在元は荷役業者、鉄工所の払下げを受け造船所に転換した大鮮造船の安成達は払下げを受けた鉄工所の職長出身であった（「釜山の商脈」34『国際新聞』1991年5月6日）。
78) 解放後に多くの造船所が新設され、解放当時に50余りに過ぎなかった造船所は1954年に106、1962年には215に増加した。しかし、このデータには、造船機資材を生産する工場まで含まれており、釜山に設立された大鮮造船鉄工所を除くほとんどは船舶建造能力の信頼性に欠けている（前掲『造船組合四十年史』76頁）。
79) 前掲『造船工業』35頁。
80) その他、1955年のICA資金114万ドルによる主要木造船造船所7ヵ所に対する施設拡充と、1955年の第4回産業復興国債資金1億3,300万ファンで9つの木造船造船所に対する施設拡充、1955年のICA資金200万ドルによる大韓造船公社の施設拡充等が行われたが、すべて既存施設の改善用で、旋盤等工作機械の拡充に当てられた（前掲『造船工業』28〜32頁）。
81) 前掲『大韓造船公社30年史』122頁。
82) 前掲「1950年代大韓造船公社の資本業績の試みとその失敗の原因」176頁。
83) 『東亜日報』1958年11月7日。
84) 前掲『大韓造船公社30年史』156頁。
85) 『国際新報』1958年12月14日。
86) 『国際新報』1958年12月17日、『釜山日報』1959年2月8日。
87) 『釜山日報』1958年2月7日。
88) 『国際新報』1959年3月19日。
89) 前掲『貿易年鑑』1955年版、V-25頁。

90)「釜山の企業体 朝鮮船舶工業株式会社)」『国際新報』1956年3月14日。
91)『国際新報』1956年2月3日。
92) 1958年11月に韓国造船公社(旧釜山造船工業株式会社)は、ICA援助による3,000万ファン相当の計画造船用資材を木材商に売り出した疑いで釜山地検の取り調べを受けた(『国際新報』1959年1月16日)。
93)『釜山日報』1959年1月30日。
94) 韓国資本主義の「賎民性」という性格規定については、朴玄埰『韓国経済構造論』日月書閣、1986年を参照。
95) 前掲『造船工業』35頁。
96) 前掲『造船工業』35~36頁。
97) 韓国産業銀行調査部『韓国の産業』2、1958年、268頁。
98) 米国はICA援助物資の50％を米国船舶が輸送することを義務づけ(前掲『貿易年鑑』1956・1957年度版、144頁)、また、援助資金によって導入した船舶による援助物資の輸送をも禁止した。海務庁はICA資金600万ドルで米国から4,000トン級の中古貨物船8隻を1956年に導入し、国営の大韓海運公社に所属させ、援助物資の輸送をしようとしたが、こうした米国の方針によって挫折させられた。そこで、導入船舶は沿岸海運に就航して民間海運業者と競合することとなり、休戦後に物流量の減少によって苦戦していた民間海運業界から猛反発を受けた(前掲『貿易年鑑』1960年度版142頁、同1965年度版、206頁)。
99) 前掲『貿易年鑑』1958年度版、173頁。
100) これに関しては車喆旭『李承晩政権期の貿易政策と対日民間貿易の構造』釜山大学史学科博士学位論文、2002年を参照。
101)『国際新報』1956年2月17日。
102) 前掲『貿易年鑑』1960年度版、141頁。
103) 海務庁『海務庁事業計画』1958年、130頁、『釜山日報』1959年11月14日。
104)『国際新報』1956年2月17日、7月18日。建造費の全額を国家融資または補助で充当する海務庁案は、閣議で自己資金10％、国家補助20％、政府融資70％に修正され通過した(前掲『海務庁事業計画』131~132頁)。
105)『釜山日報』1956年10月5日。
106)『釜山日報』1956年4月21日、同10月5日。
107) 援助資金と見返り資金の使用については以下のような手続きが必要であった。すなわち、まず、政府担当者が合同経済委員会に資金使用について報告すると、委員会で審議して決定した後に、援助本部の承認が必要であった。援助当局の規定と異なって資金が使われた場合にはそれを返還しなければならなかった。1959年に40万ドルが規定と異なって使われたとされ、政府はそれを政府保有ドル勘定に返済した(『国際新報』1959年3月19日)。

108) 韓米間の意見対立は為替レートの決定をめぐって表面化した。米国は立場を貫徹するために1954年に一時原油供給を中断する措置をも採った（大韓紡織協会『紡協創立十周年記念誌』1957年、48〜49頁、『東亜日報』1954年10月18日を参照）。李政権期の韓国経済の方向をめぐって韓米間に起こった「開発」と「安定」の意見対立については、金東昱『1940-1950年代韓国のインフレーションと安定化政策）』、延世大学経済学科博士学位論文、1994年を参照。
109) 1954年11月29日の第2次憲法改正（「四捨五入改憲」）、憲法第88条「国防上または国民生活上緊切な必要により法律で特に定められた場合を除き、私営企業を国有または公有に移転し、もしくはその経営を統制または管理することはできない」（ソンウ『韓国憲法改正史』集文堂、1980年、164頁を参照）。
110)「1957年8月に法律第57号が廃止され商法による株式会社制に転換されるのに伴い、すでに使用済みの政府保有ドル248万ドルとICA 200万ドルは負債として累積することとなった」（前掲『造船工業』67頁）。
111)『国際新報』1956年7月18日。
112) 韓国船舶研究所『我が国の造船工業発達史』1978年、79頁。1967年3月には「造船工業振興法」が制定され、財政による建造費支援がさらに強化された。
113) 前掲『我が国の造船工業発達史』91〜92頁。
114) 大韓造船学会は大韓造船公社等の現場設計技術陣と関連団体の協力を得て近海漁船、遠洋漁船、沿岸客船、沿近海石油タンカー、貨物船および遠洋貨物船等60数種の各種標準船型の基準設計を決定した（前掲『草稿韓国海運港湾史（上）』1938〜1939頁）。
115) 前掲『造船工業』194頁。
116) 同上、189頁。

第8章　石炭市場と大韓石炭公社
―― 競争構造の形成と経営安定化

林　采成

1．はじめに

　本章の目的は、1950年代後半に民営炭鉱の登場に伴って石炭市場における競争条件が形成されるなか、石炭公社がいかにして開発計画と同時に経営の安定化を達成できたかを分析することである。これを通して、経済開発に必要な安定的なエネルギー供給が行われる歴史的条件が50年代後半に整えられたことが明確になると思われる。

　解放後の韓国経済は日本帝国圏の崩壊と南北分断、そして朝鮮戦争によって甚だしい戦災を被った。この戦災からの復興過程における中心的プロジェクトが、韓国の最大炭田である江原道を開発して鉄道を建設し、そこで生産された無煙炭を最大消費地である京仁地域まで輸送するというものであった[1]。そのため、当時「産業線」と呼ばれた運炭鉄道を建設して、帰属炭鉱をもって設立された大韓石炭公社を中心に災害復旧計画を実行しようとした。しかし、石炭公社は投資財源の調達不足で施設復旧が捗らず、賃金未払いのため主要炭鉱でストライキが発生した。この対策として軍派遣団が政府によって決定された。

　軍派遣をきっかけとして韓米両国の協力の下で石炭開発5ヵ年計画（1956～60）が樹立された。しかし、増産面で進展があったものの、経営安定化の面では多くの問題があった[2]。すなわち、韓米間に決定された1ドル500ファン（圜）の固定為替相場（55年8月）を維持するために物価上昇を25％内に抑制しなければならなかったので、超緊縮財政を余儀なくされ、石炭公社に対する資金調達と炭価引上げは難しかった。そのため、公社は経営赤字が続き、賃金未払いなどによって確保された運営資金を投資資金として利用すること

なり、労使関係は安定しなかった。

　また、1957年より財政安定計画が強力に推進されたため、経営赤字は政府にとって大きな負担となった。このような公社経営とは対照的に、50年代後半には民営炭鉱が高い収益率を実現して成長していた。それによって、国会内外から公社に対する批判と民営化要求が続いた。すなわち、韓国経済のエネルギー調達の面で増産政策は依然として重要性をもつものの、公社経営の安定化も無視できない政策目標として浮上したのである。石炭公社は民営炭鉱の成長に伴って経営判断の比較基準が生じ、それまで重視されなかった企業性が公共性とともに、注目されるに至った。これに対し、政府はどのような対策を打ち出しただろうか。

　ここで、政府は石炭公社の傘下炭鉱の民営化を前提とする炭価調整を断行する一方、江原炭鉱社長を大韓石炭公社総裁に任命し、民営炭鉱の経営技法を公社内部に導入しようとした。このような石炭公社の経営安定化は企業間競争に基づく産業発展というダイナミズムを示す事例であるにもかかわらず、既存研究ではあまり注目されず、大韓石炭公社による『大韓石炭公社50年史』(2001年)が刊行されただけである。しかし、社史という性格の制約上、これらの事実が明示的に説明されておらず、また、構造改革の成果が経営改善はもとより、実質賃金の増加をもたらしたことなどが評価されていない。

　これに関連し、李大根は1950年代の工業化の成果を高く評価し、この時期の工業構造が60年代前半にそのままつながっていると見た[3]。また、高度経済成長期の資本蓄積を担当した財閥などが50年代に形成されたと、孔提郁によって指摘された[4]。それだけでなく、第1次経済開発計画の基本案が50年代後半に復興部を中心として立案された経済開発3ヵ年計画であったことはすでに広く知られている[5]。これらの諸点から見て、50年代は決して停滞の時期とは把握できず、石炭産業でも例外ではない。

　本章の構成は以下のとおりである。第2節では1950年代石炭市場の需給構造を分析し、民営炭鉱の実態とその登場背景がいかに可能であったかを考察する。第3節では石炭公社と民営炭鉱の経営成果を経営収支と生産性の観点から比較分析し、民営化を前提に政府の公社経営安定化方針が樹立された経緯を検

討する。第4節においては石炭の採掘、選炭、輸送、販売など公社全般にわたる効率化措置を考察し、その経営成果を生産原価分析、財政分析を通じて分析する。

2．石炭市場の需給構造と民営炭鉱の登場

(1) 1950年代における石炭市場の需給構造

1950年代における石炭産業を分析するため、まず朝鮮戦争が石炭産業に及ぼした影響とその後の石炭産業の復興過程を概括しなければならない。何より朝鮮戦争の勃発によって石炭産業は壊滅的な打撃を受けた。解放直後である46年4月に月間生産は約2万4,000トンに過ぎなかったが、政府の炭鉱直営体制と朝鮮石炭配給会社による販売、そしてこれを資金面で支える石炭鉱業資金制度の実施によって、49年末には月10万トンを超え、49年には年間104万4,000トンを生産するに至った。しかし、戦争によって主要帰属炭鉱は人的資源の3分の2、坑道基準で施設の半分以上を失った。そのため、表8-1のように、51年度の国内無煙炭生産量は石炭公社7万8,000トン、民営炭鉱8万

表8-1　1950年代における無煙炭の国内生産と有煙炭の輸入量

| 年度 | 大韓石炭公社（千トン、炭鉱別構成比%） | | | | | | | 民営炭鉱 | 総計 | 有煙炭輸入量 |
	小計	長省	道渓	咸白	寧越	和順	恩城			
1951	78	3	26	1	30	10	30	84	162	945
1952	444	32	20	—	28	9	11	133	577	949
1953	683	45	18	—	20	8	8	184	867	852
1954	668	42	19	—	21	9	9	221	889	1,131
1955	959	43	18	1	19	10	10	349	1,308	1,337
1956	1,262	41	17	4	17	11	10	553	1,815	1,221
1957	1,520	45	17	4	15	10	8	921	2,441	931
1958	1,461	48	17	5	10	10	10	1,210	2,671	878
1959	2,163	47	17	8	8	10	9	1,973	4,136	72
1960	2,576	50	19	6	6	10	8	2,774	5,350	173

出所：商工部燃料課『石炭統計』1963年、大韓石炭公社『経営統計』1963年。
注：無煙炭の消費以外にも海外から輸入される有煙炭の消費がある。

表 8-2　1950 年代における無煙炭の国内消費

年度	運営主体	構成比（%）							合計（千トン）
		軍需	官需	交通	発電	産業	民需	輸出	
1952	公社	18	2	3	40		37		357
	民営						100		87
	計	14	2	2	32		49		444
1954	公社	19	8	2	20	5	42	4	670
	民営						83	17	210
	計	15	6	2	15	4	52	7	880
1956	公社	14	5	10	29	13	30		1,328
	民営			11	1		88		526
	計	10	3	10	21	9	47		1,853
1958	公社	23	4	8	28	10	26	0.04	1,495
	民営			8	17		75		1,007
	計	14	2	8	24	6	46	0.02	2,502
1960	公社	16	4	7	20	9	44		2,241
	民営			8	13		74	4	2,581
	計	7	2	7	16	4	60	2	4,822

出所：商工部『韓国石炭統計』1962 年。
注：無煙炭の消費以外にも海外からの輸入される有煙炭の消費がある。

4,000 トン、合計 16 万 2,000 トンという水準へと急減した。それに伴って、国内石炭消費も 16 万 3,000 トンへ急減し、石炭不足を緩和するため、主として日本より 94 万 5,000 トンに達する有煙炭が輸入された。

　その中で、大韓石炭公社が設立され、災害復旧 3 ヵ年計画（1951～53 年）を樹立し、迅速な施設の復旧と生産の回復を図ったが、53 年は目標量の 92 万トンには到底及ばない 68 万 3,000 トンにとどまった。民営炭鉱の場合でも生産増加量はそれほど大きくなかった。この時期の国営石炭は民需用、発電用、軍需用を中心に、官需用、交通（鉄道）用、産業用としても消費された（表8-2）。その反面、民営石炭は法定価格ではない市場価格で販売ができる民需用として消費され、その一部が 54 年より海外に輸出された。当然、不足分は石炭公社を通して海外から有煙炭（52 年 94 万 9,000 トン）が輸入され、高い熱量が要求される交通用（52 年 69 万 5,000 トン）と発電用などとして消費された。

休戦体制が成立したにもかかわらず、国営炭鉱は政策当局の意図とは異なって、うまく運営されなかった。資金および資材調達が円滑でなく、炭鉱の復旧が捗らず、ついには鉱員達が未払い賃金の支給を要求し、労組結成以来初めてのストライキに突入した。そのため、1954年には公社の生産量が66万8,000トンと前年度の68万3,000トンより減少し、前年度以上に多くの有煙炭を輸入しなければならなかった。これに危機感を抱いた李承晩政権は、朝鮮戦争を通じて60万人の大軍に肥大化し政府予算の半分を使っていた軍部の派遣を決定した[6]。

　これによって、2年9ヵ月間にわたる軍の支援とともに、陸軍運営の規律とノウハウが公社経営に移植された。また、韓米合同大韓石炭公社運営対策委員会が設置され、1960年より国内石炭生産を400万トン以上へと増産させる内容の石炭開発5ヵ年計画（1956～60年）とその資金計画が作成・実行された[7]。炭鉱別には軍官民合同の増産対策委員会と稼動対策委員会が設置され、作業計画に基づいた生産が行われ、採炭能率と稼働率が大きく改善された。輸送面でも、輸送分科委員会を中心として海陸輸送力を確保し、とくに「三大産業線」の敷設を契機として石炭公社では輸送量の増加と輸送費の節減という効果が見

表8-3　石炭生産10ヵ年計画

（千トン）

地区別	採掘可能量	炭鉱寿命	1957年	1958	1959	1960	1961	1962	1963	1964	1965	1966
長省地区	192,000		939	1,226	1,554	1,764	2,320	3,125	3,650	4,175	4,450	4,600
和川地区	112,000		334	434	495	915	1,100	1,300	1,800	2,100	2,200	2,300
咸白地区	202,000		70	245	340	510	730	1,025	1,350	1,775	2,200	2,500
江陵	1,000	10	50	50	50	50	60	70	80	90	100	100
寧越	38,000	42	420	450	500	550	600	650	700	900	900	900
忠南	6,000	12	122	175	200	220	250	300	360	500	500	500
忠北丹陽	15,000	300	10	15	24	36	40	45	50	50	50	50
和順	25,000	42	220	260	300	340	380	420	460	500	600	600
全北	6,000	70	40	45	50	55	60	65	70	75	85	85
慶北地区	18,000		160	171	185	210	210	220	220	370	370	370
京畿漣川	5,000	120	36	36	40	40	40	40	40	40	40	40
合計	620,000		2,401	3,107	3,738	4,690	5,790	7,260	8,780	10,575	11,495	12,045
増加率				29	20	25	23	25	21	20	9	5

出所：Sibray, Donald L. and Hyde, Pitt W.『石炭・鉱業』韓国産業銀行技術部、1958年、123頁。

られた[8]。その結果、国営炭鉱の生産量は56年に朝鮮戦争以前の水準を越えて計画目標量を達成するに至った。

また、民営炭鉱の生産量も大きく増え、5ヵ年計画で1956年に181万5,000トンを生産し、計画量の112％を達成すると、商工部は5ヵ年計画の再検討に入り、表8-3のような石炭生産10ヵ年計画（1957～66年）を樹立して、57年7月より実施した[9]。石炭公社の民営化を含む炭田開発長期計画に従って、国内生産量は57年の240万1,000トンから10年後の66年に1,204万5,000トンへと増えると見込んだ[10]。10ヵ年計画は59～66年の8ヵ年計画に修正されたが、軍事政権が登場したあと、経済開発5ヵ年計画（62～66年）に組み込まれて実施された[11]。需要面から見れば、鉄道用輸入炭代替計画が推進され、50年代後半の交通用国営炭の消費が増えた。また59年以降には民需用消費が大幅に増えて国営炭においても最も大きい比重を占めた。

このような政策的対応は石炭市場の供給構造に変化をもたらした。国営炭の独占市場に民営炭が進出して市場占有率を拡大していった。とくに軍部の支援の下で1956年初めに開通された栄岩線は三陟地区の炭田開発を促し、生産費が低廉でなおかつ質の良い無煙炭が商品化できるようになり、石炭産業の再編の皮切りとなった[12]。すなわち、民営炭鉱が56年より急速に生産量を拡大し始めたのである。比較的良質の石炭生産が可能であっただけに、民営炭鉱は今まで民需用に限られていた販売市場を発電用、交通用にまで拡大した。民需用としても54年に38％に過ぎなかったシェアが55年に55％、58年に66％へと高くなった。ついには60年には民営炭鉱が無煙炭生産と消費でそれぞれ277万4,000トン、258万1,000トンを記録して、石炭公社（それぞれ257万6,000トン、224万1,000トン）を追い抜くに至ったのである。

(2) 民営炭鉱の実態と成長要因

このような需給構造の変化をもたらした民営炭鉱の実態はどのようなものであり、急激に成長した背景はいかなるものであったか。まず、商工部・韓国産業銀行『工業および製造業事業体名簿』シリーズを利用して、1950年代半ば以降の民営炭鉱の現況と成長背景について考察してみよう。表8-4の道別民営

表 8-4　公社および民営炭鉱の道別炭鉱数および従業員数

道別	1953 年			1955 年					
	公社	民営	合計	公社		民営		合計	
	炭鉱	炭鉱	炭鉱	炭鉱	人数	炭鉱	人数	炭鉱	人数
ソウル				1	146	6	77	7	223
京畿		3	3			2	245	2	245
江原	4	9	13	4	5,356	22	3,171	26	8,527
忠北	1	2	3			3	122	3	122
忠南		14	14			10	763	10	763
全北		3	3			3	288	3	288
全南	1	7	8	1	1,045	5	317	6	1,362
慶北	2	13	15	1	901	6	284	7	1,185
慶南									
斉州									
合計	8	51	59	7	7,448	57	5,267	64	12,715

道別	1958 年						1960 年					
	公社		民営		合計		公社		民営		合計	
	炭鉱	人数	炭鉱	人数	炭鉱	人数	炭鉱	人数	炭鉱	人数	炭鉱	人数
ソウル	1	148	8	2,141	9	2,289	1	254	11	4,877	12	5,131
京畿									3	88	3	88
江原	4	5,857	35	5,736	39	11,593	4	7,594	38	8,591	42	16,185
忠北			3	126	3	126			9	357	9	357
忠南			10	744	10	744			8	651	8	651
全北			4	60	4	60			4	221	4	221
全南	1	940	4	216	5	1,156	1	1,157	9	-649	10	508
慶北	1	834	12	615	13	1,449	1	934	13	586	14	1,520
慶南												
斉州												
合計	7	7,779	76	9,638	83	17,417	7	9,939	95	14,722	102	24,661

出所：大韓商工会議所編『全国主要工場鉱山名簿』1953 年、韓国銀行調査部『鉱業および製造事業体名簿』1955 年、韓国産業銀行『鉱業 および製造業事業体総合報告書』1958 年、商工部・韓国産業銀行『鉱業および製造業事業体総合報告書』1960 年度、大韓石炭公社『大韓石炭公社 50 年史』2001 年。

注：1）資料上民営炭鉱に限った情報が把握できなかったため、諸資料から得られた石炭産業全般の数値から石炭公社の該当数値を引いた（すなわち、民営炭鉱＝石炭鉱業全体－石炭公社）。
　　2）1958 年の民営炭鉱の場合、無給事業主・家族従業員の 51 人が含まれている。
　　3）1960 年の石炭公社はその他 426 人が所属機関が不明であるため、9,939 人には含まれていない。
　　4）1960 年の民営炭鉱の場合、無給事業主・家族従業員の 125 人が含まれている。
　　5）1960 年度の全南には推計上誤算があるものの、そのままにする。
　　6）平均規模は鉱山 1 ヵ所当たり従業員数。生産性は年間 1 人当たり生産性（＝年間石炭生産量／従業員数）。

炭鉱の動向に注目すれば、53年に51所であった炭鉱が増え、55年57所、58年76所、60年には95所へと急増した。なかでも、江原道の場合は55年から58年にかけて12所も増えて炭鉱勃興の中心をなした。表8-4の道別従業員数を参照すれば、石炭公社だけでなく、民営炭鉱でも江原炭鉱など大型炭鉱が登場したことがわかる。また江原道が全体の6割という最も大きな比重を占めており、生産量ベースでは民営炭鉱の80％を占めた。

次に、規模別炭鉱動向（表8-5）を考察してみよう。資料上1950年代前半の動向は把握できないものの、民営炭鉱の場合、炭鉱別平均従業員数が55年の87人から58年に128人、60年に155人へと増加し、個別炭鉱の経営が拡大し続けたことが読み取れる。それに伴い、一番多かった規模別炭鉱は55年には30～49人の14所であったが、58年には100～199人の17所、60年には同規模の24所になった。そして、58年には1,000人を超える規模の民営炭鉱も登場した。規模別従業員数（表8-5）においては200人以上が多かったが、その比率は55年41.7％から58年58.1％、60年63.3％へと上昇した。また、民営

表8-5 公社および民営炭鉱の従業員規模別炭鉱数（左覧）および従業員数（右覧）

規模別	1955年				1958年				1960年			
	公社		民営		合計		公社		民営		合計	

規模別	1955年 公社	1955年 民営	1955年 民営	1955年 合計	1955年 合計	1958年 公社	1958年 公社	1958年 民営	1958年 民営	1958年 合計	1958年 合計	1960年 公社	1960年 民営	1960年 民営	1960年 合計	1960年 合計
5～9人		7	46	7	46		6	38	6	38			4	26	4	26
10～19人		6	114	6	114		10	161	10	161			12	163	12	163
20～29人		5	146	5	146		10	244	10	244			9	195	9	195
30～49人		14	556	14	556		10	392	10	392			15	727	15	727
50～99人		13	687	13	687		14	1,039	14	1,039			16	1,224	16	1,224
100～199人	2	274	1,330	8	1,604	1	148	16	2,208	17	2,356			24	3,064	24	3,064
200～499人			6	2,062	6	2,062			7	2,266	7	2,266	7	9,939	15	9,323	22	19,262
500～999人	1	901			1	901	2	1,477	2	2,099	4	3,576						
1000人以上	4	6,273			4	6,273	4	6,154	1	1,311	5	7,465						
合計	7	7,448	57	4,941	64	12,389	7	7,779	76	9,758	83	17,537	7	9,939	95	14,722	102	24,661
生産性		129		75		107		188		124		152		259		188		217

出所：表8-4に同じ。
注：1）1955年の5～9人には4人以下の4人が含まれている。
　　2）1958年、民営炭鉱の場合、無給事業主・家族従業員が51人。
　　3）1960年度200～499人は200人以上。
　　4）1960年の石炭公社はその他426人が所属機関が不明であるため、9,939人には含まれていない。
　　5）1960年、民営炭鉱の場合、無給事業主・家族従業員が125人。
　　6）1955年と58年の合計は資料上、表8-14のそれらと一致しない。

炭鉱は従業員規模面で平均的に石炭公社の 10 分の 1 に過ぎなかったものの、効率的に運営され、生産性では 55 年の石炭公社の 58％から 58 年 66％、60 年 73％と、公社との格差を縮めていた。こうして、50 年代には多くの民営炭鉱が江原道を中心に勃興して石炭市場に参入し、新しい企業活動を展開した[13]。

　このような民営炭鉱が大挙登場した要因は何か。まず、帰属炭鉱の払下げがあった。韓国政府は朝鮮戦争後、国営企業体を民間に払い下げて財政負担を減らすと同時に、民間資本を動員して増産と経営合理化を図り、民営化政策を推進した[14]。国務院告示第 15 号（1954 年 5 月 8 日）をもって、日本人所有鉱山の鉱業権と施設を国有化した国務院告示第 12 号と第 13 号を廃止して、1954 年 11 月 26 日に聞慶、丹陽、蔚山、吉原、迎日、東鮮炭鉱を運営事業体として指定解体した。また、56 年 3 月 6 日には「鉱業権処分令中改正の件」（大統領令第 1135 号）を、同年 3 月 17 日に「国有鉱業権処分施行細則」（商工部令第 38 号）を公布して、従来の国有財産であった鉱業権と施設の同時売却を推進した。それによって、56 年後半の帰属炭鉱は保鉱人（従来の管理人）などに払い下げられた[15]。しかし、これらの炭鉱は江原炭鉱会社以外には慶北と忠北地域の諸炭鉱であったので、江原道を中心とする炭鉱勃興を主導したとは言えない[16]。

　次に、産業線の開通による効果が考えられる[17]。高運賃の海上輸送と陸上トラック輸送のみではとうてい収支均衡が達成できなかった中小民営炭鉱が、産業線の建設をきっかけとして実費以下の鉄道運賃による事実上の国家補助を受け、急速に開発された。とくに、栄岩線の開通によって嶺東地方の豊富な三陟炭田と首都圏中心の需要地が直接連結され、1 トン当たり石炭輸送費は船舶運賃 3,000 ファンから鉄道運賃の 500 ファンに低下した。それによって、民営炭の採算性が強化され、京仁地区に対する市場進出が可能となった。これらの炭鉱は公社傘下の炭鉱を除いてはそのほとんどが新規炭田であったため、全般的に炭質が良好であり、露頭採掘による採炭で生産費も低く抑えられた。

　第三に、民営炭鉱は公社体制に比べて有利な生産・販売条件をもっていた。採炭過程では、「徳大」と呼ばれる下請け制度を通じて石炭需要が急増する冬期に合わせて採炭を集中し、商品化できる範囲内で採炭を調節する方式をとって、国営炭鉱より伸縮性のある運営ができた[18]。また、民営炭鉱は法定価格で

販売しなければならなかった国営炭鉱に比べて自由に販売できた。表8-6のように、超過需要によって自由市場価格が法定価格より高い状況では、民営炭鉱が相対的に有利であった。

そのほか、需要側面の要因も考えなければならない。表8-2によれば、民営炭の消費が国営炭とは異なって民需用に集中していたことが確認できるが、それには山林緑化政策の成果があった[19]。林産燃料を石炭に転換させ、山林を保護して国土を再建しようとする政策が推進された結果、薪炭が都市より駆逐され、一般家庭の石炭消費が増加したのである。加えて、国産炭による輸入炭の代替政策が1956年より本格的に推進されるにつれ、交通用および発電用においても民営炭鉱の無煙炭が消費され始めた。このような石炭消費の増加は、経済復興が急速に進行し、国内石炭需要が大きく増加したことによる。

このように、1950年代後半には民営炭鉱が多数登場した。その中には零細炭鉱もあったものの、大規模な炭鉱として成長した民営炭鉱も現れ、市場占有率を拡大し続けた。

表8-6 石炭の法定価格と自由市場価格

(ファン)

年月	法定価格	自由市場価格		
	石公無煙炭	無煙炭卸売	練炭卸売	練炭小売
1950	89.67			229.43
1951	116.5	660	1,090.00	1,135.00
1952	727.51	959	1,620.00	2,063.00
1953	1,451.00	1,810.00	2,380.00	3,459.00
1954	5,017.00	4,540.00	5,740.00	7,058.00
1955	5,100.00	8,850.00	10,940.00	12,722.00
1956.1-8	5,100.00	7,971.00	11,000.00	11,693.00

出所:李珍華「炭鉱業が当面した諸問題点と現況」(『石炭社報』6、1956年11月)42頁。

注:1) 1950~52年間の自由市場価格は釜山価格であって、それ以外はソウル価格。
2) 統制炭価は月平均価格として計算された。

3．大韓石炭公社と民営炭鉱の炭鉱経営比較、そして石炭公社の経営合理化方針の樹立

(1) 石炭公社と民営炭鉱の経営比較

　民営炭鉱の登場は石炭公社の経営環境に競争をもたらした。民営炭鉱の経営は国営炭鉱に比べてどの程度良好であっただろうか。これを理解するために、経営収支と生産性という二つの観点から炭鉱経営の官民比較を試みることにする。
　まず、石炭公社と聖住炭鉱株式会社の貸借対照表および損益計算書を比較しよう。石炭公社の資産構成（表8-7）において固定資産比率は1954年度の9.9％から55年以降の20％以上へと増加し、施設投資がある程度行われたことを示す。しかし、炭鉱資産が固定型であったことを考えれば、依然として低い水準であったといわざるを得ない。その代わりに、流動資産が高率であることは商品在庫と債権が増加したことを意味するが、その背景には石炭の販売不振

表8-7　大韓石炭公社の貸借対照表

(千ファン、%)

借り方					貸し方				
主要項目	55.7.1～56.12.30		57.1.1～57.8.31		主要項目	55.7.1～56.12.30		57.1.1～57.8.31	
固定資産	1,409	22.9	2,988	27.1	債務	6,322	102.9	10,473	95.0
企業費	631	10.3	1,026	9.3	(借入金)	2,275	37.0	4,220	38.3
災害復旧費					雑負債	.25	0.4	39	0.4
商品	1,339	21.8	1,686	15.3	資本	−342	−5.6	−832	−7.5
貯蔵品	1,042	17.0	1,712	15.5	(資本金)	600	9.8	600	5.4
債券	1,561	25.4	2,017	18.3	(当期繰越金)	−942	−15.3	−1,432	−13.0
資金	68	1.1	830	7.5	当期純益	−8	−0.1	140	1.3
雑資産	97	1.6	201	1.8	充当金	165	2.7	1,204	10.9
繰越勘定			75	0.7					
整理勘定			490	4.4					
合計	6,146	100.0	11,024	100.0	合計	6,162	100.0	11,024	100.0

出所：韓国産業銀行『韓国の産業』1958年、81～84頁。
注：1955年度の貸し方の合計には計算ミスがあるがそのまま。

と輸送難、そして石炭代金の回収不振があった。57年に入ってから多少改善したものの、商品在庫、貯蔵品、債権を合わせると、平均50％に近い比率であった。これは石炭公社の資金循環を阻害し、公社経営に悪影響を及ぼしたことはいうまでもない。

資本構成（表8-7）においては石炭産業が一般的に他産業に比べて他人資本の比重が高かったとはいえ、石炭公社の場合、自己資本比率が毎年減少し、ついにはマイナスを記録した。要するに、ほとんどの資金を借入金と負債に依存し、100％以上が他人資本であった。公社だからこそ見られる現象であろう。1957年1月の炭価調整によって公社経営が一気に黒字に転じたが、多額の借入金の存在は金融費用を増大させ、一般未払金、すなわち資材費や労賃の遅払いは生産を萎縮させた。

石炭公社の損益計算書（表8-8）をみると、生産費はだいたい60～70％を占め、大きな変動はなかったが、製造費は煉炭工場の払下に伴って減少した。とくに、「操作費」（運航費、運炭費）が鉄道輸送の好転によって1957年に入って急減した。そのほか、一般管理費が年々急変しており、公社経営が体系的に予算を立て正確に実行できるほどの能力を持っていなかったことを示している。そして商品損が56年までは減少したが、その後再び増え始め、その絶対額が当期利益の2倍に達した。公社の貯炭能力に問題があったといえよう。

表8-8　大韓石炭公社の損益計算書

(千ファン、％)

	損失				利益			
主要項目	55.7.1～56.12.30		57.1.1～57.8.31		主要項目	55.7.1～56.12.30		57.1.1～57.8.31	
生産費	4,048	60.3	5,395	68.6	事業利益	6,637	98.8	7,753	98.6
製造費	69	1.0	133	1.7	雑利益	70	1.0	110	1.4
運航費	336	5.0	311	4.0	当期損費	8	0.1		
運炭費	1,641	24.4	1,173	14.9					
一般管理費	588	8.8	448	5.7					
商品損	34	0.5	263	3.3					
当期利益			140	1.8					
合計	6,715	100.0	7,863	100.0	合計	6,715	100.0	7,863	100.0

出所：表8-7に同じ、86～89頁。

次に、聖住炭鉱株式会社（忠南保寧郡所在、常時従業員数約400人）の貸借対照表（表8-9）をみると、固定資産の比率が1955年の24.4％から56年の18.3％へと低下したが、石炭公社と同等の水準であった。商品と資金では、55年に商品22.4％、資金46.4％を示し、比較的健全であって、流動性と信用性が高い。しかし、56年には商品の比率が上昇した反面、資金比率は36.7％に低下した。商品の貯炭量が増えて資金流通性が低下したのである。それでも、石炭公社に比べて貯炭の比率が低く、信用性が高かったといえる。

資本構成では、資本金が11.4％にすぎず自己資本が貧弱であった。また長期借入金は17.5％から9.1％に低下して長期借入金の比率が低率であった反面、仮受金や未払金などの短期借入金の比率が相対的に高かった。資本構成の貧弱さが読み取れる。余剰金が1955年に23.1％、減価償却積立金が4.4％でも積み立てられたのは石炭公社に比べて健全であったことを示している。すなわち、聖住炭鉱の資本構成は自己資本が前期繰越金と余剰金および減価償却積立金を合わせて55年に約50％に達しており、56年にも自己資本が約40％を占めた。これに比べて、石炭公社は長期借入金が約30％で、そのほかに全部が短期借入資金で構成され、自己資本は100分の1にも満たなかった。

次に、損益計算書（表8-10）をみれば、55～56年に事業費、探鉱費、採炭費、発電費などを含む一般生産費が平均的に約65％を占めており、減価償却費を含む一般管理費が約4.5％、選炭費が約3％、運搬費が約25％であった。

表8-9 聖住炭鉱の貸出対照表

（千ファン、％）

借り方	1955.12末		1956.12末		貸し方	1955.12末		1956.12末	
固定資産	28,894	24.4	16,007	18.3	資本金	10,000	8.4	10,000	11.4
流動資産	8,150	6.9	5,246	6.0	借入金	20,740	17.5	8,000	9.1
商品	26,492	22.4	32,119	36.7	仮受金	16,813	14.2	28,287	32.3
資金	54,966	46.4	31,521	36.0	未払金	28,425	24.0	16,698	19.1
当期損失			2,739	3.1	前記繰越金	9,900	8.4	24,648	28.1
					余剰金	27,391	23.1		
					減価償却積立金	5,234	4.4		
計	118,503	100.0	87,633	100.0	計	118,503	100.0	87,633	100.0

出所：表8-7に同じ、98～99頁。

表 8-10　聖住炭鉱の損益計算書

(千ファン、%)

費用	55.1.1～12.31		56.1.1～12.31		収入	55.1.1～12.31		56.1.1～12.31	
前期繰越貯炭	20,297		19,478		期中売上金	142,374	85.0	294,608	95.7
業務費	24,384	16.6	43,400	15.0	在庫貯炭	19,478	11.6	10,524	3.4
探鉱費	20,363	13.8	47,107	16.3	雑収入	5,668	3.4	79	0.03
採炭費	30,622	20.8	74,900	26.0	当期損失			2,739	0.9
管理費	1,268	0.9	2,007	0.7					
発電費	4,229	2.9	19,062	6.6					
選炭費	3,050	2.1	10,437	3.6					
運搬費	30,007	20.4	80,832	28.0					
雑損	675	0.5	120	0.04					
余剰費	27,391	18.6							
減価償却費	5,234	3.6	10,608	3.7					
計	167,521 (147,223)	100.0	307,950 (288,473)	100.0	計	167,521	100.0	307,950	100.0

出所：表8-7に同じ、99頁。

　この構成比率を石炭公社と比較してみると、細部項目では詳らかではないが、だいたい同様の構成を示す。そのなかでも、ある程度の余剰金が確保できたことは注目に値する。以上のように、聖住炭鉱の場合、経営状況が良好であったとは決していえないものの、石炭公社に比べて優れた経営内容であったと判断できよう。

　さて、石炭公社と江原炭鉱の人員配置と生産性を比較してみよう（表8-11）。江原炭鉱の場合、石炭公社の長省鉱業所と隣接しているものの、自然条件において褶曲や炭層の変化が甚だしく、さらに岩石が多く炭質が不良である。それにもかかわらず、長省炭鉱より先進的経営で優れた生産性および作業能率を示した。まず、その要員構成を見ると、総人員544人のうち労務者が96%を占めた反面、事務員は4%に過ぎなかった。労務者のなかでも坑内夫が66%であって、圧倒的比率を占めた。これに対し、坑外夫はその3分の1水準であった。このような人員構成を石炭公社と比較すれば、坑内夫の比率が大きな差はないものの、事務員の比率において江原炭鉱のほうが石炭公社より少なく、3分の1に過ぎなかった。民営炭鉱は、労務構成において利潤最大化の観点から経営合理化を重視したのである。1人当たり労働生産性は石炭公社の2倍にも

表8-11　大韓石炭公社と江原炭鉱の労務構成および1人当たり生産能率

		大韓石炭公社（1956年11月）			江原炭鉱（1957年8月）		
		人員（人）	構成比率（％）	1人当たり月生産能率（トン）	人員（人）	構成比率（％）	1人当たり月生産能率（トン）
総人員		8,786	100.0		544	100.0	
事務員		1,004	11.4		21	3.9	
労務者	坑内夫	5,443	62.0	22.4	361	66.4	40.0
	坑外夫	2,339	26.6	13.4（全坑）	137	25.2	25.0（全坑）
	その他				25	4.6	

出所：大韓石炭公社『石炭統計月報』5、1957年1月、表8-7に同じ、101頁。

達した。この時期まで石炭公社の場合、軍派遣団の支援があったことを念頭に置けば、民営炭鉱がいかに高い生産性を実現したかがわかる。もちろん、石炭公社は植民地期の1930年代から採炭し、とりわけ寧越炭鉱は（後出図8-1）、効率が悪く採炭能率が劣らざるを得なかったこともあったが、民営炭鉱の優位性は否定できない。これは江原炭鉱のほうが現場第一主義を取り、シンプルな組織構造をもち、現場中心の人事運営を行う一方で、資材および商品管理を重視した結果であった。

　このような民営炭鉱の相対的優位性は石炭公社の経営に対する根本的疑問を持たせた。

(2)　石炭公社の経営合理化方針

　1955年より軍派遣団が配置され、増産という側面で相当な効果があったものの、上述のように、投資資金の確保と経営収支の改善が計画通り進んだわけではない。そのため、56年度の定期国会では、5,100ファンから7,800ファンへの炭価引上（1957年1月4日）が承認されたものの、その条件として公社を年度内に民間に払い下げることが提示された。国政監査班報告を通じて各炭鉱別独立採算制も建議され、石炭産業全体に対する再検討が要請された[20]。国営事業の他律的側面は企業の独立性の欠如を誘発し、生産量の増加は運営資金の増大をもたらし、国家財政の資金負担を加重させていた[21]。ウード前経済調整官は56年3月にロータリー・クラブで行った講演で政府管理企業が年間200

億余ファンの赤字を出しており、インフレーションの要因になっていると厳しく批判していた[22]。商工部も石炭公社の炭鉱を民営化して運営責任が明確になると、経営合理化による飛躍的成長が可能となると判断し、傘下炭鉱の中で三陟、咸白炭鉱のみを石炭公社が引き続き経営し、残りの炭鉱は払い下げるという案を策定した。このような石炭公社民営化のための石炭公社法の改正法律案が商工部長官から57年8月に国務会議に上程されるに至った[23]。同案が実現することはなかったとはいえ、石炭公社は国家、政府、援助機関より経営改善の忠告を受ける立場におかれたのである。

　商工部は軍派遣団の撤収（1957年8月8日）に際して、民営化を前提に公社経営の安定化を実現できる経営者として江原炭鉱の鄭寅旭社長に注目した[24]。鄭寅旭は総督府、韓国政府の官僚を経て、石炭公社生産理事を務めたあと、52年6月に江原炭鉱を創業し、57年8月には従業員544人規模の炭鉱へと成長させた。江原炭鉱は、既述の通り、不利な自然条件にもかかわらず、石炭公社に比べて倍近くの高い労働生産性を実現していた[25]。これが、前軍派遣団長であった金一換商工部長官によって評価され、鄭社長は57年9月に石炭公社総裁に任命された[26]。総裁職の受託に当たって鄭社長は、政府の公社運営への不干渉や公社人事への不介入を条件としたという[27]。鄭に対するアメリカ側の評価は高く、「豊富な経験を持つ誠実で実用的な炭鉱業者としてICA韓国支部の鉱山課より褒められた」[28]。

　鄭総裁は経営合理化のためにどのような経営方針を立てたのか。まず、収支均衡予算制度を設けて、その経営体質の改善を優先し、投資の自主的調整を断行して技術および経営管理を強化した[29]。そして経営合理化に全力を注ぎ、経費節減による原価切下げ、施設整備の集約による増産、選炭設備拡張による炭質向上、業務担当制による販売責任割当などを強力に推進した。要するに、公社経営陣は組織全般にわたるコストダウン戦略を追求する一方、石炭市場における国営炭の競争力を強化し、黒字経営を実現しようとしたのである。もちろん、構造改革に対して内部的反対なしに遂行されたわけではない。公社機構改革について理事陣の反対がでると、総裁自らが辞意を表明して、彼の意思を貫徹させたのである[30]。

第 8 章　石炭市場と大韓石炭公社　231

　それによって実施された設備投資および諸経費の節減について検討してみよう。自立経営体制を確立するため、石炭公社は開発資金の自主的調整を進めた。1957 年中に超過供給の常態化が生じた。合同経営委員会（CEB）が財政安定計画を実施した結果、一時的に購買力が減退し、民需用および工業用炭の消費が低下したのである。このような景気変動だけでなく、石油化学の発達と石油燃料の普及のため、産業部門によっては石炭消費が低下するところもあった[31]。これに対応して、石炭公社は 58 年度の生産計画 205 万 5,000 トンを 136 万3,000 トンに縮小し、後の需要増加に応じて増産体制を整えることにした[32]。これを通じて、57 年に 18 億ファンであった施設投資を 58 年には 4 億ファンへと緊縮し、過剰投資を防止した。59 年にも借入金に対する膨大な金利負担と投資の経済性を勘案して、自家留保財源による投資原則を策定し、減価償却費の財源である年間約 16 億ファンの範囲内で一般施設投資を実施することにした[33]。

　このような原則の下で援助資金も分割使用する方針を立てた。援助外資は1958 年 9 月時点ですでに 1,100 万ドルの配分が決定され、そのうち 700 万ドル（TA124.9 万ドル含み）が導入されたが、残余の援助の使用において巨額の資金を一気に放出するのは、企業収支の均衡上困難な問題を発生するため、援助資金も年次で分轄使用することにした[34]。これによって、技術援助（TA）およびその他援助の注文も施行進捗に即して留保財源（16 億ファン）のなかで年次的に細分して使用した。こうして、石炭公社は資金の金利負担を避け、自立を図って政府増資にも頼らない方針を取り、借入金の償還、代替消却費および帰属財産の償却などを現炭価（トン当たり 7,800 ファン）の中で捻出できるようにした。

　つぎに、諸般の経費を節減することで生産原価を切下げようとした。鄭総裁の就任とともに、注目したのが各種工事の浪費的支出であった。後払い購入（数ヵ月間）によって利子が入札価格に含まれることもあり、公社発注の工事費あるいは資材調達費が民営炭鉱、とくに江原炭鉱に比べて 50％以上高かったからである[35]。もちろん、それには様々な利権が絡み合って内外からの多くの反発があったが、それを押し切って契約締結の発注工事すべてを一方的に破

棄した[36]。そのうえ、工事契約について一つ一つ経済性および技術性の調査を行い、「不要不急」と判断されると、該当工事の中止を決定した。また、炭鉱ごとに在庫調査を実施し、資材が残っているときには、それが完全消耗されるまで資材購入を中止した。このような工事発注や在庫管理方式の改善を通じて、多額の支出が削減され、それをめぐる利権関係を払拭して、内部規律が強化された。

さらに、軍派遣団が撤収するに伴って、一連の改革プログラムを実行するためには、労使関係の安定化が重視された。まず、公社工事の全面破棄を通じて捻出された資金をもって6ヵ月間も遅払いとなった労賃を全額支給したあと、1957年10月19日には労働組合側との間に、団体協約を締結し、勤労条件、労働組合活動、労使委員会、安全管理などについての制度を整えた[37]。表8-12をみれば、57年から58年にかけて1,000人以上の人員整理が行われ、全体従業員数は9,493人から8,032人へと減少した。なかでも寧越火力発電用に石炭を供給するため、経済性を無視して開発された結果、長省炭鉱に次ぐ多くの採炭量を記録した寧越炭鉱に対しては、大規模な雇用調整が実施されたことがわかる[38]。また、「総務面と業務面の機構」を縮小して生産および施設関連のマンパワーを強化した[39]。

表8-12 大韓石炭公社の鉱業所別従業員数

(人)

年	1954		1955		1956		1957		1958		1959		1960	
	事務	労務	事務	労務	事務	労務	事務	労務	事務	労務	事務	労務	事務	労務
長省	124	2,035	236	1,986	262	2,068	246	2,665	214	2,650	209	3,563	246	3,650
道渓	59	1,361	140	1,199	154	1,171	147	1,278	107	935	106	1,111	122	1,259
咸白			41	110	72	355	83	613	64	579	88	1,287	107	1,163
寧越	76	1,815	238	1,786	264	1,783	234	1,741	123	1,185	107	991	116	931
和順	86	711	111	1,003	133	1,040	125	1,044	101	839	98	1,056	108	989
恩城	78	675	105	860	106	920	98	845	82	752	74	819	93	839
本社	132		162		125		121		126	30	193	22	217	22
事業所	287		291		286		253		229	16	250	157	252	174
合計	842	6,597	1,324	6,944	1,402	7,337	1,307	8,186	1,046	6,986	1,125	9,006	1,261	9,027

出所:大韓石炭公社『経営統計』1963年。

4．大韓石炭公社の生産・販売の強化と経営安定化

(1) 石炭生産の効率化と市場販売の強化

　一方、採炭管理面では、掘進速度の増加と集約採炭を図った[40]。それによって、動力、資材および施設の能力を最高度で発揮させるとともに、通風の強化で鉱員の安全および保健を確保し、保坑費を節約してOMS（Output per Man Shift）を向上させ、1トン当たり単価の節減と採炭技術の向上を実現しようとした。集約採炭設計の基本は生産体制の骨格を決定することであったため、総裁をはじめとする技術陣はOMS向上を念頭に置いて重要基幹坑道の規格、位置、方向などを決定したあと、付帯施設の適性規模を選定した[41]。

　その次に、石炭採炭量と運搬量を均一化した。もし、1時間当たり生産量が均一でなければ、運選炭施設の負荷が変動し、施設の運休あるいは過労が発生し、場合によっては施設運転の中断を引き起こすこととなる。要は、採炭切羽作業から貨車積載作業までの単位時間量の作業量が均一化することであった。こうした掘進速度の向上を通じて予備切羽を準備すると同時に、単一坑道の生産量を増やした。坑掘進速度を増加すると、単一坑道で短時日で多量の石炭を採りつくし、坑道保坑の作業量を節約でき、OMSが上昇すると同時に、施設再活用を通じて投資効率が高められた。したがって、長省をはじめ諸炭鉱では、坑内採炭作業が運炭とともに現代化された[42]。

　新しい高速掘進システムを導入するため、鉱山科などの大学卒業者が優先的に配置され、発破、掘進、運炭などの工程図と設計図を作成し、研究会を開き、改善を重ねた[43]。時期によって、高速掘進競進大会も実施した。石炭増産のインセンティヴとして、賃金制度においては給付単位当たりに標準原価を設定して掘進の進度あるいは出炭量などの作業量に比例して支給する「都給制」（一種の請負給）を採択した[44]が、鉱員1人当たり1日生産量を定め、それ以上を生産した者には賞与金を支給した。加えて、満勤者に賞与を支給することで、鉱員の出勤日数を毎月20日から25日へと高めた。

表 8-13 直接夫の OMS (Output per Man Shift) 比較

	1957 年（月間 30m）			1960 年（月間 120m）		
	作業量	単位当たり工数	延工数	作業量	単位当たり工数	延工数
岩石掘進	5.175 m	15	77.625	4.895 m	5	24.475
岩石保坑	6.225 枠	2	12.450	4.236 枠	2	8.472
昇採準掘進	21.500 昇	1	21.500	43.000 昇	1	43.000
昇補修	32.000 枠	0.8	25.600	31.800 枠	0.8	25.440
ケービング			3.750			7.500
流炭夫			7.500			22.500
運炭夫	200.000 m	0.2	40.000			3.000
合計			188.425 工			134.387 工
OMS	200,000 トン/188.425 工 ≒ 1.06			400,000 トン/134.387 工 ≒ 2.98		

出所：李祥圭「生産管理の強化方案」（『石炭』14、1960 年 12 月）47 頁。

　さて、新しい採掘方針はどのくらい効果的であったのか。1957 年と 60 年の掘進速度（表 8-13）をみれば、月間 30m から月間 120m へと 4 倍も増加した。それによって、作業期間が半分近く短縮されており、レール、鉄管、蓄電車、炭車、巻揚機など施設の撤廃再活用に対する投資効率も倍以上に改善された。100 トン当たり掘進量においては約 2 倍、100 トン当たり保坑枠数においては約 3 倍の格差が生じた。資材消費の削減はもちろん、作業能率面でも大幅な改善があった。下磐坑道の運炭方法は人力の場合月間 30m の掘進速度に過ぎなかったが、60 年ごろには蓄電車によって 120m の月間速度になった。その結果、直接夫の OMS を見れば、57 年度に比べて 3 倍の向上が確認できる。図 8-1 で見られるように、従来とは比べられないほど、1 日全坑 OMS が急速に上昇し、生産原価の上昇の抑制に大きく寄与した。なかでも長省、道渓の生産性向上が高かった反面、50 年代前半に増産政策の下で無理な採掘が続けられた寧越炭鉱がもっとも非効率であった。

　さらに、石炭公社は採掘された石炭に対する選炭作業を改良し、石炭の商品価値を高めた。石炭公社の月間選炭能力は長省 5 万トン、道渓 1 万トン、寧越 2 万トンに過ぎず、それ以外には選炭施設を設置していなかった。とくに、恩城、咸白では炭質が劣っており、民営炭との競争力を持たなかった[45]。選炭施設が比較的良好であった長省でさえ、大塊（50mm 以上）と中塊（50〜25mm）

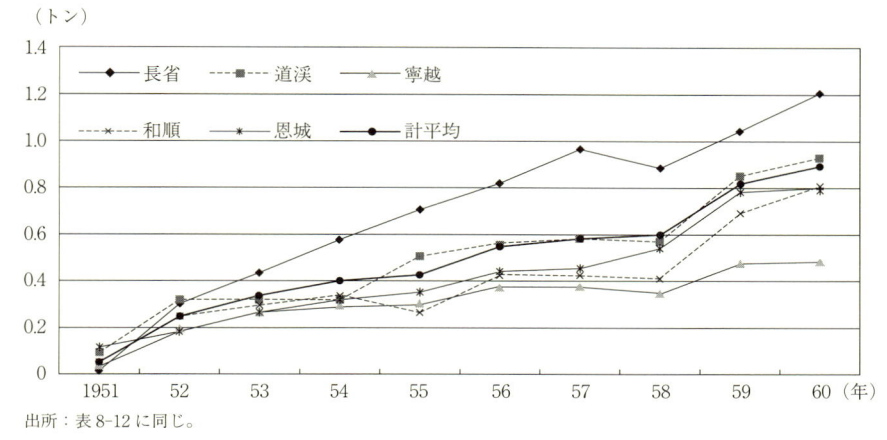

図 8-1 石炭公社の年度別 1 日全坑 OMS（Output per Man Shift）

(トン)

凡例：長省、道渓、寧越、和順、恩城、計平均

出所：表 8-12 に同じ。

は全商品炭の 5～6％しかなく、25mm 以下の粉炭が全出荷量の 94～95％を占めた。これに対し、鄭総裁より 1957 年末までの 3 ヵ月内に選炭場を建設するよう指示されると、施設資材費を新規で支出せずに遊休施設を活用して数ヵ月の間に炭鉱ごとの選炭場が建設され、炭質が画期的に改善された。それに伴って、石炭公社は石炭の品質に応じて炭価設定を 3 等級から 5 等級に細分化して石炭市場に供給し、収益率を高めた[46]。

そのうえ、炭田地域から消費地への海陸輸送力も強化された。栄岩線の輸送力の強化は 1959 年 6 月内に完了し、1 日の石炭輸送は約 100 両から 230 両へと強化された[47]。また、咸白線の強化とともに年次拡張計画を進める予定であったが、すでに予算措置とともに着工され、工事完工の場合、栄岩線は 1 日 400 両の炭車を輸送することとなった。そのほか、墨湖港の集荷出荷施設の拡張および産業鉄道線各駅の有効長の拡張および黄池線の敷設などが漸次実現された。60 年になると、石炭の輸送経路は低運賃の鉄道中心体制（91％）へと完全に転換された[48]。

そして、販売業務部門においては、市場調査、需要の季節的対策、輸送の年間平均化を図って、1 年間の資金収入を平均化しようとした。財政法による法定炭価制度のため、国営炭は自由価格である民営炭と競争するのに不利であっ

た。たとえば、民営炭鉱は生産原価を下回る価格で貯蔵炭をダンピングできたが、石炭公社は法定価格を守らざるを得ず、1958年の夏には国営炭45万トン、有煙炭15万トン、合計60万トンに達する貯炭を抱えた[49]。そのため、58年には予定の増産を一時中断し、57年度生産ベースを維持することにした。こうした状況のため、石炭公社は経営の重点を生産から販売業務（需要市場の開拓）へと移さなければならなかった。

また、民営炭鉱が交通用、発電用石炭市場に進出するにしたがって、市場シェアを失った石炭公社は軍・官需用石炭を公社石炭のみで供給させるという官需用炭販売促進案（1958年5月29日）を国務会議に提出した[50]。同年中には少量であるものの、国営炭を日本に輸出している（前掲表8-2）[51]。民営炭が優位を占めていた民需用市場を開拓するため、20都市に販売代行店を設置して営業部要員を分散配置した[52]。市場開拓の方法としては都市民に練炭消費を宣伝するとともに、政府を通じて焚き木の搬入を禁止する措置をとらせた。なかでも、ソウル、大邱、釜山、仁川のような大都市の消費に重点を置いた。

その結果、1959年に入ってから9ヵ月間の家庭消費が58年度消費を基準として250％も増加した。民需用消費の急速な増加に応じるため、石炭公社は同年12月の生産能力を当初計画の18万9,000トンから25万トンへと引き上げた。それにもかかわらず、59年7月の時点で年間需要440万トンに比べて国内生産能力が380万トンに過ぎなかったため、政府の石炭需給対策委員会は不足分60万トンを重油導入と鉄道動力のディーゼル化を通じて解消することにした[53]。それによって、発電所の重油、鉄道の重油および有煙炭の消費が増えて、国営炭の民需用消費を拡大した。このように、市場の需要分析そして販売系統および市場組織の確立を通じて、新しい市場開拓をしたのである。

(2) 経営安定化の実現と鉱員賃金の引上げ

以上の経営合理化がもたらした収益性の改善を生産原価分析を通じて考察しよう（表8-14）。1957年から59年までの生産原価の構成項目の変化を見れば、まず、注目に値するのは、労務費の負担が大幅に軽減されたことである。とはいえ、このような1トン当たり人件費の削減は決して労働者1人当たりの賃金

表8-14 大韓石炭公社の1トン当たり生産原価構成

年度		1957年		1959年	
		ファン	%	ファン	%
総原価		7,988	100	7,892	100
生産費	小計	5,967	75	5,837	74
	人件費	3,406	43	2,886	37
	物品費	1,598	20	1,517	19
	電力料	334	4	278	4
	保健厚生費	146	2	119	2
	旅費	0	0	19	0
	諸費	121	2	160	2
	減価償却費	362	5	858	11
運送費	小計	1,181	15	1,236	16
	運賃	823	10	1,040	13
	荷役費	358	4	196	2
一般管理費	小計	633	8	734	9
	運営費	233	3	274	3
	金利公課	260	3	293	4
	販売費	140	2	167	2
減耗費		207	3	86	1

出所：表8-12に同じ。

　が削減された結果ではない。むしろ、鉱員1人当たり平均月給（1959年）は57年1月に比べて43.3％も上昇した4万3,000ファンへと引き上げられた[54]。この水準は物価水準が50年代後半に極めて安定しただけに、実質賃金の上昇（43％）を伴うものであった。他の産業分野の平均賃金指数に比べても、製造工業100、金属職112、全鉱業147に対して、石炭公社の賃金指数は193を記録した[55]。

　従来ならば、賃金引上げ問題が出ると、石炭公社は法定価格を引き上げて、人件費の上昇を吸収しようとした。ところが、石炭市場において民営炭との競争が激しかったため、1957年1月に国営炭価を上げてから約2年9ヵ月間、追加的な炭価調整は控えられた。そこで、石炭公社は労働生産性の向上を実現することによって、炭価調整なしに各種手当や退職金などによる事実上の賃金

引上げを実現したのである[56]。そのほかにも、既述のように退職金制度が鄭寅旭総裁の下に設けられ、団体協約に従ってトン当たり250ファンが積み立てられた[57]。鉱員には社宅、電気、水道、燃料用炭が提供されており、現代的長省総合病院の建設や硅肺センターの設置など医療サービスが拡充された[58]。59年に入ってから石炭公社は安全検定機構を創立して安全技師を任命し、安全管理の検定を担当した[59]。これらの措置によって、災害頻度率（生産量100万トン当たり）も急激に減少し始め、57年の1,532件から58年に1,425件、59年に980件、60年に955件へと低下した[60]。

そのほかにも、購入調達、在庫管理などの業務改善があったため、材料費や一般管理費が低下した。ところが、減価償却費や鉄道運賃の上昇に伴って山元経費や一般管理費などが上昇した。それにもかかわらず、1957年の7,988ファンから59年の7,892ファンへと1トン当たり生産原価が若干下落した。もちろん、発電用炭の場合、寧越発電所への石炭供給を担当する寧越炭鉱と咸白炭鉱が極めて不良炭鉱で生産原価が1万ファンを超えてしまったが、他の炭鉱の経営合理化をもってこれをカバーできた[61]。労働生産性の改善と増産によるコスト低下が可能となり、他の項目の引上を吸収し、生産原価の上昇を抑制したのである。

こうして、生産管理と経営管理において相当の進展があったため、石炭公社の経営収支が改善された。まず、貸借対照表（表8-15）によれば、資産構成において流動資産比率が1956年12月の62％から59年の51％へと低下し、その反面、固定資産比率は同期間中30％から42％へと上昇し、施設投資が50年代半ば以降、活発になった。資本構成においては自己資本比率が56年12月のマイナス11％から58年12月にプラスに転じ、59年12月には16％を記録するに至った。すなわち、鄭総裁が追及した自立経営方針に従って社内留保財源による投資原則が実現されたのである。それとともに、当然他人資本の比率が減少して、56年12月の111％から59年12月に84％へと低下した。とくに、注目に値するのは、固定負債が負債比重でも急激に増加して59年12月に全体負債・資本計の36％に達したことである。これは長期性の開発資金が流入され、短期性の資金を代替したことを意味する。

表 8-15　1950 年代後半における大韓石炭公社の貸借対照表

(百万ファン)

年月		1952.3	54.3	56.12	57.12	58.12	59.12	60.12	62.12
資産	小計	260	1,184	7,607	12,743	16,716	17,066	21,332	32,024
	流動	198	947	4,685	8,078	9,905	8,749	11,692	16,440
	固定	32	189	2,251	3,989	5,421	7,166	8,580	13,840
	投資資産	-	-	-	-	-	-	-	289
	繰越勘定	30	48	670	676	1,390	1,152	1,060	1,454
負債・資本計		260	1,184	7,607	12,743	16,716	17,066	21,332	32,024
負債	小計	220	1,178	8,438	12,996	14,577	14,303	18,236	19,289
	流動	220	1,178	7,672	10,341	11,335	8,236	9,026	8,790
	固定	-	-	766	2,655	3,242	6,067	9,209	10,498
資本	小計	40	6	-832	-253	2,139	2,764	3,096	12,735
	資本金	40	600	600	600	600	600	600	6,285
	余剰金	-	-351	-942	-1,432	1,518	1,600	2,164	4,457
	当期純益	0	-243	-489	578	21	564	333	1,993

出所:表 8-12 に同じ、40〜41 頁。

次に、損益計算書(表 8-16)で見られるように、1957 年以降営業利益と当期純利益が黒字に転じた。また、それにしたがって、損益累計も損失が減少し始め、60 年以降黒字を記録した。その背景として 50 年代後半のマクロ経済の安定化に伴って法定炭価と一般物価間の格差が拡大しなかったという要因も見逃せない。それでも、朝鮮電業、大韓造船公社などの他の公企業とは異なって 50 年代後半に黒字経営を実現できた事実は、50 年代後半に石炭公社が推進した投資、経理、採炭、選炭、輸送、販売など全般にわたる効率化の結果であると判断せざるを得ない。アメリカ側の経済調整官室(OEC)からも「自立的経営を行えるとともに、機械設備のための投資金を積み立てられるほどの充分な運営資金(sufficient working capital)を確保した」と評価されるに至った[62]。

このように、1950 年代後半における石炭市場の競争構造の形成を背景として石炭公社は自立経営を実現し、60 年代の石炭需要増加にあわせて、民営炭鉱とともに、安定的な石炭供給を拡大していったのである。

表 8-16　1950 年代における大韓石炭公社の損益計算書

(百万ファン)

年度	1952	1954	1955	1957	1958	1959	1960	1962
純売上額	539	3,370	9,207	12,220	12,324	17,675	21,398	36,256
売上原価	796	3,379	9,071	10,868	11,182	15,362	19,663	33,169
一般管理・販売費	70	266	758	933	960	1,344	1,539	1,618
営業収入	-327	-275	-622	419	183	968	196	1,469
営業外収入	1	31	516	502	261	33	717	1,107
営業外費用	26	104	384	343	423	437	581	583
当期純利益	-351	-348	-490	578	21	564	332	1,993
損益累計	-351	-942	-1,432	-853	-832	-268	64	3,881

出所：表 8-12 に同じ、42～43 頁。
注：1952 年度は当年 4 月～翌年 3 月（12ヵ月）、54 年度は 54 年 4 月～55 年 6 月（15ヵ月）、55 年度は 55 年 7 月～56 年 12 月（18ヵ月）、その後の各年度は当年 1 月～当年 12 月（12ヵ月）。

5．おわりに

　朝鮮戦争の被害からの復旧過程にあった石炭産業は軍派遣をきっかけとして石炭開発 5 ヵ年計画を樹立し、これを実行した。そのための「産業線」の開通と火力発電施設の増強は石炭公社の増産を促すと同時に、民営炭鉱の勃興をもたらした。民営炭鉱は石炭需要の季節的変動に合わせて採炭を集中的に行い、また商品化が可能な範囲内で採炭を調節した。それのみならず、民営炭鉱は自由販売制度を通じて炭価を伸縮的に調整し、国営炭との市場競争で優位に立った。

　したがって、民営炭鉱は市場で占有率を急速に拡大していった。その経営実態はきわめて零細な炭鉱もあったものの、国営炭鉱に比べて経営収支および生産性の面で優れた経営が登場した。その反面、軍派遣と石炭開発計画の実現で大幅の石炭増産があったにもかかわらず、石炭公社は赤字経営を免れず、短期性の借入金の流入で炭鉱運営を行っていた。それによって、鉱員に対する賃金支給が適時に行われず、労使関係も不安定であった。

　これに対し、政府は民営化を前提として民営炭鉱の社長を公社総裁として任命し、経営合理化を図った。石炭公社は強化供給の市場状況にあわせて、生産

計画を縮小調整したあと、社内留保金を財源として自立財源確立方針を立てて借入れ経営を脱皮していった。すべての発注工事を再審査して合理的価格で再契約を締結し、それを通じて捻出した資金をもって未払い賃金を支給し、なお団体協約を締結し、労使関係を安定化させた。それに基づいて雇用調整を断行したのである。

採炭管理面では、掘進速度の向上と集約採炭を推進した。そのため、工学部卒業者を切羽に優先的に配置し、工程図と設計図を作成して、採炭作業を実施した。これに連繋して「都給制」と賞与を支給するなど、インセンティヴ・システムを強化した。それによって、1トン当たり単価削減と採炭技術の向上が実現できた。同時に、石炭公社は機械式選炭場を建設し、炭質を高めた。販売においても市場開拓のために重要都市20ヵ所に販売代理店を設置して要員を配置し、民需用石炭消費の増加を図った。

このような内部の合理化にしたがって、生産原価の上昇が抑制され、追加的な炭価調整なしに経営改善を実現した。もちろん、収支安定の背景にはマクロ経済が比較的安定した事実も重要である。固定資産比率と自己資本比率が上がり、経営赤字が黒字に転じた。このような経営合理化の結果、労働生産性の向上とともに、実質賃金の上昇など鉱員に対する待遇も改善された。

そのなかで、石炭開発計画が超過達成され、エネルギー供給構造に変化をもたらし、エネルギー自立度は1955年の48.9％から60年に78.1％になった[63]。技術的にも長省炭鉱ではアメリカの技術顧問会社であるPierce Management Corporationの支援を得て、深部炭田開発のための竪坑施設工事（Shaft Sinking）を計画した[64]。50年代の石炭開発計画はその後経済開発5ヵ年計画に統合されて実行された。

このような開発時代を迎え、民営炭鉱の登場とその経営技法の公社への伝播が石炭産業の成長を導いたのである。

注

1）林采成『戦時経済と鉄道運営：「植民地」朝鮮から「分断」韓国への歴史的経路を探る』東京大学出版会、2005年。

2）林采成「軍派遣団の大韓石炭公社支援と石炭産業の復興（1954 年 12 月〜57 年 8 月）」（『東邦学誌』139、2007 年 9 月）、林采成「1950 年代韓国における石炭産業の復興と成長：軍派遣団の支援と民営炭鉱の登場、そして大韓石炭公社の合理化」（『エネルギー史研究』24、2009 年 3 月）。
3）李大根『解放後〜1950 年代の経済』三星経済研究所、2002 年、435〜443 頁。
4）孔提郁『1950 年代韓国の資本家研究』白山書堂、1993 年。
5）金基承「民主党政権の経済政策に関する研究」（『張勉総理と第二共和国』景仁文化社、2003 年）、朴泰均『原型と変容：韓国経済開発計画の起源』ソウル大学校出版部、2007 年。
6）前掲「軍派遣団の大韓石炭公社支援と石炭産業の復興（1954 年 12 月〜57 年 8 月）」。
7）韓米合同大韓石炭公社運営対策委員会「韓国合同大韓石炭公社運営対策委員会報告書」『石炭社報』1955 年 4 月、4 頁。
8）大韓石炭公社軍派遣団「軍派遣団支援中間報告 2（1955 年 9 月〜56 年 3 月）」（『石炭』5、1956 年 8 月）53〜54 頁、朱在栄「石公事業実績概要（1955 年度第 3 四半期現在）」（『石炭』5、1956 年 8 月）44〜45 頁。
9）『東亜日報』1957 年 6 月 8 日。
10）Sibray, Donald L. and Hyde, Pitt W.『石炭・鉱業』韓国産業銀行技術部、1958 年、66 頁。
11）ほぼ年間 100 万トン以上が大量増産されると企画されたが、これを実現するためには大量の資金確保が必要とされた。これに対して、7 年間かけて国内資金は年間最低 165 万ドルから最高 1306 万 2,500 ドル、外国資金は最低 135 万ドルから最高 1,329 万ドルに達する資金動員が計画された。
12）金圭敏「石炭産業の当面課題」（『石炭社報』8、1957 年 10 月）1〜3 頁。
13）鄭然豹「石炭産業の現況と石公民営化問題」（『石炭社報』9、1958 年 6 月）65〜66 頁。
14）林松本「鉱業振興への道」（『石炭社報』6、1956 年 11 月）1 頁、大韓石炭公社『大韓石炭公社 50 年史』2001 年、74〜75 頁。
15）慶州炭鉱（56 年 10 月 8 日）、城岩炭鉱（57 年 1 月 11 日）、東鮮炭鉱（57 年 5 月 13 日）、聞慶炭鉱（57 年 8 月 6 日）、麻城炭鉱（57 年 8 月 8 日）、馬老炭鉱（57 年 11 月 1 日）、竜頭炭鉱（58 年 8 月 14 日）、江原炭鉱（58 年 9 月 20）。
16）一般公売原則に基づく国有炭鉱の払下げ・民営化が決定され、炭鉱を含む中小炭鉱 250 余ヵ所の払下げを年内に実現する方針であったものの、払下げの成果は 48 ヵ所に過ぎなかった（前掲「鉱業振興への道」1 頁）。
17）鄭寅旭「石炭産業の分析」（『石炭』14、1960 年 12 月）17 頁。
18）徳大制度は母鉱業者にとって、①景気変動の安全弁、②労務管理費用の節約という 2 つの効果をもたらした（白仁美「炭鉱業の徳大制と雇用関係に関する研究：江原道旌善

第 8 章　石炭市場と大韓石炭公社　243

郡舎北邑 D 炭鉱の事例を中心として」延世大学校社会学修士学位論文、1984 年）。
19）金圭敏「石炭産業の当面課題」（『石炭社報』 8 、1957 年 10 月） 2 頁。
20）『東亜日報』1957 年 3 月 28 日、1957 年 8 月 13 日、金圭敏「石炭産業改変の合理的方案」（『石炭社報』 7 、1957 年 5 月） 3 頁。
21）前掲「石炭産業の現況と石公民営化問題」65 頁。
22）金栄漉「国営企業体合理化の方向」（『石炭社報』 7 、1957 年 5 月）32 頁。
23）『東亜日報』1956 年 11 月 22 日、1957 年 4 月 14 日、1957 年 8 月 13 日、1958 年 2 月 12 日。
24）鄭寅旭は 1938 年 3 月に早稲田大学採鉱冶金科を卒業したあと、39 年朝鮮総督府鉄鋼課嘱託、40 年全北道庁鉱山係長として勤務、解放後には 46 年 2 月に軍政庁商務局石炭課長、47 年 3 月 10 日に石炭課長に任命された。50 年 5 月～51 年 10 月には石炭公社生産理事を務めたあと、退職して企業家として 52 年 6 月に江原炭鉱を創業し、政府によって経営能力が認められて、57 年 9 月から 59 年 12 月まで大韓石炭公社総裁に就任した（鄭寅旭伝記編纂会『先覚者鄭寅旭』春秋閣、2000 年）。
25）前掲『韓国の産業』101 頁。
26）『東亜日報』1957 年 9 月 6 日。
27）前掲『先覚者鄭寅旭』200 頁。個人伝記の利用は客観性が疑われるという点から、その利用を最小限に制限した。その利用も新聞、雑誌、内部文書、アメリカ側資料（NARA）、インタヴューなどと整合的な場合に限られていることをことわっておく。
28）"The new Gorvernor, Chung, In Wook is a good experienced sincere and practical mining man and much admired by our mining Division." (Sibray, Donald. L. CHINCREP Seoul, Airgram (PFA 89-21-468) to ICA, Oct. 29, 1957, RG469, Entry No. 422, Box No. 66).
29）鄭寅旭「季節資金の自律的調達策：販売系統、市場組織の確立を中心として」（『石炭社報』12、1959 年 10 月） 3～4 頁。
30）『東亜日報』1957 年 12 月 9 日。
31）朴桂波「危機に置かれた我国の石炭産業」（『石炭社報』 9 、1958 年 6 月）89 頁。
32）黄炳暖「国営企業と経営合理化問題：その経営の反省のために」（『石炭社報』10、1958 年 11 月）33 頁、『東亜日報』1959 年 7 月 5 日。
33）表 8-14 から減価償却費の金額および比率が高くなったことを確認できる。
34）金圭敏「石公運営 8 周年回顧と展望」（『石炭社報』10、1958 年 11 月） 9 頁。
35）『東亜日報』1956 年 11 月 22 日。
36）前掲『先覚者鄭寅旭』204～205 頁。
37）全国鉱山労働組合『鉄労 20 年略史』1969 年、72～73 頁。
38）『東亜日報』1955 年 1 月 22 日、1956 年 11 月 21 日。
39）『東亜日報』1957 年 12 月 9 日。
40）石炭公社は炭層の条件に従って昇採炭として偽傾斜昇崩落採炭（slant chute block

caving method)、連層採炭方式としては中段崩落採炭（sub level caving methord）が採択されて以来、1970年代中ごろまで続いた。鉱業所別には炭層の発達方向（主向）が比較的一定し傾斜が多少緩やかで、炭層の幅も厚い長省と道渓の場合、昇採炭と連層採炭を混用した。その反面、主向が不規則で傾斜が急で、炭層が局部的に膨張してポケット型であった恩城と和順は連層採炭、炭層の幅が狭いため、連層採炭ができない咸白、寧越は昇採炭のみを適用した。前掲『大韓石炭公社50年史』267～271頁。
41）李祥圭「生産管理の強化方案」（『石炭』14、1960年12月）45～49頁。
42）Sibray, Donald L. and Hyde, Pitt W.『石炭・鉱業』韓国産業銀行技術部、1958年、86頁。
43）前掲『先覚者鄭寅旭』209～212頁、Kim Doo Young インタヴュー。
44）社内の賃金制度は大きく見て採炭夫、掘進夫、保坑夫など直接夫（先山夫）の都給制、間接夫（後山夫）および坑外夫の日給制、管理職の月給制からなっていた。都給制といっても、すべて成果給として決定されるのではなく、基本給に加えて入坑手当などの各種手当が加えられ、個々人の賃金が決定された。
45）李珍華「炭鉱業が当面した諸問題点と現況」（『石炭社報』6、1956年11月）32頁。
46）前掲『先覚者鄭寅旭』206～207頁。
47）大韓石炭公社「石炭問題懇談会」（『石炭社報』12、1959年10月）37頁。
48）前掲『経営統計』1963年。
49）李賢在「火力発電と炭質向上問題」（『石炭社報』9、1958年6月）14～15頁、前掲「国営企業と経営合理化問題：その経営の反省のために」33頁。
50）『東亜日報』1958年5月30日。
51）『東亜日報』1958年5月30日。
52）前掲「石炭問題懇談会」35～36頁。
53）『東亜日報』1959年7月19日、1959年7月22日。
54）1957年から59年にかけての鉱員人件費の変化の内訳を見れば、直接夫3万6,100ファン→5万100ファン、間接夫2万3,000ファン→3万6,700ファン、坑外夫2万3,000ファン→3万1,000ファン、鉱員平均3万ファン→4万3,000ファンであった。大韓石炭公社、1959、43頁。
55）前掲「石炭問題懇談会」43頁。
56）しかし、公務員の月給が2倍となったことから、労働組合は1959年8月に50％のベースアップ要求を強く打ち出した。これに対して石炭公社側は生産性向上による財源増加のため、57年1月の基準賃金に比べて43％の賃金引上げが行われており、消費者物価も大きく変動していないので、他の産業分野に比べて実質的に高い賃金を支給しており、労務者に対しても12％の退職金を積み立てている点を根拠として賃金引上げ要求案を拒否した（大韓石炭公社『創立10周年業績概況書』1960年、38～39頁、『東亜日報』1959年8月29日）。

57) 前掲「石炭問題懇談会」41～43頁。
58) 崔永泰「寧越特殊検査に現れた作業不適格者」(『石炭社報』11、1959年5月) 100～105頁、同「過去を回顧しながら」(『石炭』14、1960年12月) 77～80頁。
59) Masterton, W. F. (1959) 'Recommendation by MR. W. F. Masterton at Final Meeting' 『石炭社報』11、1959年5月、7頁。
60) 前掲『石炭統計』1963年。
61) 石炭公社は年間7億ファンの欠損を出し、しかもガス爆発事故などの多い寧越炭鉱を植民地期同炭鉱を所有した朝鮮電業に譲渡する意思があると示したものの、譲渡は成立しなかった (『東亜日報』1958年1月13日)。
62) Sibray, Donald. L. "Report on Project No. 89-21-68, Dai Han Coal Corporation Government Mines," to UNC Economic Coordinator, Mar. 12, 1959, RG469, Office of the Far Eastern Oprations, Korea Divison, Entry No. 478, Box No. 5, NARA. 1959.
63) 大韓石炭公社『エネルギーと無煙炭需要の展望』1962年、4頁。
64) 朴勝燁「石公の運営合理化問題」(『石炭』14、1960年12月) 65～66頁、Weysser, Jhon L. G. Pierce Management Corporation,「採鉱技術面から見た私の提言：通風施設を中心として」(『石炭』15、1962年12月) 13～15頁。

1945〜70年の韓国・日本・米国年表

年	月日	韓国	月日	日本・米国
45	8.11	ホッジ、JANIS75（1945.4）を受領	9. 2	マッカーサー、38度線を境界に米ソ両軍分割占領を提案
	9. 6	呂運亨、朝鮮人民共和国樹立		
	9. 7	流通貨幣に関する布告	9. 7	米太平洋陸軍司令部、朝鮮南半部に軍政施行を宣言
	9. 8	臨時接受委員会設置		
	9. 9	布告第3号、通貨輸出入禁止	9. 8	米軍政開始
	9.16	朝鮮銀行券を通貨として流通発表		
		朝鮮教育委員会設置		
	9.26	初等学校開校	9.25	米軍政、日本財産を接収
	9.30	GHQ、朝鮮銀行・殖産銀行・東洋拓殖を閉鎖		
	9. -	南満紡績従業員、帰国始める		
	10. 1	中等学校、専門学校、大学開校	10. 3	モスクワ英米ソ三国外相会議、5年間の信託統治を決定
	10. 5	小作料上限設定		
	10.21	学務通牒325号「学校に対する説明と指示」	10.20	米国務省、朝鮮半島信託統治の意思表明
	11.25	工場管理委員会運動		
	11. -	朝鮮紡織釜山工場試運転開始		
	12. 6	日本人財産、米軍政庁に帰属		
	12.14	米軍政工場管理人制度開始		
	12.20	金融機関融資許可制（自由与信限度制）		
	12. -	東洋紡績仁川工場操業再開		
46	2.27	日本人預金引出し許す	2. 6	米ソ合同委員会をソウルに設置
	3. 5	北朝鮮政府土地改革	3.20	第1回米ソ合同委員会（5.6決裂）
	3.10	右派、大韓労総を結成		
	3. -	朝鮮棉花協会設立		
	4.26	朝鮮無尽(株)、朝鮮相互銀行(株)へ改編	4. 9	米軍政、1人1合の米配給制を発表
	5.26	朝鮮銀行、丙10ウォン券発行		
	5.28	中央経済委員会設立		
	6. -	工場管理運動衰退		
	7. -	綿糸布価格統制		
	8. 1	朝鮮損害保険協会設立		
	10. 3	軍政法令39号、対外貿易規則		
	10.29	朝鮮信託、朝鮮信託銀行へ改編		
	11. 6	軍政法令43号、朝鮮証券取引所解散		
	11. 7	全評、国連信託統治賛成デモ		
47	3.24	小規模帰属事業体払下げ		
	3. 7	中央土地行政処、帰属農地を売却	5.21	第2回米ソ合同委員会（7.10決裂）
	4. 2	朝鮮紡織協会創立	6. 3	米軍政庁を南朝鮮過渡政府と改称
	4.18	GARIOA資金による原綿導入・配分開始		
	7. 1	金融機関整理、金融組合50ヵ所閉鎖	9.17	米、韓国問題の国連総会上程を提議

年	月日	韓国	月日	日本・米国
47	7.15	朝鮮換金銀行設立	9.23	国連総会、韓国問題可決
	10. 1	朝鮮銀行、米穀収集資金割引制度導入	11.14	国連総会、韓国総選挙案可決
48	2.－	財務部、貿易金融新設	1. 8	国連臨時朝鮮委、ソウルで第1回会議
	3.25	貸出取引先登録制実施	3. 1	米軍政、旧日本人所有の農地払下法令
	5. 4	無許可施設無尽団体解散命令	3.12	国連朝鮮委、南朝鮮選挙実施を発表
	5. 6	外国為替預け金登録制導入		
	5.10	制憲議会議員選挙		
	5.－	北朝鮮からの送電中断	8.24	米韓暫定軍事協定調印
	7.17	大韓民国憲法制定・施行	9.11	韓米政府間財政財産第一次協定
	8.15	大韓民国政府樹立		NSC13/2（米、国家安全保障会議報告
	8.－	中央銀行設立特別調査委員会開始		対日政策を転換）
	9.－	現物補償制実施	12.10	韓米経済援助協定に調印
	10. 8	外国為替・外国証券等統制に関する件制定	12.12	国連、大韓民国を朝鮮半島唯一の合法政党と承認
49	1.－	産業復興5ヵ年計画	1. 1	米、大韓民国を正式に承認
		輸出割当制実施	1. 4	東京に駐日代表部を設置
	2. 3	財務部、中央銀行法案発表		
	4. 1	金融機関自由与信総限度制導入		
	4.17	物動計画立案	8. 3	蒋介石、李承晩と太平洋同盟を協議
	6.13	大統領令、対外貿易・取引外国為替取扱規則	9.13	米英外相会談、対日講話会議早期開催に合意
	8.－	紡織機械工業振興委員会	10. 1	中華人民共和国成立
	11.－	関税法制定		
	12.19	国債法制定		
		帰属財産処理法		
50	1.10	現代建設設立（鄭周永）	1. 1	アチソン声明、韓国・台湾は防衛線外
	1.－	国産棉対策委員会	1.26	韓米相互防衛援助協定締結
	2. 1	対外貿易登録制	1.31	トルーマン、水素爆弾製造を命令
	2.23	第1次建国国債発行	4. 6	ダレスを対日講和担当国務省顧問に任命
	3.30	帰属財産処理法施行令		
	3.－	経済安定15原則公布	4.14	NSC68（国家安全保障会議報告）
	4.10	農地改革実施	6.25	朝鮮問題に関する国連安保理決議
		大統領令、外国為替管理規定	6.27	朝鮮問題に関する国連安保理第2次決議
	4.－	物品税減免制度		
		綿製品統制解除	7. 1	国連軍釜山上陸
		ECA資金で機料品導入	7. 4	日本政府、朝鮮での米軍事行動に行政措置内で協力
	5. 1	銀行等資金運営準則制定		
	5. 5	銀行法	7.24	レッドパージ
	6.12	韓国銀行設立	8. 1	特需金融貿易スタンプ手形制度
	6.25	朝鮮戦争開始、物動計画雲散霧消	8. 3	洛東江防御線（ウォーカー・ライン）を構築
	6.28	金融機関預金等支給に関する特別措置令		

年	月日	韓国	月日	日本・米国
50	7.22	韓国銀行券最初発行	8.9	輸入自動承認制48品目
	8.18	韓国政府、大邱（7.16〜）から釜山へ移る	8.10	警察予備隊令
	8.28	朝鮮銀行券流通及び交換に関する件	8.-	特需7〜12月で1.82億ドル
	9.15	第1次通貨交換-第4次（1951.4.30）	8.24	特需ブーム物価上昇抑制対策
	10.25	中国軍、朝鮮戦争に参戦	8.25	GHQ、横浜に在日兵站司令部設置、特需本格化
	11.1	大韓造船公社設立		
	12.7	糧穀証券法	9.30	トルーマン、朝鮮戦争で原爆使用を考慮中と発言
	12.-	大邱メリヤス公社（旧内外紡）払下	9.15	国連軍仁川上陸作戦
			12.23	駐韓米8軍司令官ウォーカー大将戦死
51	3.31	国務院告示第12号、主要企業の国有化	3.24	マッカーサー、中国本土攻撃を主張
	3.-	通貨量統制		米、対日講和草案作成
	5.29	国務院告示第13号、主要企業の国有化	4.11	国連軍司令官マッカーサー解任
	5.-	特恵外国為替制度（〜1955.8）	5.14	対日ガリオア援助打切り
	6.15	金融機関資金運用に関する準則	6.23	マリク国連駐ソ連大使、停戦会談を提案
	7.5	再割引限度制		
	7.10	朝鮮休戦会談開始（開城、〜8.23）	7.20	米、対日講和会議招請状を送付
		54 国営企業・帰属銀行払下げ	9.4	対日講和会議開催
	9.27	国債貯規則	10.8	米韓財政協定調印
	10.25	朝鮮休戦会談再開（板門店）	10.20	シーボルトの仲介で日韓予備会談（国交、法的地位、漁業問題等）
	10.-	大田紡織公社(旧呉羽紡績大田工場)払下		
	11.-	全南紡織公社(旧鐘淵紡績全南工場)払下	11.27	朝鮮休戦会談、南北軍事境界線と非武装地帯設置協定調和
	12.-	緊急綿紡織工業再建計画		
		釜山朝鮮紡織労働争議（〜1952.3）		
52	1.10	韓国再保険公社設立	2.15	第1次日韓会談開始
	1.18	李承晩ライン設定	4.28	対日平和条約・日米安全保障条約発効
	4.-	国産棉対策連絡委員会再開	5.24	韓米経済調整協定
	7.18	重石（タングステン）ドル事件	5.29	日、IMFとIBRDに加入
	8.13	勤労基準法	9.20	日、李承晩ラインにABCラインで対抗
	9.1	徴兵制実施		
		三白工業景気（製粉・製糖・綿紡織）	9.24	クラーク・ライン（韓国海上防衛水域）設定
	9.28	産業復興国債法		
	10.-	第1次造船計画		
	12.-	棉紡織工業復興要綱	12.14	韓米経済協定調印
53	1.-	繊維工業復興メモランダム発表	1.2	アイゼンハワー大統領就任（〜1961）
	2.15	緊急通貨措置（100：1、ウォン→ファン）	1.5	李承晩大統領来日、日韓交渉再開合意
	2.27	緊急金融措置	4.15	第2次日韓会談、請求権・漁業問題で対立
	3.8	労働組合法・労働争議法・労働委員会法		
	5.10	労働基準法	6.26	米、対日MSA援助交換公文
	7.27	休戦協定調印		
	8.-	大韓紡織株式会社設立	8.8	韓米相互防衛条約仮調印、10.1調印

年	月日	韓国	月日	日本・米国
53	9.3	石炭輸送船舶3隻導入		
	9.24	1954年度経済復興計画	10.1	米韓相互防衛条約
	9.-	綿花増産および需給5ヵ年計画	10.6	第3次日韓会談、久保田発言で決裂
	11.25	大韓証券業協会設立		
	12.3	韓国産業銀行法		
	12.16	国民生命保険法	12.12	韓国漁業資源保護法
		郵便年金法改正公布		
	12.-	棉紡織工業長期復興計画	12.14	米、経済再建財政安定計画合同経済委員会
		原棉実需要者購買方式開始		
54	1.-	綿糸布管理解除	2.5	米韓軍事会談（鎮海）
	4.1	韓国産業銀行設立（旧朝鮮殖産銀行）	4.1	ジュネーヴ極東平和会議（～7.21）
	4.8	大韓労総成立		
	4.15	大韓紡績協会綿製品輸入防止建議書		
	5.8	国務院告示第15号、鉱山国有化廃止	5.16	米国防省、朝鮮戦争白書
	7.10	大韓労総大韓石炭鉱労働組合連合会結成	6.9	防衛庁設置法・自衛隊法
	8.15	銀行法施行		
	9.8	銀行帰属株払下げ要綱、国務会議通過	9.25	竹島（独島）領有権国際司法裁判所提訴問題
	10.14	銀行帰属株払下要綱		
	11.29	四捨五入改憲	11.17	米韓経済軍事援助議事録調印
	11.-	韓国貨幣両替再開	11.20	米、第8軍司令部（ソウル）を座間へ移動
	12.2	4炭鉱で48時間ストライキ		
	12.27	陸軍派遣団支援		
55	1.-	輸出ネガティブリスト方式採用		
	1.20	輸出奨励補償金交付制度		
	2.-	企画処、復興部へ改編		
	5.5	政府債権保有企業臨時融資措置	5.31	韓米余剰農産物援助協定
	7.-	復興部、5ヵ年復興計画		日米余剰農産物買付協定
	8.4	融資事前承認制	7.1	韓米原子力協定調印
	8.7	IMFとIBRDに加入	8.-	対日交易中断措置
	8.25	輸入のための外国為替売却規定		
	8.29	輸出獲得ドル優遇策（～1961.5）		
	8.-	為替レート変更（500ファン対1ドル）	10.20	日朝国交正常化に関する両国議員団第1次共同声明
		輸入割当制廃止		
		朝鮮紡織釜山工場払下	10.29	日朝国交正常化に関する両国議員団第2次共同声明
	12.29	重要企業生産資金融資要綱		
	12.31	栄岩線（栄州―鉄岩）完工		
	5.-	綿製品輸出5ヵ年計画		
56	1.-	産業復興5ヵ年計画	1.-	日、GATT加入
		大韓造船公社設備投資（ICA援助資金200万ドル）	2.3	韓米原子力協定に署名
	2.1	大韓証券取引所設立	2.14	ソ連共産党第20回大会、スターリン

1945~70年の韓国・日本・米国年表　251

年	月日	韓国	月日	日本・米国
56	2.-	大韓綿紡織輸出対策委員会		批判
	3.6	国有鉱業権処分令	6.28	ポズナニ暴動、10.23 ハンガリー事件
	5.1	農業銀行設立	10.29	スエズ戦争、米国は反対
	6.1	綿糸綿織物輸入禁止令	11.-	韓米友好通商及び航海条約締結
	12.-	商工部、5ヵ年輸出計画案 (1957~61)	12.18	日、国連加盟
		石炭生産5ヵ年計画 (~1960)		
57	2.3	経済復興6カ年計画案	1.1	朝鮮統一に関する国連総会決議
	2.14	農業協同組合法制定		
	2.27	ソウル市内国民学校欠食児童70%	5.8	李大統領、米ミサイル基地設置に賛成
	3.21	技術訓練院（長省）設置	7.1	国連軍司令部の朝鮮への移転
	8.8	陸軍派遣団撤去		
	9.-	大韓石炭公社、総裁鄭寅旭任命		
	10.5	大韓造船公社、公社法閉止で株式会社へ転換	11.-	米、対韓援助縮小を発表
				対韓援助、無償から借款に転換
	10.19	大韓石炭公社団体協約締結		米、相互安全保障法改定
	10.25	米穀担保融資制度	12.31	日韓抑留者相互釈放・日韓会談再開に関する覚書
	12.13	貿易法制定		
58	1.2	資産再評価法		
	1.16	国債波動		
	3.-	造船奨励法	4.15	第4次日韓予備会談
	5.-	経済開発3ヵ年計画	5.19	矢次一夫、岸首相の個人特使として訪韓
		太平紡織株式会社設立		
	7.11	産業銀行不正貸出事件		国連軍、韓国にミサイル司令部設置
	11.20	農業協同組合発足	7.15	米、レバノン出兵 (~10.25)
	12.13	大韓造船公社ストライキ (7日間)		
	12.-	復興部産業開発委員会		
59	3.17	外資管理法	2.12	在日朝鮮人、北朝鮮帰還承認問題応酬
	6.15	在日北送問題で対日交易断絶、1008解除	6.-	韓国、対日交易中継措置
	8.11	全国労協成立	8.12	第4次日韓会談
	10.-	輸出用原材料輸入関税減免政策韓国へ開発借款基金 (DLF) 供与	8.13	在日朝鮮人の帰還に関する日朝赤十字協定
	11.-	輸出振興基金融資制度		
	12.-	経済改革7ヵ年計画前半3ヵ年計画 (~1962)		
60	1.1	外資導入促進法	6.19	アイゼンハワー訪韓
	1.23	農漁村高利債整理資金融資要綱		日米新安保条約自然承認
	4.19	四月革命、4.27 李承晩辞任	9.6	鄭一亨・小坂善太郎両外相会談要録・日韓共同声明
	7.14	コール市場育成策		
	8.12	第二共和国発足、張勉内閣、尹潽善大統領	10.25	第5次日韓予備会談
	8.-	輸出奨励補償金交付開始	12.1	九州郵船、博多—釜山間に日韓定期航

年	月日	韓国	月日	日本・米国
60	11.25	大韓労総・全国労協統合、韓国労連成立		路開始
61	1.10	韓国経済協議会発足	1.20	ケネディ大統領就任（〜1963）
	1.26	忠州肥料工場竣工		
	1.-	所得税および法人税減免制度	2.3	韓国国会、対日復交4原則を可決
	2.-	輸出金融	2.8	韓米経済技術援助協定
	5.16	軍事クーデタ（張都暎）7.3（朴正煕） 金融活動凍結		
	5.18	預金引出制限解除		
	6.10	農漁村高利債整理法、不正蓄財処理法		
	6.14	不正蓄財処理法		
	7.1	中小企業銀行法		
	7.30	不正手形取締法		
	7.-	復興部、経済企画院へ改編		
	8.1	中小企業銀行設立		
	8.15	農業協同組合設立		
	8.-	銀行株式を国庫へ没収 勤労者団体活動臨時措置法		
	9.-	輸出奨励金交付	10.20	第6次日韓会談
	10.29	大株主銀行株式返還	10.24	金鍾泌中央情報部長渡日、池田勇人首相と密談
	10.-	経済開発5ヵ年計画立案		
	11.16	通貨安定証券発行	11.11	朴・池田会談（12.7韓国政府発表）
	12.31	信託業法、国民銀行法制定 外国為替管理法	11.14	朴正煕最高会議議長、ケネディ大統領との共同声明
62	1.13	第一次経済開発五ヵ年計画（実績8.5％）		
	1.15	保険業法、利子制限法、証券取引法		
	1.-	営業税減免制度		
	2.1	国民銀行設立	2.8	米、在ベトナム軍事援助司令部設置
	2.10	国土建設団設立、12.31解体	2.21	金鍾泌、池田首相と会談
	2.27	蔚山工業団地建設開始		
	2.-	韓国繊維貿易株式会社設立	3.12	東京で日韓会談（〜3.17）
	4.30	大韓造船株式会社、再び公社へ	5.10	新産業都市建設促進法
	5.31	証券波動、証券取引中止		
	6.1	貿易振興公社発足		
	6.9	緊急通貨措置		
	6.10	第二次通貨改革（10：1、ファン→ウォン）		
	6.16	緊急金融措置		
	7.31	借款支払保証法律 長期決済方式による資本財導入特別措置法	8.21	第6次日韓会談予備折衝
	7.-	封鎖預金特別措置法	10.22	米、キューバ危機

年	月日	韓国	月日	日本・米国
62		長期決済資本財導入・借款支払保証法	10.19	朴大統領の池田首相への書簡
	8.27	セナラ自動車工場竣工	11. 3	池田首相の朴大統領への返簡
	9.-	外貨表示供給資金	11.12	金鐘泌・大平メモ（対日請求権）
	10.-	綿紡織施設基本方針	11.-	日韓賠償・法的地位・漁業権諸協定
	12.26	ウォーカーヒル竣工	12.26	対日請求権問題、無償供与3億ドル、
	12.28	湖南肥料・羅州工場を建設		借款3億ドルで妥結
63	1.-	輸出入リンク制	2.-	日、GATT11条国
		輸出用原資材輸入金融		
	2.25	証券市場休場		
	3.11	四大疑獄事件（証券・ウォーカーヒル・		
		セナラ自動車・パチンコ）		
	3.-	輸出産業促進委員会設置		
		国有企業強化	7. 1	韓国、北朝鮮の白米無償提供を拒否
	4.27	証券取引法改定	7. 2	韓国、日本の米・小麦贈与提案を受諾
	4.-	労働組合法・労働争議調停法改定	7.15	米、部分的核実験停止条約
	5.29	帰属財産処理特別措置法		在日朝鮮人の祖国往来に関する北朝鮮
	6.28	北の韓国絶糧民に白米無償提供申出を拒絶		政府声明
	8.-	アメリカに農産物援助を要請	8.28	ワシントン大行進
	12.17	東津江水利干拓事業に着手	11.22	ケネディ暗殺、ジョンソン昇格
64	2. 1	三粉暴利事件（小麦粉・砂糖・セメント）	3.19	日韓会談に関する衆議院本会議への大
	2.-	中小企業輸出産業転換資金		平外相報告
	3.-	経済開発計画修正	3.10	日韓農相会談
		輸出用資本財輸入減免制度	4. 1	日、IMF 8条国
	4. 1	韓国電力、無制限送電実施	4.28	日、OECD加盟
	5. 3	為替レート現実化（130ウォン→256.5ウォン）、単一変動	8. 2	トンキン湾事件
	5. 7	ウルサン精油工場竣工	8.17	日韓交渉促進に関する李東元外相とブラウン駐韓米大使との共同声明
	5.-	国有企業民営化	8.18	日、対韓2,000万ドル原材料機械部品
	6. 3	全国で日韓会談反対デモ（6・3闘争）		延払輸出
	7.-	輸出産業育成資金	9.11	米、ベトナム派兵開始（医療・テコンドー）
	9.-	輸出産業工業団地開発助成法		
	11.-	「輸出の日」制定	10. 3	李東元外相とバンディ国務次官補との共同声明
			10.10	東京オリンピック開催
			10.31	韓国、ベトナム支援軍派遣協定
			12. 3	第7次日韓会談
65	1.-	輸出振興拡大会議	2. 7	米、ベトナム北爆開始
	2.10	春川多目的ダム竣工	2.20	日韓基本条約仮調印
	3.-	ソウル九老輸出産業工団建設開始	3.10	韓国軍第2次ベトナム派兵（建設支援団）
		輸出総額1.5億ドル		

年	月日 韓国	月日 日本・米国
65	4.15 中小企業貸出義務割合制度 6.29 証券取引所現物出資 11.- 韓国綿製品輸出組合設立 12.29 大韓造船公社、三菱商事と施設借款契約	3.27 日韓貿易会議共同声明 6.22 日韓基本条約調印 　　　日韓財産請求権問題解決経済協力協定 　　　日韓漁業協定 11. 1 韓国軍第3次ベトナム派兵（猛虎部隊、青龍部隊） 12.18 日韓基本条約批准書交換、金融協定終了取極
66	1.10 政府管理企業（9ヵ所）株式上場行政命令 2. 4 韓国科学技術研究所（KIST）発足 7.- 第二次経済改革五ヵ年計画（実績10.5％） 8. 3 外資導入法 9.22 韓国肥料献納事件（三星財閥・国有化） 　　　ベトナム特需6949万ドル、70年まで6.25億	4.25 韓国軍第4次ベトナム派兵（首都師団、白馬部隊） 7. 9 韓米行政協定（韓米地位協定）
67	3. 3 繊維工業施設臨時措置法公布 3.30 造船工業振興法 　　　機械工業振興法公布 4. 1 GATT正式加入、九老輸出工業団地竣工 4. 9 鎮海肥料工場竣工 8.31 蒸気機関車退役式 10. 3 浦項製鉄起工 11.- 不動産投機抑制	5.16 日韓航空協定 7.23 デトロイトで史上最大の黒人暴動 7.- 佐藤首相、首相として初の訪韓 8.11 日韓定期閣僚会議共同声明
68	2. 1 京釜高速道路着工 2.28 4H農協発足 9.- 大韓造船公社、民営化 11.22 資本市場育成法律 11.29 ソウルの電車撤去 12.15 韓国投資開発公社設立 12.31 輸出保険法	1.22 米、プエブロ号事件 1.30 米、テト攻勢 2.- 日、金嬉老事件 4.17 朴大統領・ジョンソン米大統領共同声明 7. 1 米、核拡散防止条約
69	1.28 電子工業振興法公布 6. 3 湖南精油工場竣工 6.- 馬山輸出自由地域建設開始 7.21 京仁高速道路開通	1.20 ニクソン大統領就任 5.30 朴大統領・グエン・バン・チュー南越大統領共同声明 7.20 アポロ11号月面着陸 8.22 朴大統領・ニクソン米大統領共同声明 8.26 第3回日韓閣僚会議、国営製鉄所援助で合意
70	1. 1 南山第1号トンネル開通 1.31 農協連鎖店開設 1.- 外国人投資企業労働組合等臨時特例法	

年	月日	韓国	月日	日本・米国
70	4. 8 4.20 7. 7 10.31	臥牛アパート崩壊事件 セマウル（新しい村）運動提唱 京釜高速道路竣工 国土総合開発10カ年計画確定 　輸出10億ドルを達成	3. 3 7. 5	日韓二重課税回避脱税予防条約 在韓米軍6.4万人のうち2万人を削減

注：本文と関連する内容を中心に掲載し、以下のものも参照している。金徳珍著・藤井正昭訳『年表で見る韓国の歴史』（明石書店、2005年9月）、韓国史事典編纂会・金容権編『朝鮮韓国近現代史事典』第2版（日本評論社、2006年3月）、韓国教員大学歴史教育科著・吉田光男監訳『韓国歴史地図』（平凡社、2006年11月）、鹿島平和研究所編『日本外交主要文書・年表』第1・2巻（原書房、1983・84年）、『近代日本総合年表』第四版（岩波書店、2001年）。

あとがき

　本書は、植民地から解放された韓国が、戦後国際戦略の中で米軍の占領統治を受けるところから、朝鮮戦争による国土の徹底的破壊と再編を経て、いかに経済発展の基盤を築いたかを検討したものである。1960年代半ば以降の急速な経済発展に比して、成長軌道への定置に躓いたこの時期は、これまで日本で注目されることが少なかった。戦争や南北の分断によって重要資料が失われ、長く韓国国内でも研究の空白を生み出していた。

　しかし、近年中堅・若手の研究者によってこの成長直前期の実態解明が著しく進捗した。こうした韓国経済史学界の成果を紹介しようというのが本書の意図である。本書刊行のきっかけとなったのは、原朗を中心にした現代日本経済史研究会と韓国の産業史研究会が2004年以来続けてきた東アジア経済史シンポジウムであった。この日韓交流を通じて、日本側研究者も日本帝国崩壊後の東アジア世界の実態把握の重要性を知るようになった。日本を含む現代アジア経済を理解する上でも、この時期の韓国経済の実証研究を日本に紹介する必要を強く考えるようになった。

　このため、東アジア経済史シンポジウムで親交を深めた韓国の研究者に、研究成果を集約した論文の書き下ろしを依頼することになった。その成果は、第8回シンポジウム（2011年9月）と、5ヵ月後の第9回シンポジウム（12年2月東京大学）で報告された。これを広く日本の読者に伝えるべく、日本経済評論社の栗原哲也社長に無理をお願いして本書の刊行が実現した。

　すでに現代日本経済史研究会では、同シンポジウムや国内の学会パネルディスカッションの報告を基本にして、1950年代を扱った原朗編著『高度成長始動期の日本経済』2010年、60年代を扱った同『高度成長展開期の日本経済』2012年の2書を同社から刊行してきた。本書の刊行で、最近のシンポジウム等の成果の多くを同社から世に問うことになった。日本の帝国経済崩壊後の東アジアの国際環境と経済発展を、日韓両国の視点から俯瞰する足がかりはできたのではないかと考える。なお、解放直後から60年代初頭を扱った本書との

対比では、戦時統制経済から平時経済への移行を扱った原朗編著『復興期の日本経済』東京大学出版会、2002年も合わせて参照されることをお願いしたい。

　もとより議論を尽くしても執筆者間の見解のズレは残されている。植民地期からの現物資産ほか、技術、制度などの遺産の評価、米軍政の役割、李承晩政権と朴正熙政権の経済戦略の位置付けなどは今後の大きな争点になると考えている。本書でも見解の相違を敢えて伏せようとはしなかった。しかし、丹念な実証研究が盛んになることによって、議論の共通基礎は築かれつつあるといえるだろう。

　東アジア経済史シンポジウムの概要は、『高度成長始動期の日本経済』『高度成長展開期の日本経済』の「あとがき」で示してあり、詳細は現代日本経済史研究会のウェブページ（http://gendaishi.main.jp/）でも確認できるが、第8回から第10回の報告タイトルを示せば、以下のとおりである。とくに第10回シンポジウムでは、「20世紀の東アジア経済」「20世紀のアジアと世界経済」を俯瞰したテーマを設定し、新たな研究方向を模索することになった。

第8回 2011年9月　梨花女子大学校
　第1部　高度成長展開期の日本経済
伊藤正直（東京大学）「所得倍増計画と財政金融」
植田浩史（慶応義塾大学）「労働力不足と分業構造の変化――愛知県自動車産業集積地域を対象に」
柳沢遊（慶応義塾大学）「1950～60年代の衣料品問屋の盛衰――紳士服製造卸売業者を中心に」
沼尻晃伸（立教大学）「1960年代における地方自治体の渇水対策と企業――三島市（静岡県）を事例に」
　第2部　韓国経済再建から高度成長への経路　1945～60年代前半
崔相伍（ソウル大学校）「対外貿易の再建と経済復興」
宣在源（平澤大学校）「人的資源の形成と技術革新」
裵錫満（高麗大学校）「国家主導下の造船業育成政策の展開――計画造船の実施と造船業育成の試み」
林采成（ソウル大学校）「1950年代韓国における石炭市場の競争構造の形成と大韓公

社の経営安定化」

第9回 2012年2月　東京大学
宣在源「転換期の韓国経済」
李定垠（高麗大学校）「5.16軍事政府の商業借款導入政策と運用——大資本家との関係を中心に」
李明輝（梨花女子大学校）「1950年代の韓国における金融制度と金融市場」
崔相伍「韓国の経済開発計画研究——1950年代半ば～1960年代初頭」
李相哲（聖公会大学校）「韓国経済官僚の植民地起源説検討——1950年代～60年代前半」
徐文錫（檀国大学校）「1950年代韓国における技術人材の実態と活動」

第10回 2012年9月　慶一大学校
　第1部　20世紀日本の市場経済と制度設計
渡辺純子（京都大学）「産業調整助成政策の国際比較——アメリカ貿易調整支援の事例」
柳沢遊「20世紀前半期の日本の勢力圏への商工移民——大連への日本人商業移民40年」
金子文夫（横浜市立大学）「20世紀の東アジア経済圏」
西野肇（静岡大学）「20世紀日本の電機・電子工業」
　第2部　20世紀韓国の重化学工業化
朴燮（仁濟大学校）「韓国の高度成長」
朴永九（釜山外国語大学校）「誤解と真実——重化学工業化を通じてみた20世紀後半韓国の工業化戦略」
朴賢（延世大学校）「戦時期朝鮮の石炭生産力拡充計画」
裵錫満「太平洋戦争期朝鮮における戦時金融金庫」

　現代日本経済史研究会の紹介は、前2書「あとがき」に譲り、韓国の産業史研究会について紹介しておこう。産業史研究会は、主に近現代韓国と日本の経済史および経営史を専攻する研究者同士の研究交流のため年間10回以上のペースで月例発表会を開催している。韓国ではやや例が少ないスタイルの研究活

動であるが、月例発表会は、会員の個人報告や執筆者を招いての書評、古典の輪読会、非会員の個人報告等の形で行われている。産業史研究会は、最初に曺晟源（高麗大学校）、崔相伍、徐文錫（幹事）により「解放前後史研究会」という名称で 1996 年に始められた。2001 年からは「産業史研究会」と改称し、鄭安基（幹事、高麗大学校）の下で月例発表会を続け、04 年からは宣在源が、12 年からは呂寅満が幹事を務めている。同研究会は会社資料の収集や研究書刊行などの公的な活動を拡大するため、10 年に社団法人経営史研究所を設立した。同研究所および産業史研究会の詳細はウェブページ（http://kbhi.org）（韓国語）を参照されたい。

　産業史研究会のうち編者の宣在源のほか、呂寅満（江陵原州大学校）、林采成は現代日本経済史研究会のメンバーでもあり、呂、林両氏の献身的な支援がなければ、10 回のシンポジウムも、本書の刊行も到底実現しなかった。また毎回受け入れ校となった大学の方々からは心温まる支援をしていただき、いずれの開催地でも深く思い出に残る交流ができた。また、現代日本経済史研究会の山崎志郎教授（首都大学東京）は、シンポジウム開催だけではなく本書刊行の企画から実現に至るまでも献身的な努力を注いでくださった。心より感謝する。

　2004 年から 9 年間、毎年国際シンポジウムを開催し、また学会でパネル・ディスカッションを設定し、数年置きに論文集を刊行するという研究活動は、科学研究費補助金に支えられていた。2004 年度からは、基盤研究 A「戦時・戦後復興期の企業と経済団体――閉鎖機関関係資料群の分析を中心に」（代表：原朗、2004 年度～2007 年度）、2008 年度以降は、基盤研究 A「20 世紀日本の市場経済と制度設計――世界経済・東アジア経済との関連を中心に」（代表：原朗、2008 年度～2012 年度）の交付を受けた。ここに謝意を表明するものである。

編　者

索　引

[英数]

5ヵ年輸出計画案　82, 251
Bloomfield　100
ECA　58, 153, 160, 208, 248
GARIOA　160, 247
ICA　52, 58, 77, 132, 141, 187, 198, 203, 212-214, 230
Jensen　100
OMS（Output per Man Shift）　233-235
Pierce Management Corporation　241, 245
UNCAC　176
UNKRA　58, 76, 77, 141, 142

[あ行]

安東赫　130, 153, 154
李泰圭　130
李承晩　20, 29-31, 39, 49, 54, 67, 81, 84-88, 181, 203, 204, 206, 208
委託販売仲買商　117
栄岩線（→ヨンアム-セン）
江原炭鉱（→カンウォン-タンコウ）
援助経済　77, 88
呉楨洙　130
小野田セメント　140, 181

[か行]

外資導入法　40, 254
会社組合主義　35, 36
開発金融機関　106, 111, 120
開発借款基金　29, 38, 251
海務庁　186-188, 196, 201, 205, 209, 213
稼動対策委員会　219
過渡立法会議　18-20
鐘淵紡績　16, 158, 159, 162, 172, 174
江原炭鉱　216, 222, 228, 229, 242
韓国銀行　55, 58, 90, 95, 98, 100, 102, 106, 108, 115, 119-123, 203
韓国銀行法　90, 100-102, 106, 122, 123
韓国経済人協会　31
韓国興業銀行　24, 103, 104, 124
韓国産業銀行　6, 60, 61, 66, 106, 108, 109, 111, 113, 115, 120, 198, 203
官需用炭販売促進案　236
韓水会　184
関税法　57, 58, 248
韓米援助協定　52
韓米合同経済委員会　30, 66
官辺経済学者　48
韓民党　19, 23
企画処　20, 85, 91, 92, 101, 185, 193, 210, 250
帰属銀行株　47, 50, 103
帰属財産　3, 16, 19, 22, 23, 47, 48, 50, 52, 68, 91, 190, 192, 199, 231, 248, 253
帰属財産処理法　22, 50, 192, 248
帰属事業体（帰属企業、帰属企業体）　6, 18, 19, 22, 23, 49-52, 66, 68, 157, 158, 173, 192, 193, 196, 204, 247
帰属造船所　181, 182, 190, 192
帰属農地　18, 20, 21, 68, 247
金奎善　170, 179
金性洙　126
金性達　126
金丙運　176, 177
金活蘭　126
緊急金融措置　27, 99, 249, 252
緊急通貨措置　26, 99, 249, 252
銀行帰属株払下要綱　103, 250
銀行の国有化　95, 105
銀行法　90, 95, 100, 102, 103, 106, 107, 123, 248, 250
金星紡織　114, 162, 165, 170, 172, 174
金融組合　105-107, 115, 120, 247
金融通貨委員会　101, 103, 108, 122, 123
勤労基準法　36, 249
呉羽紡績　162, 172, 174, 249

軍事クーデタ　25, 31, 36, 95, 105, 123, 252
軍政庁　7, 16, 33, 68, 126, 127, 130, 131, 150, 243, 247
郡是紡績　159, 162, 165, 171, 172
軍派遣団　215, 229, 230, 232, 250, 251
契　96, 115-118
計画援助（project aid）　77, 78, 80
計画造船　7, 8, 181, 182, 184-190, 193, 196, 198, 200-203, 205, 209, 210
経済開発計画　5, 14, 26-33, 37, 39, 63, 68, 85, 88, 206, 216, 253
経済調整官室（OEC）　239
京城高等工業学校　130, 161, 173
京城紡織　2, 7, 135, 158, 161, 162, 166, 169-173, 176, 179
建国憲法　74, 85
検定試験　7, 130, 133, 134, 136, 150
工業技術教育振興会規約　130, 131
工業技術者検定試験実施要綱　130
公金融市場　119
工場管理委員会　16-19, 34, 247
工場管理運動　16, 18, 19, 247
高速掘進競進大会　233
合同経済委員会（CEB）　30, 53, 66, 122, 187, 199, 213
高麗紡織　135, 171, 172, 176
高利貸　99, 108, 114, 116-119, 200
高利債整理　251, 252
国家再建最高会議　31, 39
孔錫鎔　200

[さ行]

災害復旧3ヵ年計画　218
財政安定計画　53, 216, 231, 250
産業開発委員会　30, 251
産業開発公社　26
産業銀行　6, 60, 66, 106-109, 111, 113, 115, 120, 187, 188, 198, 203, 220, 250, 251
三星　25, 68, 104, 110, 112, 114, 124, 254
三大産業線　219
三陟炭田　223

三護紡織　104, 112, 114, 163, 171, 175
私金融市場　6, 117-120
実務技術者養成要綱　130, 134
私募債市場　114
商工銀行　103, 104
松高実業（→ソンゴ-ジツギョウ）
商工部　56, 57, 82, 131, 139, 171, 194, 209, 220, 223, 230, 251
殖産銀行　101, 104-107, 120, 123, 190, 247, 250
植民地貿易構造　72
趙伯顕　126
庶民金庫　117
鄭寅旭　230, 238, 243, 251
鄭寅普　126
全南紡織　170-172, 179, 249
自立経済　47, 84, 85, 87-89, 193
新韓公社　20
人民委員会　16, 18
生産責任融資制　108
聖住炭鉱（→ソンジュ-タンコウ）
石炭生産10ヵ年計画　219, 220
全国労働組合協議会（全国労協）　36, 251
全南紡織（→ジョンナム-ボウセキ）
船舶標準規格調査会　188
増産対策委員会　219
造船5ヵ年計画　25, 186, 188, 203
造船奨励法　188, 202, 206, 207, 251
徐廷翼　51, 64, 161
松高実業　159, 165, 172, 178
聖住炭鉱　225, 227, 228

[た行]

第一毛織　65, 112, 114
第一次経済開発計画　27, 31, 33, 39, 216, 253
第一紡織　169-172, 176
対韓国際経済協議体　40
大韓産業　104
大韓石炭公社　7, 8, 25, 114, 215-244
大韓石炭公社運営対策委員会　219, 242
大韓繊維工業研究会　173
大韓造船工業協会　25, 185, 188, 211

索引　263

大韓造船公社　7, 25, 67, 181, 187, 190, 193, 195, 197-199, 204, 207, 212, 214, 239, 249-251, 254
大韓紡織協会　25, 173, 178, 179
大韓労働組合総連合会（大韓労総）　34-36, 247, 250, 252
第二次経済開発計画　32
大日本紡績　159, 163, 165, 172, 174
大和紡績　159, 163, 165, 166, 170, 172, 174
崔奎東　126
中央銀行　96, 97, 100, 104, 108, 119, 123, 248
中央工業研究所　130, 131, 134, 135, 173
仲介貿易　73, 87
忠州肥料工場　138-140, 150, 250
朝興銀行　103-105, 123
朝鮮教育委員会　126, 152, 247
朝鮮教育審議会　127
朝鮮銀行券　73, 97, 98, 247, 249
朝鮮重工業　181, 183, 187, 189, 190-196, 207, 208, 211
朝鮮人教育家　126
朝鮮人民共和国　15-18, 33, 247
朝鮮製麻　135, 159, 166, 170
朝鮮船舶工業　195, 196, 199, 200, 203, 212
朝鮮電業　114, 239, 245
朝鮮紡織　135, 158-160, 162, 163, 165, 170-172, 175, 179, 180, 247, 249, 250
朝鮮労働組合全国評議会（全評）　34, 35, 247
朝鮮棉花　159, 165, 172, 174, 247
貯蓄銀行　24, 101, 103-106, 123
通貨改革　26, 27, 95, 97-100, 120, 209, 252
通貨金融政策　99, 101, 121, 123
通貨交換　97, 98, 249
伝統的信用関係　116
投資計画　54, 86, 88, 92
東洋セメント　140-142, 150
東洋紡績　65, 135, 158, 161, 162, 165, 169-172, 174, 247
特殊銀行　108

[な行]

南北分断　71, 73, 87, 95, 215
南満紡績　7, 161, 169, 170, 174, 177, 247
日韓会談　39, 249-253
日韓基本条約　14, 39, 253, 254
寧越発電所（→ヨンウォル-ハツデンジョ）
農業協同組合法　107, 251
農業銀行法　107
農地改革　15, 18-22, 248

[は行]

朴正煕　25-27, 31, 36-40, 44, 71, 84, 87, 88, 95, 182, 206, 207, 252, 258
非計画援助（non-project aid）　77, 79
標準船型　188, 207, 210, 214
玄相允　126
肥料工業　86, 92
婦女契騒動　118
不正蓄財　5, 14, 26, 105, 252
復興援助　76, 77
復興計画　67, 85, 86, 250
復興部　29, 30, 57, 86, 92, 216, 250-252
物動計画　28, 248
白樂濬　126
貿易会議　32, 254
貿易業登録制　74
貿易業免許制　73, 74

[ま行]

見返り資金　28, 53, 54, 59, 60, 77, 90, 106, 111, 115, 185, 187, 188, 198, 199, 203, 213
民族経済論　47, 48
綿織物長期協定　32
木造船所　199

[やら行]

融資事前承認制　108, 250
兪億兼　126, 152
輸出産業促進委員会　31, 253
輸出支援政策　83, 84, 91

輸出入許可制　73, 74
輸出入リンク制　83, 84, 91, 253
輸出の日　32, 253
輸送分科委員会　219
輸入代替工業化　8, 54, 58, 61, 62, 65, 66, 71, 76, 80, 88
輸入割当　250
尹日善　126

寧越発電所　238
栄岩線　202, 220, 223, 235, 250
臨時接受委員会　16, 247
老朽船代替5ヵ年計画　25, 186
労使協議会　37
労働組合主義　35
労働組合法　14, 36, 37, 249, 253
労働争議調停法　14, 36, 37, 253

執筆者紹介 (執筆順)

朴燮 (パクソプ) 第1章

1958年生まれ、仁濟大学校国際経商学部教授
京都大学大学院経済学研究科経済学博士
主な業績:「近代経済に対する韓国人の適応:19世紀後半から20世紀前半まで」(『歴史学報』第202号、歴史学会、2009年) [韓国語]
"Cooperation between Business Associations and the Government in the Korean Cotton Industry, 1950-70" (*Business History*, 51-6, Routledge, Taylor & Francis Group, Nov. 2009)
「韓国近代の農村開発と村落の共同性」(『史学研究』第268号、広島史学研究会、2009年)
『釜山の企業と企業家団体、1900-45』(海南出版社、2010年、編著) [韓国語]
『中韓区域経済発展与農村城鎮化研究』(民族出版社、2010年、編著) [中国語]

李相哲 (イサンチョル) 第2章

1964年生まれ、聖公会大学校社会科学部副教授
ソウル大学校大学院経済学科経済学博士
主な業績:「韓国における化学繊維の輸入代替と政府の役割、1965-1972」(『経済史学』第25号、経済史学会、1998年) [韓国語]
「韓国産業政策の形成:1960年代鉄鋼産業の事例」(『経済発展研究』第10巻第1号、韓国経済発展学会、2004年) [韓国語]
「馬山輸出自由地域の初期発展過程」(『経済発展研究』第14巻第2号、韓国経済発展学会、2008年) [韓国語]
「韓国交換機産業と産業政策、1961-1972」(『経済史学』第50号、経済史学会、2011年) [韓国語]
「韓国経済官僚の日帝植民地起源説検討、1950年代-1960年代前半」(『民主社会と政策研究』民主社会政策研究院、2012) [韓国語]

崔相伍 (チェサンオ) 第3章

1964年生まれ、ソウル大学校経済学部WCU事業団研究教授
成均館大学校大学院経済学科経済学博士
主な業績:「李承晩政府の経済政策と工業化戦略(『経済史学』第35号、経済史学会、2003年) [韓国語]
「1950年代計画機構の設立と改編:組織および機能変化を中心に」(『経済史学』第45号、経済史学会、2008) [韓国語]
『韓国高度成長期の政策決定体系:経済企画院と政策推進機構』(韓国開発研究院、2008年、共著) [韓国語]
「韓国における輸出指向工業化政策の形成過程:1960年代初以後輸出成長原因に対する一考察」(『経営史学』第25輯第3号、韓国経営史学会、2010年) [韓国語]
「韓国の輸出指向工業化と政府の役割、1965-1979:輸出振興拡大会議を事例に」(『経営史学』第25輯第4号、韓国経営史学会、2010年) [韓国語]

李明輝（イミョンヒ）　第 4 章

　　1963 年生まれ、梨花女子大学校経済学科副教授
　　成均館大学校大学院経済学科経済学博士
　　主な業績：「植民地期朝鮮における株式会社と株式市場の研究」（成均館大学校大学院経済学博士論文、1999 年）［韓国語］
　　『韓国の有価証券百年史』（海南出版社、2005 年、共著）［韓国語］
　　「1953 年通貨改革以降金融市場の不安定と対応」（『女性経済研究』vol.4、No.2、韓国女性経済学会、2007 年）［韓国語］
　　「韓国における庶民金融の制度化：無尽から国民銀行へ」（高橋基泰ほか編『グローバル社会における信用と信用のネットワーク：組織と地域』明石書店、2008 年）
　　「農漁村高利債整理事業研究、1961-1970」（『経済史学』第 48 号、経済史学会、2010 年）［韓国語］

徐文錫（ソムンソク）　第 6 章

　　1966 年生まれ、檀国大学校経済学科副教授
　　檀国大学校大学院経済学科経済学博士
　　主な業績：「日本帝国主義下における高級繊維技術者の養成と社会進出に関する研究：京城高等工業学校紡織学科卒業生を中心に」（『経済史学』第 34 号、経済史学会、2003 年）［韓国語］
　　「解放前後大規模綿紡織工場の高級技術者」（『東洋学』第 40 輯、檀国大学校東洋学研究所、2006 年）［韓国語］
　　「解放直後ソウル地域大規模綿紡織工場の運営と労働力実態に関する研究」（『経営史学』第 21 輯第 2 号、韓国経営史学会、2006 年）［韓国語］
　　「1950 年代大規模綿紡織工場の技術労働力研究」（『経営史学』第 25 輯第 4 号、韓国経営史学会、2010 年）［韓国語］
　　「近代的綿紡織工場の登場と技術労働力養成制度の形成」（『東洋学』第 50 輯、檀国大学校東洋学研究所、2011 年）［韓国語］

裵錫満（ペソクマン）　第 7 章

　　1968 年生まれ、高麗大学校韓国史研究所研究教授
　　釜山大学校大学院史学科文学博士
　　主な業績：「日中戦争期朝鮮重工業株式会社の設立と経営」（『朝鮮史研究会論文集』第 44 集、朝鮮史研究会、2006 年）
　　「太平洋戦争期朝鮮総督府の『木船量産計画』推進と造船工業の整備」（『経済史学』第 41 号、経済史学会、2006 年）［韓国語］
　　「1970 年代初頭現代グループの造船工業参入過程の分析：韓国経済開発期における国家と民間企業の役割に関する再検討」（『現代韓国朝鮮研究』第 7 集、現代韓国朝鮮学会、2007）
　　「朝鮮製鉄業育成をめぐる政策調整過程と清津製鉄所建設、1935-45」（『東方学志』第 151 号、延世大学校国学研究院、2010 年）［韓国語］
　　「現代重工業創立初期造船技術の導入と定着に関する研究」（『経営史学』第 26 輯第 3 号、韓国経営史学会、2011 年）［韓国語］

林采成（イムチェソン）　第 8 章（翻訳担当：第 4 章）

1969 年生まれ、ソウル大学校日本研究所副教授
東京大学大学院経済学研究科経済学博士
主な業績：『戦時経済と鉄道運営：「植民地」朝鮮から「分断」韓国への歴史的経路を探る』（東京大学出版会、2005 年）
「戦争の衝撃と国鉄の人的運用」（『歴史と経済』第 53 巻第 1 号、2010 年）
「日本国鉄の戦時動員と陸運転移の展開」（『経営史学』第 46 巻第 1 号、2011 年）
"The Pandemic of the Spanish Influenza in Colonial Korea" (*Korea Journal*, 51-4, 2011)
『中日戦争と華北交通：中国華北で展開された日本帝国の輸送戦とその歴史的意義』一潮閣、2012 年［韓国語］

編著者紹介（執筆順）

原　　　朗（はら　あきら）　序文

1939年生まれ、東京大学名誉教授　首都大学東京客員教授
東京大学大学院経済学研究科博士課程中退
主な業績：『日本の戦時経済』（編著、東京大学出版会、1995年）
『戦時経済総動員関係資料集』全65巻（山崎志郎と共編、現代史料出版、1996～2004年）
『復興期の日本経済』（編著、東京大学出版会、2002年）
『戦時日本の経済再編成』（山崎志郎と共編、日本経済評論社、2006年）
『近現代日本経済史要覧』（三和良一と共編、東京大学出版会、2007年、補訂版2010年）
『高度成長始動期の日本経済』（編著、日本経済評論社、2010年）
『高度成長展開期の日本経済』（編著、日本経済評論社、2012年）
『日本戦時経済研究』（東京大学出版会、2013年）
『満州経済統制研究』（東京大学出版会、2013年）

宣　在　源（ソンジェウォン）　第5章（翻訳担当：第3章）

1963年生まれ、平澤大学校日本学科副教授
東京大学大学院経済学研究科経済学博士
主な業績：「植民地工業化と有業率減少：1930・1940年国勢調査の検証と解放後との比較」（『経済史学』第49号、経済史学会、2010年）［韓国語］
「韓国ホワイトカラー内部労働市場の形成：朝鮮殖産銀行の事例、1918-1953」（『経営史学』第25輯第4号、韓国経営史学会、2010年）［韓国語］
「方法論としての経営史：何を、どのように」（『経営と歴史』第1輯第1号、経営史研究所、2011年）［韓国語］
「韓国繊維産業と労働市場、1945-2004」（『経営史学』第26輯第4号、韓国経営史学会、2011年）［韓国語］
「自主技術開発と労働市場：高学歴技術者組織化の試み」（原朗編『高度成長展開期の日本経済』日本経済評論社、2012年）

韓国経済発展への経路 ──解放・戦争・復興

2013 年 3 月 31 日　　第 1 刷発行　　定価(本体 4800 円+税)

編著者　原　　　朗
　　　　宣　在　源

発行者　栗　原　哲　也

発行所　株式会社　日本経済評論社
〒 101-0051　東京都千代田区神田神保町 3-2
電話 03-3230-1661　FAX 03-3265-2993
URL：http://www.nikkeihyo.co.jp/
印刷＊藤原印刷・製本＊高地製本所
装幀＊渡辺美知子

乱丁・落丁本はお取り替えいたします。　　Printed in Japan
Ⓒ HARA Akira & SUN Jae-Won, 2013
ISBN978-4-8188-2259-7

・本書の複製権・翻訳権・上映権・譲渡権・公衆送信権（送信可能化権を含む）は，
　㈱日本経済評論社が保有します。
・JCOPY 〈㈳出版者著作権管理機構　委託出版物〉
本書の無断複写は著作権法上での例外を除き禁じられています。複写される場合は，
そのつど事前に，㈳出版者著作権管理機構（電話 03-3513-6969，FAX03-3513-6979，
e-mail: info@jcopy.or.jp）の許諾を得てください。

高度成長展開期の日本経済	原朗 編著	8900 円
高度成長始動期の日本経済	原朗 編著	6400 円
戦時日本の経済再編成〔オンデマンド版〕	原朗・山崎志郎 編著	5700 円
物資動員計画と共栄圏構想の形成	山崎志郎 著	14000 円
戦時経済総動員体制の研究	山崎志郎 著	18000 円
戦時金融金庫の研究――総動員体制下のリスク管理	山崎志郎 著	4600 円
金融ビジネスモデルの変遷――明治から高度成長期まで	粕谷誠・伊藤正直・齋藤憲 編	8000 円
安定成長期の財政金融政策――オイル・ショックからバブルまで	財務省財務総合政策研究所 編	5400 円
韓国の経営と労働	禹宗杬 編著	6300 円
韓国財閥史の研究	鄭章淵 著	5200 円
大軍の斥候――韓国経済発展の起源	朱益鍾／堀和生 監訳・金承美 訳	6500 円
朝鮮半島と日本の同時代史――東アジア地域共生を展望して	同時代史学会 編	3000 円
アジアにおける工場労働力の形成――労務管理と職務意識の変容	大野昭彦 著	4800 円
東アジア工作機械工業の技術形成	廣田義人 著	5600 円
戦時下アジアの日本経済団体	柳沢遊・木村健二 著	5200 円

表示価格は本体価（税別）です

日本経済評論社